謀取造勢運智施神
無俗計

賀《論鑒三十六計》正式出版

有良謀
隱身循形韜光養晦

歲次戊戌之癸亥劉其志書

徐致远

1986 年生，山东潍坊人，现供职于国家发展和改革委员会，酷爱历史，军迷一枚。

邮箱：xuzhiyuan26@sina.com

论鉴三十六计

徐致远——著

黄山书社

图书在版编目(CIP)数据

论鉴三十六计 / 徐致远著. —合肥 : 黄山书社,
2018.8

ISBN 978 - 7 - 5461 - 7697 - 0

Ⅰ. ①论… Ⅱ. ①徐… Ⅲ. ①兵法 - 中国 - 古代②《
三十六计》- 研究 Ⅳ. ①E892.2

中国版本图书馆 CIP 数据核字(2018)第 203000 号

出 品 人 王晓光
策　　划 马　磊
责任编辑 高　杨
装帧设计 熙宇文化
责任印制 戚　帅　李　磊
出版发行 时代出版传媒股份有限公司(http://www.press-mart.com)
　　　　 黄山书社(http://www.hspress.cn)
地址邮编 安徽省合肥市蜀山区翡翠路 1118 号出版传媒广场 7 层　230071
印　　刷 安徽联众印刷有限公司
版　　次 2018 年 12 月第 1 版
印　　次 2018 年 12 月第 1 次印刷
开　　本 880mm × 1230mm　1/32
字　　数 250 千
印　　张 10
书　　号 ISBN 978 - 7 - 5461 - 7697 - 0
定　　价 45.00 元

服务热线 0551 - 63533706

销售热线 0551 - 63533761

官方直营书店(https://hsss.tmall.com)

目 录

自　序

《三十六计》是集我国古典军事智慧之大成的一本奇书，主要讲的是在何种情形下通过何种方式能够克敌制胜，共讲了六大类、三十六种情形和方式组合。由于其成书时间较晚（约在明清时期），面世时间更短（其手抄本于 1941 年在陕西彬县被发现），广泛传播更是 1961 年以后的事了，因而目前关于《三十六计》的研究远不如其他古典军事典籍深入，既没有像《十一家注孙子》中的古代军事大家对其进行注释，也罕有堪称权威的理论著述，特别是对于《三十六计》中的一条条计策，作为受计的一方应如何应对，相关论著更是近于空白。正如《三十六计》"总说"所言，"六六三十六，数中有术，术中有数。阴阳燮理，机在其中"。《三十六计》源自《易经》，源自阴阳变化、万事万物相生相克的道理，因而其本身也处在相生相克之中，就像没有永恒不灭的生命，也没有破解不了的计策。基于相关研究的不足，作为一个军事迷，笔者便萌生了在对《三十六计》的原意进行解析的基础上，尝试提出如何应对这三十六条计策的想法，并在工作之余付诸实践，历经两载，遂有此书。

本书对应《三十六计》“总说”和三十六条计策，分别写了三十七篇文章，每文开篇引述并翻译《三十六计》各计之“解语”“按语”，并包括“评析”“破解”“战例”三个部分（“总说”篇除外）。“评析”主要是对每一计的含义、用法、注意事项结合具体战例进行解析，并根据每一计的特点，将其评价为三十六计中“最××的一计”。“破解”主要是结合军事理论及具体事例分析每一计的应对和破解方法，为便于读者记忆，并同时与三十六计之四字计名（最后六计计名是三个字）相对应，将每一计的应对方法也归纳为四个字，置于本部分开头。“战例”则是通过一个具体典型战例，对每一计的使用及破解作进一步详细阐释，以增进理解。由于本书可算作对《三十六计》的评论和鉴赏，同时书中内容围绕着使计方与受计方之间的比拼博弈展开，如同“华山论剑”一般，故取论鉴、论剑之音之义，冠以《论鉴三十六计》之名。

如要作一自评，则笔者认为《论鉴三十六计》是一本既活泼又严肃的书。说它活泼，是说这本书绝不是一本严格意义上的学术作品。本书没有按照学术著作的体例要求进行写作，同时考虑到本书写成是多年阅读积累的结果，故而也没有一一列出参考书目。为了对使计破计的阐释更加清楚，书中所举例子既多且杂，除了正史战例，还有历史演义、武侠小说、影视动漫、日常生活，甚至电脑游戏等。只要笔者认为适合做例子，能够说明问题、方便读者理解的，都统统奉行“拿来主义”。有时忍不住还会调侃几句，特别是对现代影视剧中机械地、套路式地使用三十六计的情节，经常以戏谑的方式引用一二，在博读者共鸣一笑的同时，也有助于读者加深印象。因此，这本书更像是军事迷之间面对面的相互交流与探讨。

说它严肃，是说这本书的写作态度，以及书中对有关问题的思考，是十分严肃认真的。首先，本书的写作完全依照《三十六计》之本意，力求正本清源。众所周知，三十六计的计名很多同时也是成语，但是用作成语的含义和用作一条计策的含义往往有很大差别。很多关于三十六计的书籍和文章都是从其作为成语的含义角度出发，对三十六计作出简单化、片面化，甚至是望文生义的解释。例如，“浑水摸鱼”的成语含义仅仅是乘乱取利，而作为一计，则主要是讲通过制造混乱使敌人内部发生分化，对其中惊慌不定信心动摇者，便可争取过来为自己所用。再如，很多人把“关门捉贼”简单等同于“瓮中捉鳖”“关门打狗”，实际上作为一计，除了这些最浅层次的含义外，更深层次的含义是指为防止“穷寇”反扑伤人，以四面包围的高压态势，断绝其求生希望、瓦解其抵抗意志，从而迫使其投降。还有“美人计”，很多人一听这名字就容易想歪，其实这一计强调“兵强者，攻其将；将智者，伐其情”，当使计者处于弱势时，以柔性的方式“擒贼擒王”，是极其高明的计策。如此等等，不一而足。这些简单的理解和解释，不但降低了《三十六计》的高度，更误导了读者。因此，本书在重点讲三十六计如何应对的同时，首先专门安排相当的篇幅，主要从军事的角度出发，解释清楚三十六计到底是什么意思。其次，本书中每一计的应对和破解方法都经过了认真仔细的推敲，并以大量理论和实例作为支撑，只要没有理论和实践依据的，绝不臆想瞎写，不像《倚天屠龙记》里山中老人创作“乾坤大挪移”神功时，第七层完全是想象出来的功夫。最后，本书坚持从一切方便读者的角度出发进行写作。在当今这个寸阴寸金的时代，读一本书的机会成本极其高昂。笔者同时作为一名读者，深恶于有些书籍严格贯彻“二八定律”甚至“一九定律”（书中精华部分不过十分之一二，其余都是无关紧要的内容），卷帙浩繁文字庞杂内容空洞啰里八嗦语句不通故弄玄虚纯粹为了凑字数而糊弄读者，坚持“己所不欲，勿施于人”，在本书写作时尤其注重读者的体验。一方面，为使内容充实，差不多每一篇都要用到十几个甚至几十个案例典故，同时尽量使语言通俗易懂，力求解释清楚，避免“以其昏昏使人昭昭”。另一方面，为节约读者的宝贵时间，阐述问题只求清楚明白，绝不长篇大论，除最后“战例”部分的一个具体战例外，其他例子皆一笔带过、点到为止。

在本书的写作中，有两本书对笔者的影响很大，一是《孙子兵法》，二为《三国演义》。《孙子兵法》是我国古典军事的基础理论，至今为世人所推崇，《三十六计》开篇就说：“用兵如孙子，策谋三十六。”三十六条计策在《孙子兵法》中基本上都能找到依据。《三国演义》更是为国人津津乐道的一部古典小说，里面既有精彩的故事、生动的人物，更有围绕着一条条计策的使用和破解而展开的经典战例，当年努尔哈赤就把《三国演义》当兵书看，打得明军连连败退。若把《孙子兵法》《三国演义》《三十六计》三本书摆在一起，《孙子兵法》就像一本军事原理课本，讲的是纯理论；《三国演义》就像战例汇编，讲的是纯实践；而《三十六计》就像《孙子兵法》的模块化应用指南，像架设在《孙子兵法》与《三国演义》之间从纯理论到纯实践的一座桥梁。本书在写作过程中，很大程度上学习和参考了《孙子兵法》和《三国演义》，里面关于应对破解三十六计的方式方法，很多也能在《孙子兵法》中找到依据，同时，不少使计破计的案例，也是引用《三国演义》中的例子。如果说《孙子兵法》《三国演义》《三十六计》三部书结合在一起，就如同一套完整的中国古典军事学教材（普及版）的话，本书就像是这套教材的拓展阅读材料（民间版）。

最后，由于笔者水平能力有限，书中难免有不少疏漏谬误。谨以此书，作为一名军事爱好者与广大读者和军迷朋友的一次交流吧，望读者和军迷朋友不吝批评指正。

徐致远

二〇一八年于北京

总　说

用兵如孙子，策谋三十六。六六三十六，数中有术，术中有数。阴阳燮理，机在其中。机不可设，设则不中。

总说译文:用兵要像孙武一样,灵活运用三十六条计策。六六三十六,事物运行的客观规律中隐藏着使用计谋的方法,而使用计谋的方法之中也蕴含着事物运行的客观规律。一切机谋都出自阴阳之间变化调和的道理之中。机谋不可根据人的主观意愿凭空设置,凡是凭空设置的往往都不会实现。

按语　解语重数不重理。盖理术,语自明;而数,则在言外。若徒知术之为术,而不知术中有数,则术多不应。且诡谋权术,原在事理之中,人情之内。倘事出不经,则诡异立见，诧民惑俗而机谋泄矣。或曰：三十六计中，每六计成为一套。第一套为胜战计，第二套为敌战计，第三套为攻战计，第四套为混战计，第五套为并战计，第六套为败战计。

按语译文：三十六计的解语部分强调事物运行的客观规律，而不阐述计谋的使用方法。关于使用计谋的具体方法，可以用语言表达清楚；而事物运行的规律，却客观地存在于人类的认识和语言之外。如果仅就计谋论计谋，而不知道计谋之中蕴含的事物运行的客观规律，则计谋大多不会成功。况且诡谋权术，本来就包含在事理和人情之中。倘若运用计谋不符合事理人情，就会显得奇怪异常，以至于普通人都会感到诧异迷惑，那么机谋就会泄露。有人说，三十六计中，每六计可以作为一套。第一套为胜战计，第二套为敌战计，第三套为攻战计，第四套为混战计，第五套为并战计，第六套为败战计。

评析 奇书《三十六计》

《三十六计》是一部兵家奇书，说它是奇书，一方面是不知道其成书年代和作者生平；另一方面是其内容不同于其他兵书，不是讲一般的军事理论和用兵原则，而是通过一条条具体的计策，讲在何种情形下通过何种方式能够取得胜利，共讲了六大类、三十六种情形和方式组合。

从结构和内容来看，《三十六计》中每一计都包括“计名”“解语”“按语”三个部分。“计名”就是计策的名称，大部分计名都是四字成语，只有最后六计是三个字的计名。为便于人们熟记这三十六条妙计，有人在三十六计中每取一字，依序组成一首诗："金玉檀公策，借以擒劫贼。鱼蛇海间笑，羊虎桃桑隔。树暗走痴故，釜空苦远客。屋梁有美尸，击魏连伐虢。"全诗除了第一句中的"檀公策"三字外，其余每字都代表了三十六计中的一计。"解语"就是每计名称后的解说，均系依据《易经》中的阴阳变化之理及古代兵家刚柔、奇正、攻防、彼己、虚实、主客等对立关系相互转化的思想推演而成，含有朴素的军事辩证法因素。解语不是讲每条计策的使用方法，而是从《易经》的角度，揭示事物运行的客观规律，即上文按语中所谓的"解语重数不重理"，语义颇为晦涩、深奥。"按语"跟在解语之后，将解语中包含的事物运行的客观运行规律引入军事领域，就其在军事方面的应用稍作解释，并引证孙武、吴起、尉缭子等兵家的精辟语句和宋代以前的相关战例，对该计的理解和应用进行阐释。

从语源来看，"三十六计"一称，先于其成书之年。《南齐书·王敬则传》云："檀公三十六策，走是上计，汝父子唯应急走耳。"宋代惠洪《冷斋夜话》里说："渊才曰：三十六计，走为上计。"而从《三十六计》所引战例的时间来看，最晚在南宋时期。因此，有人推测，《三十六计》计名及解语的作者为南北朝时期名将檀道济，而每计的按语，则可能是南宋以后一位深谙兵法易理的奇士加上去的。也有人猜测，檀道济的三十六计并未传世，仅有"三十六计""走为上计"之名，后人凭自己的理解附会填充后，形成了《三十六计》。例如，《三十六计》中的一些计名，比如“打草惊蛇”，语出宋代郑文宝的《南唐近事》，而无论南唐还是宋代，都远晚于檀道济所处的南北朝时期。还有人猜测，所谓的“檀公三十六策”，只是强调檀道济善于用计，足智多谋，“三十六”只是借太阴六六之数，表示计谋多端而已，并不是真的有三十六条计谋。

现传的《三十六计》于 1941 年在邠县（今陕西彬县）某书摊发现，为手抄本，抄本前部为“养生之谈”，而末尾附抄“三十六计”。同年，成都兴华印刷厂将此“三十六计”抄本用土纸排版翻印，封面书“三十六计”，旁注“秘本兵法”，并说明原书是手抄本，《三十六计》遂得以问世，但仍未流传开来。1961 年，时任解放军政治学院副院长的莫文骅将军无意中在《光明日报》“东风”副刊上看到一篇署名“叔和”的介绍《三十六计》一书发现过程的文章，引起极大兴趣，命人寻觅到经无谷先生译注的《三十六计》，编印后在院内供教职工学习参考，同时送呈毛泽东主席等中央领导和元帅将军们参阅。此后，《三十六计》才真正“得见天日”。现在不少人将《孙子兵法》与《三十六计》并称，有的人甚至认为《孙子兵法》就是《三十六计》，或者是同一本书的前后两个部分，实在是大谬不然。

“总说”按语部分将《三十六计》分为六套。第一套为“胜战计”，是使计方占据优势，战略上处于主动地位时使用的计策，此时用计的主要目的是减少损失，以更小的代价获取胜利。第二套为“敌战计”，是使计方与受计方力量相当时使用的计策，此套计主要强调双方势均力敌时，己方要避免直接同对方进行主力决战，而要通过避实击虚、出其不意、等待并准确把握战机、积小胜为大胜等方式，待取得全面或局部战略优势后，再同敌方决战。第三套为“攻战计”，是使计者作为进攻一方时使用的计策，此套计主要强调进攻之前，要先通过试探、引诱等方式，使对方暴露弱点或出现失误，再抓住机会一击即中。第四套为“混战计”，是使计者在战局胶着混乱时使用的计策，此套计主要强调战局越是复杂，己方越要保持冷静，理清头绪，并设法将对方的部署弄乱，以己方之不乱对敌方之乱，从而在乱中取胜。第五套为“并战计”，是使计方与另一方并力与敌人作战时，对敌人或者其暂时的“盟友”使用的计策，此套计主要强调要收“盟友”之力为己用，在联盟中取得主导权，从而壮大自己，战胜敌人。第六套为“败战计”，是使计方处于劣势和被动地位时使用的计策，此套计主要强调对于弱小的一方而言，硬实力不如敌方，就要跟敌方打“心理战”，并通过制造和利用敌方内部的矛盾，削弱敌方力量，扭转己方颓势，实在不行，就争取全身而退，保存有用之身，以待他日之用。从逻辑关系来看，“胜战计”“敌战计”“败战计”主要是从敌我力量对比的角度而言的，可进一步归为一类；“攻战计”“混战计”“并战计”主要是从战争局势的角度而言的，可以归为一类。

“总说”中言道：“六六三十六，数中有术，术中有数。阴阳燮理，机在其中。机不可设，设则不中。"三十六计反映的是事物运行的客观规律，来源于阴阳变化的机理，任何违反了客观规律的计谋都是行不通的。因此，三十六计的内容既抽象而高深，却又通俗而易懂，它就包含在人们的日常生活中，包含在天地万物的一静一动之中，连人类一些毫无意识的动作，甚至动植物出于本能的行为，都暗合三十六计之道理。例如，遇到突如其来的危险时，人和动物首先都会选择逃跑，这就是"走为上"；如果躲不开，人出手遮挡，海星断腕、螃蟹断肢、壁虎断尾，就是"李代桃僵"；鳄鱼伪装成飘在水中的朽木，对水边放松警惕的动物发动突然袭击，就是"瞒天过海"；猪笼草分泌香味引诱昆虫，再利用叶片末端的花瓶状结构来捕获和消化昆虫，就是"抛砖引玉"；群狼捕食大型动物时，会通过尾随骚扰耗尽其体力，再进行捕杀，就是"欲擒故纵"，等等。可以说，《三十六计》不仅是人类智慧的结晶，也是对自然界经过长期进化而形成的客观规律的提炼和反映。

由此可见，《三十六计》中的计谋和规律不但可以应用于军事领域，也可以应用于其他各个领域。《三十六计》的作者在按语中将三十六计中包含的道理引申到军事领域，遂成就了一本奇绝的兵书，若将这些道理引申到其他领域，例如商业领域，同样会成为一本指导经营管理的"宝典"。常言道"商场如战场"，正是从这个意义上，现在有越来越多的人，特别是从事经营管理的人热衷于研读《三十六计》，就是希望从中汲取智慧，武装头脑。这在客观上为《三十六计》的传播和研究起到了积极的推动作用。

需要强调是，《三十六计》绝不仅仅是一本讲阴谋诡计的书，恰恰相反，它所注重的不是诡计，而是事物运行的客观规律，它告诉我们面前这个纷乱的世界到底是怎么运行的，在这样的世界里应当如何自处。《三十六计》不单是讲如何运用智慧战胜敌人和竞争对手，同时也在告诉人们应当如何为人处世，比如“瞒天过海”中讲的“常见则不疑”，就是提示人们对于惯常见到的事物容易陷入思维定式；“隔岸观火”中讲的“暴戾恣睢，其势自毙”，就是告诫人们要自我收敛，不可自我放纵；“打草惊蛇”中讲的“疑以叩实，察而后动”，则是告诉人们处理问题的一般方法论；“假痴不癫”中讲的“宁伪作不知不为，不伪作假知妄为”，与郑板桥的“难得糊涂”有异曲同工之妙，包含禅机。

总之，《三十六计》是一部兵家奇书，其核心是《易经》中所蕴含的道理在军事领域的延伸与应用，不但可以指导用兵打仗，而且可以帮助人们认识这个奉行“丛林法则”的世界。中国的儒家文化讲究“入世”，任何想要“入世”的人，都有必要读一读《三十六计》。

第一计 瞒天过海

备周则意怠，常见则不疑。阴在阳之内，不在阳之对。太阳，太阴。

解语译文：防备周密的，容易麻痹松懈，对平时看习惯了的，就不会再产生怀疑。秘密常潜藏在公开的事物里，而不在公开的事物的对立面。公开到极致的事物里，却隐藏着最深的秘密。

按语 阴谋作为，不能于背时秘处行之。夜半行窃，僻巷杀人，愚俗之行，非谋士之所为也。如：开皇九年，大举伐陈。先是弼请缘江防人，每交代之际，必集历阳，大列旗帜，营幕蔽野。陈人以为大兵至，悉发国中士马，既而知防人交代，其众复散。后以为常，不复设备，及若弼[1]以大军济

① 贺若弼复姓“贺若”，而非“贺”，此处疑为《三十六计》原书误。

江，陈人弗之觉也。因袭南徐州，拔之。

按语译文：谋划实施某件事，不能在不适当的时间和秘密的地方进行。在半夜里行窃和在僻静的巷子里杀人，都是愚蠢、粗鄙之人所为，真正的智谋之士是不会这么做的。例如，隋朝开皇九年，隋军大举讨伐陈国。在此之前，隋将贺若弼统兵驻防江岸，每次换防时，必定将军队集中到历阳，并且大张旗鼓，遍扎营帐。陈国人以为隋兵要大举进攻了，就调发全国的兵马准备迎战，后来才发现隋军只是在换防，便将集中的军队解散了。后来，陈国对隋军换防之举习以为常，便不再戒备，等到贺若弼真的率军渡江时，陈国人居然没有发觉。因此，隋军便轻易攻下了陈国的南徐州。

评析 最需要协同配合的一计

“瞒天过海”的典故与唐太宗李世民有关。贞观十七年（公元643年），唐太宗亲率大军，拟渡海攻打高句丽。结果一生纵横马上的唐太宗见了波涛浩渺的大海，心生怯意。为打消太宗怯意，大臣张士贵与薛仁贵商量出一条“瞒天过海”的计策。他们把大船装扮成海滨房屋，并骗太宗到屋内喝酒，边喝酒边命船驶向海中，待到太宗发觉，已然身在海上。于是太宗畏海之心尽散，大军全部安然渡海。在这一典故中，“瞒天”一方面指光天化日之下将战船伪装成房屋，另一方面指欺瞒天子李世民，“过海”则指乘船渡海。用作一计，“瞒天过海”指通过对方见怪不怪的假象，隐藏自己的真实行动。

“瞒天过海”作为一种“示假隐真”的伪装术，既可以忽悠自己人，也可以忽悠敌人。用来忽悠自己人时，主要是用来帮助自己人完成某项其不愿完成、或认为难以完成的任务，使其在不知不觉中把事情给做了。例如此计的出典，大臣以船作屋哄唐太宗出海。再举个通俗点的例子。小时候我爱吃豆腐，但第一次见到猪血时害怕不敢吃。我妈就骗我说这种红红的块状物叫作“红豆腐”，白豆腐是用黄豆做的，而“红豆腐”是用红豆做的，比白豆腐更加稀罕、更加好吃，于是年幼的我欣然接受了这种东西，直至今日仍爱吃猪血鸭血。现在想想，这就是我妈的“瞒天过海”之计，与大臣忽悠唐太宗如出一辙。用来忽悠敌人时，则是利用敌人常见不疑的假象，寓实于虚，乘对方松懈之时，变虚为实，实现己方的目的。例如“鸿门宴”中，项庄舞剑意在沛公，将刺杀刘邦寓于舞剑这一军中常见之戏中。再如，朝鲜战争中，志愿军假扮韩国军队骗过岗哨，成就了“奇袭白虎团”的传奇。又如，影视剧中经常有利用红白之事送人出城的桥段。因为红白之事确实有充分的理由要出城，而作为门卫既不便耽误人家的时辰，又不便开棺掀轿查验，只好放行。

使用“瞒天过海”的关键是利用对方常见不疑的心理。当使计者利用的假象本来就是常识，或常见现象时，使用“瞒天过海”之计的内容比较简单，成本也相对较小，只要假装仍按正常情况行事就行了，关键不要露出马脚，让对方看出破绽。

当令对方见到的本不是常识，或常见现象时，为达到见怪不怪的效果，则需要长期不断重复同一虚假动作，使对方形成见之不疑的思维惯性，之后再一举发难，即《孙子兵法》所谓的“能而示之不能，用而示之不用”。比如本计按语中所举的贺若弼之例，隋军通过不断在敌人眼前进行换防调动，使敌军习以为常，不加防备后，再乘机渡江。再比如武侠小说中两人过招，其中一人不断出虚招，迫使对方不断招架，重复多次后，当对方以为下一招还是虚招，疏于防范时，此人便变虚为实，击其要害。

用好“瞒天过海”之计，就像拍好一部电影。首先，投资方要舍得下成本，不能因为心疼演员和道具的费用在拍戏时偷工减料。其次，导演和编剧要给力，把剧本编好，把戏设计好，不能犯违反常识的逻辑错误。最后，演员特别是群演要积极配合，不能在演戏时穿帮，更不能在一次又一次的“cut，再来一条”中厌倦疲沓。与其他计策更强调和突出使计者个人的运筹帷幄不同，“瞒天过海”更需要发挥全部参与者的主观能动性，更需要整个团队的协作，因而是三十六计中最需要协同配合的一计（当然，在有些情况下，这一计的设计者和执行者是同一人时，则不存在协同的问题）。

破解 外虚内实

如上所述，使用“瞒天过海”这一计有两种情形，一是利用常识，二是没有常识创造常识。对于两种不同情形，破解的重点和难点也不同。

对于利用常识的，难点在于识破，毕竟要打破一个人积年累月形成的常识，转变一个人的观念，是非常困难的。对此，要特别留心观察对方的一举一动，看其有无异于平常表现的蛛丝马迹，比如倒酒时手哆没哆嗦，或者故意诈对方一下，引其露出破绽。如果情报工作做得好，掌握了对方“瞒天过海”下的真实意图，破解这一计策就更加容易。例如，1894 年，朝鲜爆发东学党起义，朝鲜国王向清政府请援，日本亦同时以保护侨民为由，出兵朝鲜。为备倭援朝，清政府决定向朝鲜增兵，为安全起见，李鸿章使出“瞒天过海”之计，租用英国商船“爱仁”“飞鲸”“高升”号，秘密向朝鲜运兵。不料这一军事情报却被日本间谍获取，并电告日本大本营。日军遂在朝鲜附近海域伺机伏击清军运兵船，将“高升号”击沉，即所谓“高升号事件”。李鸿章“瞒天过海”之计固好，但机密尽泄，反而落入日军埋伏之中。

对于没有常识创造常识的，识破并不困难，只要搞清楚对方来意不利于我这个大前提，并且接了对方几次虚招后，就能够明白个八九分（如果连这个大前提都没搞清楚，那就别指望破计了），此种情形难在识破后的应对上。一个人也好，一个组织也好，一个国家也好，精力毕竟是有限的，在搞不清楚对方哪一招是实招的情况下，对每一招都凝神应对，时间久了必然会产生松懈和疏漏，从而给对方以可乘之机。但对于使计者而言，没有常识创造常识的成本也很高（就像商家烧钱补贴客户，以培养客户的消费习惯），费时费力费人费钱费感情，因此使计方巴不得受计方早点中计，陷入见怪不怪的松懈中。而受计方正可利用使计方的这一心理，坚持集中精力与其对耗到底，或者故意卖个破绽，假装中计，引诱对方出招，后发制人。据此，破解此种情形下的“瞒天过海”之计，有两种方式：

一是与对方比拼耐力。使用“瞒天过海”这一计的多是攻击一方，而通常情况下攻击一方攻城略地的成本要远远高于防守一方（当然这种情况更多存在于点状防御或短线防御的情况下，如果是长线防御，则防守方的成本要远高于攻击方，比如万里长城防线、千里长江防线，备左则右寡，备右则左寡，无处不备则无处不寡）。《孙子兵法》有云：“凡用兵之法，驰车千驷，革车千乘，带甲十万，千里馈粮，则内外之费，宾客之用，胶漆之材，车甲之奉，日费千金，然后十万之师举矣。其用战也胜，久则钝兵挫锐，攻城则力屈，久暴师则国用不足。夫钝兵挫锐、屈力殚货，则诸侯乘其弊而起，虽有智者，不能善其后矣。故兵闻拙速，未睹巧之久也。夫兵久而国利者，未之有也。”因此，防守一方如能不理会攻击一方虚招实招，始终凝神戒备，摆出或装出一副与对方耗到底的姿态，时间一久，使用“瞒天过海”之计的攻击一方受不了巨额成本，只能被迫变招，“瞒天过海”之计就可破解。

二是引诱对方主动出手。假装对对方的欺骗性行动已经见怪不怪或毫不在意，表面上放松警惕和防备，但实际上依然全力戒备，甚或暗伏杀招，布下埋伏，只待对方入套。对方如果认为时机成熟而出手，要么碰得头破血流，要么陷入十面埋伏。比如武侠小说中两人对决常有的桥段：一人虚虚实实，变幻莫测，另一人凝神戒备，后者突然故意露一破绽，前者以为后者松懈，便一招由虚化实，中宫直进，不料后者双臂一圈，将前者直进之臂圈住，刚劲猛施或内力吐出，只听格格两响，已将其臂骨折断。采用这种方法的好处或必要性是，作为“瞒天过海”的受计一方，毕竟处于被动局面，终日保持精神高度紧张的状态，日子久了，就算主帅不疲沓，下面的将士也难免疲沓。引诱对方尽快出手，便可在全军陷入疲沓之前改变这种被动紧张的局面，甚至变被动为主动。《孙子兵法》云“致人而不致于人”，概此之谓也。

总之，无论哪种情形下的“瞒天过海”，作为受计的一方面，表面上都要配合其表演，与其虚与委蛇，但实际上要制订好对方一旦变虚为实的预案，做好充分的战斗准备，即“外虚内实”。在战争中，派人通过潜伏、诈降等方式打入敌方内部，使“阴在阳之内”，再里应外合，便是使用“瞒天过海”之计的一种典型表现形式。成功的如特洛伊木马、《大明英烈传》中的丁普郎等人诈降陈友谅；不成功的比如《三国演义》中诸葛亮识破孟优诈降之计，并将计就计三擒孟获，此为破解“瞒天过海”之计的典例，以下特节录之。

战例 三擒孟获

（孟）获再回洞中，与亲弟孟优商议曰："如今诸葛亮之虚实，吾已尽知，汝可去如此如此。"

孟优领了兄计，引百余蛮兵，搬载金珠、宝贝、象牙、犀角之类，渡了泸水，径投孔明大寨而来；方才过了河时，前面鼓角齐鸣，一彪军摆开：为首大将乃马岱也。孟优大惊。岱问了来情，令在外厢，差人来报孔明。孔明正在帐中与马谡、吕凯、蒋琬、费祎等共议平蛮之事，忽帐下一人，报称孟获差弟孟优来进宝贝。孔明回顾马谡曰："汝知其来意否？"谡曰："不敢明言。——容某暗写于纸上，呈与丞相，看合钧意否？"孔明从之。马谡写讫，呈与孔明。孔明看毕，抚掌大笑曰："擒孟获之计，吾已差派下也。——汝之所见，正与吾同。"遂唤赵云入，向耳畔分付如此如此；又唤魏延入，亦低言分付；又唤王平、马忠、关索入，亦密密地分付。

各人受了计策，皆依令而去，方召孟优入帐。优再拜于帐下曰："家兄孟获，感丞相活命之恩，无可奉献，辄具金珠宝贝若干，权为赏军之资。续后别有进贡天子礼物。"孔明曰："汝兄今在何处？"优曰："为感丞相天恩，径往银坑山中收拾宝物去了，少时便回来也。"孔明曰："汝带多少人来？"优曰："不敢多带。只是随行百余人，皆运货物者。"孔明尽教入帐看时，皆是青眼黑面，黄发紫须，耳带金环，鬅头跣足，身长力大之士。孔明就令随席而坐，教诸将劝酒，殷勤相待。

却说孟获在帐中专望回音，忽报有二人回了；唤入问之，具说："诸葛亮受了礼物大喜，将随行之人，皆唤入帐中，杀牛宰羊，设宴相待。二大王令某密报大王：今夜二更，里应外合，以成大事。"

孟获听知甚喜，即点起三万蛮兵，分为三队。获唤各洞酋长分付曰："各军尽带火具。今晚到了蜀寨时，放火为号。吾当自取中军，以擒诸葛亮。"诸多蛮将，受了计策，黄昏左侧，各渡泸水而来。孟获带领心腹蛮将百余人，径投孔明大寨，于路并无一军阻当。前至寨门，获率众将骤马而入，——乃是空寨，并不见一人。获撞入中军，只见帐中灯烛荧煌，孟优并番兵尽皆醉倒。原来孟优被孔明教马谡、吕凯二人管待，令乐人搬做杂剧，殷勤劝酒，酒内下药，尽皆昏倒，浑如醉死之人。孟获入帐问之，内有醒者，但指口而已。获知中计，急救了孟优等一干人；却待奔回中队，前面喊声大震，火光骤起，蛮兵各自逃窜。一彪军杀到，乃是蜀将王平。获大惊，急奔左队时，火光冲天，一彪军杀到，为首蜀将乃是魏延。获慌忙望右队而来，只见火光又起，又一彪军杀到，为首蜀将乃是赵云。三路军夹攻将来，四下无路。孟获弃了军士，匹马望泸水而逃。正见泸水上数十个蛮兵，驾一小舟，获慌令近岸。人马方才下船，一声号起，将孟获缚住。原来马岱受了计策，引本部兵扮作蛮兵，撑船在此，诱擒孟获。

于是孔明招安蛮兵，降者无数。孔明一一抚慰，并不加害。就教救灭了余火。须臾，马岱擒孟获至；赵云擒孟优至；魏延、马忠、王平、关索擒诸洞酋长至。孔明指孟获而笑曰：

“汝先令汝弟以礼诈降，如何瞒得过吾！今番又被我擒，汝可服否？”获曰：“此乃吾弟贪口腹之故，误中汝毒，因此失了大事。吾若自来，弟以兵应之，必然成功。此乃天败，非吾之不能也：如何肯服！”孔明曰：“今已三次，如何不服？”孟获低头无语。孔明笑曰：“吾再放汝回去。”孟获曰：“丞相若肯放吾兄弟回去，收拾家下亲丁，和丞相大战一场：那时擒得，方才死心塌地而降。”孔明曰：“再若擒住，必不轻恕。汝可小心在意，勤攻韬略之书，再整亲信之士，早用良策，勿生后悔。”遂令武士去其绳索，放起孟获，并孟优及各洞酋长，一齐都放。孟获等拜谢去了。此时蜀兵已渡泸水。孟获等过了泸水，只见岸口陈兵列将，旗帜纷纷。获到营前，马岱高坐，以剑指之曰：“这番拿住，必无轻放！”孟获到了自己寨时，赵云早已袭了此寨，布列兵马。云坐于大旗下，按剑而言曰：“丞相如此相待，休忘大恩！”获喏喏连声而去。将出界口山坡，魏延引一千精兵，摆在坡上，勒马厉声而言曰：“吾今已深入巢穴，夺汝险要；汝尚自愚迷，抗拒大军！这回拿住，碎尸万段，决不轻饶！”孟获等抱头鼠窜，望本洞而去。

（节选自《三国演义》第八十八回）

第二计　围魏救赵

共敌不如分敌，敌阳不如敌阴。

解语译文:兵力集中的敌人不如兵力分散的敌人好对付,攻敌之实不如攻敌之虚。

按语　治兵如治水,锐者避其锋,如导疏;弱者塞其虚,如筑堰。故当齐救赵时,孙子谓田忌曰:“夫解杂乱纠纷者,不控拳,救斗者,不搏击。批亢捣虚,形格势禁,则自为解耳。”

按语译文:用兵作战就像治理洪水一样,对锐气正盛的敌人,就要避其锋芒,如同疏导洪水一样;对于疲弱的敌人,就要聚而歼之,如同修坝蓄水一样。所以当齐国派田忌救援赵国之时,孙膑对田忌说:“想要解开纷繁杂乱的事物,不能挥拳而上;要解开打架斗殴者,不能加入战团。对敌人应当避实击虚,迫使其不得不改变战略意图,赵国之围自然也就解了。”

评析 成功率最高的一计

“围魏救赵”出自我国战国时著名的齐魏“桂陵之战”。公元前354年,魏国大将庞涓攻打赵国,包围了赵国首都邯郸。赵王危急之中只好求救于齐国,并许诺解围后以中山之地相赠(赵魏之战便因中山的归属而起,赵国将这个烫手山芋扔给齐国,也没安好心)。齐威王应允,令田忌为将,孙膑为军师,率军援救赵国。田忌与孙膑进至魏、赵交界之地时,田忌想“照草下锄”,直逼邯郸,孙膑制止道:“排解争斗,不能直接参与搏击,平息纷争要抓住要害,乘虚取势,双方因受到制约才能自然分开。现在魏国精兵倾国而出,若我直攻魏国首都大梁,庞涓必回师援救,如此邯郸之围自解。我们再于中途伏击庞涓,魏军必败。”田忌依计而行,魏军果然从邯郸撤兵回援。齐军于桂陵设下埋伏,以逸待劳,大败魏军,庞涓狼狈逃回大梁。

“围魏救赵”的实质,是《孙子兵法》中所讲的“攻其所必救”,避开敌军攻击之锋芒,而攻击其不得不救援的空虚之处,批亢捣虚,不但可以瓦解敌人攻势,还可占据主动,调动敌人,乘敌人忙乱疲惫之际大占便宜。例如,太平天国忠王李秀成为打破清将和春对都城天京的围困,率部奇袭清军粮草重地杭州,和春被迫令部将分兵解救。太平军乘清军调动之时全力反击,大破清军,天京之围遂解。再如1946年的集宁大同之战，傅作义面对重围中的大同，命所部攻克集宁，迫使大同解围，是解放战争中我军少有的几场失利之一。

“围魏救赵”是三十六计里成功率最高的一计，历史上凡用此计者罕有失手。其道理在于，使计一方利用对手的疏漏、过于自信或先天劣势，攻击其不得不救援的部分，对方就算看出了你的战略意图，也只好乖乖就范，任使计者摆布。拳理如兵法，此计如此好用，以至于在金庸老先生创造的诸多神妙武功中，对此也有不少应用。比如独孤求败、风清扬、令狐冲一脉相承的独孤九剑，便是后发先至、攻其所必救、无招胜有招的高明剑术，此剑法一出，其他任何剑法都只得甘拜下风。

破解 预为之谋

如上所述，“围魏救赵”之计非常难以破解，因为此时留给魏国一方的选择空间已非常小，要么被迫就范，被敌人牵着鼻子走，要么赌上一把，赌大梁的城防能够坚持到魏军主力攻克邯郸再回师，或者在短时间内能有其他勤王之师赶赴大梁迎击齐军。这种赌国运、武运的事情当然不能老干，因此，应对“围魏救赵”之计的重点，不应该放在出现状况后的临时应对上，而要在攻打赵国之前就做好准备，最好能防止出现这一不利情况，退一步讲，即便出现，也已有稳妥可行的应急预案。

一是通过“远交近攻”等外交手段，在攻打赵国时稳住其他国家，使其他国家袖手旁观，避免两线甚至多线作战。“远交近攻”是战国时期范雎为秦国制定的一条外交策略。当今世界之美国犹如当年之秦国，也惯用这种拉一派打一派的手法，当注意力在西边时，就与东边暂时搞好关系，注意力在东边时，就与西边暂时搞好关系。尽管美国一直强调同时打赢两场战争的战略理念，但按照“越强调什么实际越缺什么”的一般逻辑，这其实暴露了美国的心虚，即便强大如美国，也是担心同时应对两场战争的。

二是在攻打赵国的同时做好赵国或其他国家偷袭魏国的应对预案，通过其他方式补充主力离境后留下的防守空当，使前方部队继续安心执行预定计划，不必分身相救。举个形象点的例子。金庸先生的小说中常有“攻守互助”的组合，攻者专事进攻，防守的空当由旁边的人照护，专破这种“攻其所必救”的招数。如《倚天屠龙记》中的玄冥二老、波斯三使、十八番僧等等，即便如张无忌这样身负多项绝技的高手也吃过大亏。试举一段张无忌与波斯十二宝树王交手的描写：“张无忌抢上前去，左掌往齐心王胸口推去。齐心王竟不挡架，伸左手往他头顶抓下。张无忌眼看自己这一掌要先打在他身上，那知俱明王从斜刺里双掌推到，接过了他这一掌，齐心王的手指却直抓下来。张无忌向前急冲一步，方得避过，才知他二人攻守联手，便如是个四手四腿之人一般。”（参见《倚天屠龙记》第三十章“东西永隔如参商”）

除了上面说的提前做好准备之外，如果事先没做准备，则视使计方“围魏救赵”的质量，以及自身实际状况，受计方还可以有一种选择，就是不顾对方的攻势，依然保持原来的动作不变。此种选择下，有两种情况对受计方有利：一种情况是，对方“围魏救赵”的质量不高，攻击点选得不准（比如攻的不是心脏，而是大腿），并非非救不可，又或是自己身体强壮、皮糙肉厚，抗击打能力强，这样拼着挨上一下之后，依然能够实现原来的战略意图。以下所举罗马统帅费边破迦太基统帅汉尼拔之战，就是此种情形。当然，这并不是真正意义上“攻其所必救”的“围魏救赵”，如果真的是不容有失的要害地方遭遇危险，哪敢强挨这一下呢？

另一种情况是，受计方原来的动作对使计方同时也构成了重大威胁，如果使计方对这种宁可性命不在，也要拼个两败俱伤的不要命打法，心存顾忌，不愿同归于尽或受到损伤，自动变招撤招，那“围魏救赵”之计就破解了，这就是俗话所说的“愣的怕横的，横的怕不要命的”。但这种打法几近无赖，并且风险系数太高，对己方的命运也太不负责任，不到万不得已不宜使用。

战例 费边智破汉尼拔

公元前219年春天，迦太基人和罗马人之间的第二次布匿战争爆发。迦太基军队统帅汉尼拔率领大军出人意料地越过比利牛斯山和阿尔卑斯山，深入罗马腹地，大有吞并罗马的势头。

罗马军队统帅费边认为汉尼拔善于用计，指挥有方，迦太基人士气正盛，不宜正面硬拼。因此，费边采取消耗敌人的战术，避免与汉尼拔的主力相遇，而是专门袭击汉尼拔的零散部队，打击投靠汉尼拔的同盟者，破坏其粮食储备，使迦太基人在罗马境内无法建立永久性的补给基地，并佯装败退，沿途坚壁清野，诱使其战线越拉越长，补给越来越困难。

费边的这一招果然奏效。孤军深入的汉尼拔军队由于得不到必要的粮食供应和兵源补充，军心开始浮动，士气渐渐低落。费边抓住这个时机，率 10 万罗马大军攻打战略重镇，同时也是汉尼拔的粮食和战略补给要地——卡普兰城。如果卡普兰城丢失了，汉尼拔在罗马将无法立足。汉尼拔深感形势的严峻，立即率精锐的步兵、骑兵和战象赶往卡普兰城。等其来到卡普兰城，发现罗马人在城外已经布置了坚固的防线。汉尼拔认为，仅凭自己现有兵力，难以在攻坚战中战胜罗马人，只有设法能把罗马人从坚固的防线中调出来，才能在运动战中消灭罗马人。于是，汉尼拔命令全军调转方向，去攻打罗马帝国的首都罗马城，拟采用“围魏救赵”之计，迫使费边出援罗马城。

侦察兵将汉尼拔率军攻打罗马城的消息报告费边后，因为诸将的家眷都住在罗马城，大家纷纷要求赶紧回师罗马城。费边却识破了汉尼拔的计谋，对大家说：“各位的心情我理解。但是，你们有没有想到，这是汉尼拔用的计谋，目的是让我们放弃卡普兰城。如果汉尼拔长期拥有卡普兰城，那么我们就永远没有胜利的可能。罗马城现有 4 万兵力,我相信汉尼拔不会轻易攻陷罗马城。我们现在仍要围困卡普兰城,切断汉尼拔军队的给养。如果我们回援,恰恰中了汉尼拔的圈套,迦太基人会在路上消灭我们。打运动战我们不是迦太基人的对手,但是打防守战迦太基人不是我们的对手。”听了费边的话,大家的情绪渐渐稳定下来。

稳定了军心后,费边又假装中计,派出一支小部队,一路虚张声势地赶赴罗马城增援。汉尼拔以为费边已经中计,便立即率兵赶回卡普兰,准备消灭留守的罗马人,没想到赶到卡普兰城下一看,罗马大军仍在围攻卡普兰,才意识到回援罗马城的只是一支小部队而已。汉尼拔感慨道:“费边啊,费边,你使我英雄无用武之地啊!”只好下令撤军。不久,卡普兰城内的守军弹尽粮绝,被迫投降。

汉拔尼版“围魏救赵”失败的原因,除了犯了“亢龙有悔,盈不可久”的兵家大忌外,更重要的是其选择的罗马城城坚池深、足以自守,并非非救不可,因而也就不会有效调动敌人,与正版的“围魏救赵”相比,还是有一定差距。

第三计　借刀杀人

敌已明，友未定，引友杀敌，不自出力，以《损》推演。

解语译文：敌方的情况已经明朗，而盟友的态度还在摇摆，诱导盟友去对付敌人，而自己不出力气，这就是根据易经《损卦》中“损下益上”的道理推演而形成的谋略。

按语　敌象已露，而另一势力更张，将有所为，便应借此力以毁敌人。如：郑桓公将欲袭郐，先向郐之豪杰、良臣、辨智、果敢之士尽书姓名，择郐之良田赂之，为官爵之名而书之，因为设坛场郭门之处而埋之，衅之以鸡猪，若盟状。郐君以为内难也，而尽杀其良臣。桓公袭郐，遂取之。诸葛亮之和吴拒魏，及关羽围樊、襄，曹欲徙都，懿及蒋济说曹曰：“刘备、孙权外亲内疏，关羽得志，权必不愿也。可遣人劝蹑其后，许割江南以封权，则樊围自释。”曹从之，羽遂见擒。

按语译文：敌人已经显露出来，而另一股势力正在发展，将要有所作为，此时便应利用此势力来消灭敌人。例如，郑桓公将要攻打郐国，先将郐国的英雄豪杰、良臣智士、英勇果敢之人的名单全部列出，宣称要将郐国的良田赏赐给他们，把要封给他们的官爵名称也写得清清楚楚，并在城郊设立祭坛，把名单埋在地下，用鸡和猪作祭品，装作要同这些人结盟的样子。郐国国君认为内乱将至，便依照名单尽杀其良臣。郑桓公乘郐国国君自毁长城之机发兵，一举攻占郐国。又如，诸葛亮采取联吴抗魏的策略，当关羽围攻樊城、襄阳之时，中原震动，曹操甚至动了迁都之念。司马懿和蒋济劝曹操说：“刘备、孙权表面看起来很亲密，内心深处却相互猜疑，若关羽得志，孙权必然极不情愿。因此，可以派人游说孙权，请其与自己联手对付关羽，许诺事成之后将江南之地割让给他。孙权一旦听我们的，樊城之围自解。”曹操听从了这一计策，结果关羽兵败被擒。

评析 最阴险的一计

“借刀杀人”字面意思是用别人的刀杀人，比喻自己不直接出面，而是利用一方势力消灭或打击另一方势力。此计涉及三方主体，一是作为使计一方的教唆者，二是作为受计一方的受刀者和操刀者。“借刀杀人”的厉害之处在于，使计者在达到打击受刀者目的的同时，不但不会遭受任何损失，还会将操刀者拉下水并使“祸水东引”，受到损害的一方即便报复，也首先会找直接操刀之人，使计者反而能第二次“鹬蚌相争渔人得利”。此计既阴了受刀者，又阴了操刀者，还让双方结下不解之仇怨，因而是三十六计中最阴险的一计。

使用“借刀杀人”一计，主要有四种情形。一是为了除掉对方或己方阵营中为己所忌惮憎恶之人。例如，皇太极通过反间计，使崇祯杀死袁崇焕。奸臣向昏君进谗言，除掉忠臣良将。本计按语中郑桓公袭郐之例，也是此种情形。二是不愿背负“杀人”恶名，或不愿蒙受损失。说得通俗一点，就是找个“背黑锅”的，或者找个“冤大头”。比如《水浒传》中，施恩为了夺回“快活林”酒店，怂恿武松醉打蒋门神，结果蒋门神勾结张都监、张团练，把账算到了武松头上。三是使某方势力尽快明确态度，以便成为自己的盟友。当操刀者未出刀之前，尚可左右押注、首鼠两端，一旦被“借刀杀人”，只能站到自己这一边，也即本计解语所言“敌已明，友未定，引友杀敌，不出自力”。例如本计按语中第二个例子，曹操借孙权之刀杀关羽，使孙刘联盟破裂，并使孙权投向自己一边。当刘备倾国之力报关羽之仇时，孙权被迫向曹丕称臣。四是挑拨双方相斗，自己从中渔利。比如金庸的小说《天龙八部》中，慕容博为挑起宋辽之间的战争，乘乱复兴大燕，向少林方丈谎报军情，说有大批契丹武士将赴少林寺盗取经书，致使中原武林在雁门关外误杀辽国贵族萧远山一家。再如《琅琊榜》中，梅长苏挑拨太子和誉王互砍，最终使靖王上位。

“借刀杀人”之计虽然阴毒，但很多情况下，操刀者出刀并非识不破这一计，而是操刀者本身就已怀杀心，故意揣着明白装糊涂。当听罢使计者一番摆事实、讲道理之后，操刀者一方面有了更加充分的出刀理由和借口，同时也摸清了使计者的态度，即对方是希望我、支持我这样做的。这样一来，操刀者出刀便坚定了信心，减少了顾忌，甚至还有点求之而不得的感觉。例如，后世有人评论曹操杀蔡瑁张允一事，认为曹操并不是中了周瑜小儿科般的反间计，而是本身就对蔡张二人鄙薄怀疑，同时希望以自己的亲信统领荆州水军，加强对荆州水军的控制。蒋干盗来的书信，正好给了曹操杀人的借口。

破解 避之释之

“借刀杀人”一计中同时有两个受计方，一个是操刀者，一个是受刀者。对于操刀者而言，要破解“借刀杀人”之计并不困难。当面对别人的怂恿或有意抛出的机会时，关键要三思而后行，考虑清楚出刀后自己有什么好处，有什么风险，教唆者能够得到什么，其真正的目的是什么，不可逞一时之意气。如果把账算清楚了，出刀所得大于所失，则可将计就计，出刀不妨。比如《杨家将》中，潘仁美故意不接应杨业，想借辽国之手除掉对方，而辽国当然乐于出刀。反之，则应把刀收好，事后还可找教唆者秋后算账。

对于受刀者而言，情况则比较复杂。如果操刀者本就已有杀心，或者客观上有出刀的必要性，或者已被使计者成功洗脑时，要破解这一计非常困难，此时应敏锐地意识到潜在的危险，尽量远远避开。如果操刀者本无杀心，或者客观上并无出刀的必要性，只是一时受了蛊惑，则只需向操刀者陈明利害、讲清道理即可，搞好了还可与操刀者团结起来一致对付使计者。具体而言，受刀者对“借刀杀人”一计有两种应对之策。

一是预做准备，能避则避。如上所述，如果操刀者出刀之心坚定难移，或者使计方过于强势，操刀者过于昏聩，自己难以剖白解释，则应当意识到危险的存在，远远避开为上。例如，春秋时晋献公的妃子骊姬想谋害晋献公的两个儿子申生和重耳，使自己的儿子将来继承王位，便不断向晋献公说申生和重耳的坏话。重耳知道骊姬居心险恶，而自己的父王耳根子软，便逃亡国外。申生为人厚道，要尽孝心侍奉父王。结果申生终于被骊姬陷害，诬陷其意图毒死晋献公。晋献公大怒，大骂申生不孝，决定要杀死申生。申生闻讯，也不作申辩，自刎而死。《三国演义》中，公子刘琦听了诸葛亮讲的“申生在内而亡，重耳在外而安”的故事，远避江陵，最终得保性命。

二是剖明利害，能辩则辩。如上所述，如果操刀者出刀与否两可，甚至根本没有出刀的必要性，仅仅是受了一时之蛊惑、利诱,则应当尽可能向操刀者澄清事实,取得操刀者宽宥。如果条件允许,还可以乘机挑拨操刀者与使计者的关系,并与操刀者结为盟友,共同对付使计者。比如这套说辞:“大哥,他这是拿您当枪使啊。您想想,杀了我对您有什么好处?恶名由您背,便宜让他赚,用心真是险恶啊。”如果“大哥”听罢之后回过味来,便会勃然大怒,并将矛头转向使计者。有时对伪军,或受裹挟参加战事的队伍,可以通过此种方式开展政治攻势,比如“不要白白流血”“不要为敌人卖命”“你的父母妻儿在家里等着你”之类,从而分化瓦解敌军。

历史上演义中“借刀杀人”的例子很多,如《三国演义》中就有很多这样的情节,其中大多数都成功了,也有小部分被成功化解。例如,曹操于徐州大败刘备后,刘关张兄弟三人失散,刘备投了袁绍,关羽暂归曹操。曹操故意派关羽出战,诛颜良杀文丑,想借袁绍之手杀死刘备,以固关羽之心。而老油条刘备凭其言辩,两次死里逃生,并被袁绍奉为上宾。此即为受刀者成功破解“借刀杀人”之典例,以下特节录之。

战例 刘备忽悠袁绍

(曹)操见连折二将,心中忧闷。程昱曰:“某举一人可敌颜良。”操问是谁。昱曰:“非关公不可。”操曰:“吾恐他立了功便去。”昱曰:“刘备若在,必投袁绍。今若使云长破袁绍之兵,绍必疑刘备而杀之矣。备既死,云长又安往乎?”操大喜，遂差人去请关公。关公即入辞二嫂。二嫂曰："叔今此去，可打听皇叔消息。"

关公领诺而出，提青龙刀，上赤兔马，引从者数人，直至白马来见曹操。操叙说："颜良连诛二将，勇不可当，特请云长商议。"关公曰："容某观之。"操置酒相待。忽报颜良搦战。操引关公上土山观看。操与关公坐，诸将环立。曹操指山下颜良排的阵势，旗帜鲜明，枪刀森布，严整有威，乃谓关公曰："河北人马，如此雄壮！"关公曰："以吾观之，如土鸡瓦犬耳！"操又指曰："麾盖之下，绣袍金甲，持刀立马者，乃颜良也。"关公举目一望，谓操曰："吾观颜良，如插标卖首耳！"操曰："未可轻视。"关公起身曰："某虽不才，愿去万军中取其首级，来献丞相。"张辽曰："军中无戏言，云长不可忽也。"关公奋然上马，倒提青龙刀，跑下山来，凤目圆睁，蚕眉直竖，直冲彼阵。河北军如波开浪裂，关公径奔颜良。颜良正在麾盖下，见关公冲来，方欲问时，关公赤兔马快，早已跑到面前；颜良措手不及，被云长手起一刀，刺于马下。忽地下马，割了颜良首级，拴于马项之下，飞身上马，提刀出阵，如入无人之境。河北兵将大惊，不战自乱。曹军乘势攻击，死者不可胜数；马匹器械，抢夺极多。关公纵马上山，众将尽皆称贺。公献首级于操前。操曰："将军真神人也！"关公曰："某何足道哉！吾弟张翼德于百万军中取上将之头，如探囊取物耳。"操大惊，回顾左右曰："今后如遇张翼德，不可轻敌。"令写于衣袍襟底以记之。

却说颜良败军奔回，半路迎见袁绍，报说被赤面长须使大刀一勇将，匹马入阵，斩颜良而去，因此大败。绍惊问曰："此人是谁？"沮授曰："此必是刘玄德之弟关云长也。"绍大怒，指玄德曰："汝弟斩吾爱将，汝必通谋，留尔何用！"唤刀斧手推出玄德斩之。

却说袁绍欲斩玄德。玄德从容进曰："明公只听一面之词，而绝向日之情耶？备自徐州失散，二弟云长未知存否；天下同貌者不少，岂赤面长须之人，即为关某也？明公何不察之？"袁绍是个没主张的人，闻玄德之言，责沮授曰："误听汝言，险杀好人。"遂仍请玄德上帐坐，议报颜良之仇。帐下一人应声而进曰："颜良与我如兄弟，今被曹贼所杀，我安得不雪其恨？"玄德视其人，身长八尺，面如獬豸，乃河北名将文丑也。……

……文丑沿河赶来。忽见十余骑马，旗号翩翻，一将当头提刀飞马而来，乃关云长也，大喝："贼将休走！"与文丑交马，战不三合，文丑心怯，拨马绕河而走。关公马快，赶上文丑，脑后一刀，将文丑斩下马来。曹操在土阜上，见关公砍了文丑，大驱人马掩杀。河北军大半落水，粮草马匹仍被曹操夺回。

云长引数骑东冲西突。正杀之间，刘玄德领三万军随后到。前面哨马探知，报与玄德云："今番又是红面长髯的斩了文丑。"玄德慌忙骤马来看，隔河望见一簇人马，往来如飞，旗上写着"汉寿亭侯关云长"七字。玄德暗谢天地曰：

“原来吾弟果然在曹操处!”欲待招呼相见,被曹兵大队拥来,只得收兵回去。袁绍接应至官渡,下定寨栅。郭图、审配入见袁绍,说:“今番又是关某杀了文丑,刘备佯推不知。”袁绍大怒,骂曰:“大耳贼! 焉敢如此!”少顷,玄德至,绍令推出斩之。玄德曰:“某有何罪?”绍曰:“你故使汝弟又坏我一员大将,如何无罪?”玄德曰:“容伸一言而死:曹操素忌备,今知备在明公处,恐备助公,故特使云长诛杀二将。公知必怒。此借公之手以杀刘备也。愿明公思之。”袁绍曰:“玄德之言是也。汝等几使我受害贤之名。”喝退左右,请玄德上帐而坐。玄德谢曰:“荷明公宽大之恩,无可补报,欲令一心腹人持密书去见云长,使知刘备消息,彼必星夜来到,辅佐明公,共诛曹操,以报颜良、文丑之仇,若何?”袁绍大喜曰:“吾得云长,胜颜良、文丑十倍也。”

(节选自《三国演义》第二十五回、第二十六回)

第四计　以逸待劳

困敌之势，不以战；损刚益柔。

解语译文：要先使敌人陷于困顿的局面，而不要一上来就直接与敌人交战，可以采取易经《损卦》中“损刚益柔”的办法，使敌方逐渐由强转弱。

按语　此即致敌之法也。兵书云：“凡先处战地而待敌者佚，后处战地而趋战者劳。故善战者，致人而不致于人。”兵书论敌，此为论势，则其旨非择地以待敌，而在以简驭繁，以不变应变，以小变应大变，以不动应动，以小动应大动，以枢应环也。如：管仲寓军令于内政，实而备之；孙膑于马陵道伏击庞涓；李牧守雁门，久而不战，而实备之，战而大破匈奴。

按语译文：这就是控制、调动敌人的方法。《孙子兵法》上说：“凡是先到战场等待敌人赶来的，就会从容不迫、士气旺盛；而后赶到战场迎战敌人的，就会疲劳困顿，忙乱不堪。因此善于用兵的人，总是能够调动敌人，而不被敌人所调动。”《孙子兵法》讲的是在具体战斗中如何抢占先机，而此计讲的是如何在形势上占据主动，其要义不仅仅是选好战场等待敌人，而泛指以简便驾驭繁难，以不变应万变，以小变应大变，以不动应动，以小动应大动，通过抓住关键以控制全局。例如，春秋时齐国的管仲寓军事于内政，军政合一，国家时刻处于高效的战备状态；战国时齐国孙膑在马陵道伏击庞涓；赵国李牧镇守雁门关，坚守不出，养精蓄锐，一战而大破匈奴。

评析 最省力的一计

“以逸待劳”字面意思很简单，是指以己方之养精蓄锐，待敌方之疲惫懈怠。而正如按语所言，此计的含义十分深奥，并不仅仅指被动采取守势，待敌人锐气消散、疲惫不堪时再予以反击，而是更多强调把握战场主动权，调动敌人，疲劳敌人，即“致人而不致于人”，再把握战机，克敌制胜。按照己方掌握主动权之大小，使用“以逸待劳”之计可以分为三个层次：

一是采取守势，等待前来进攻的敌人疲劳之后再出击。《孙子兵法·军争篇》曰：“故善用兵者，避其锐气，击其惰归，此治气者也。以治待乱，以静待哗，此治心者也。以近待远，以佚待劳，以饱待饥，此治力者也。”此种情形下，进攻与否的主动权掌握在对方，而己方由于处于防守的位置，自然而然占据了地利之便。此时，防守一方凭借工事和天险，能够避免直接与敌军之锋芒对抗。同时，防守一方通常是在自己的国土作战，容易获得物资补给和民众支持，也不怕与敌方对耗。而进攻一方劳师远征，时间拖得越久对自己越不利，故《孙子兵法》曰，“故兵贵胜，不贵久”，“其次伐兵，其下攻城”。《太一遁甲》也云：“彼来攻我，则我为主，彼为客。主易客难也。”只要能够顶住敌方前几轮攻势，把敌方耗得筋疲力尽，则能乘其疲惫懈怠之时出其不意，取得胜利。例如，吴蜀猇亭之战中，陆逊与刘备相持半年，待蜀军兵疲气沮移营山林以避暑热之时，火烧连营，全线反击，大破蜀军主力。

二是与敌军争夺有利的形势，以掌握战略主动权。《孙子兵法·虚实篇》曰：“凡先处战地而待敌者佚，后处战地而趋战者劳。”意思是说，凡是先到达战场等待对手的，就会从容、主动，后到达战场的人员不齐整（到达有先有后），阵势没展开，只能仓促应战，就会混乱、被动。例如，国民党军队老“抱怨”解放军不讲战法，自己还没来得及展开队形、部署火力，就被歼灭了。而实际上我军正是吸取了《孙子兵法》的精髓，先处战地，掌握主动。如青化砭一战表面上看只持续了一小时四十分钟，而实际上我军早已等待了三天三夜，做好了充分的准备，而国军匆匆赶来，当然来不及拉开架势。除先处战地、抢占有利地形外，只要能够争取到对己方之有利态势的，都属于此种情形，例如抢收粮食，抢先发动群众、建立群众基础，抢先与第三方结盟等等。此时，主动权于己方和敌方本为五五之数，就看谁动作快，谁能抢占先机。

三是充分调动敌人，使敌人陷入疲劳困顿的状态。此种情形下，战略主动权全部或大部在我方。《孙子兵法·虚实篇》曰："故善战者，致人而不致于人。能使敌人自至者，利之也；能使敌人不得至者，害之也。故敌佚能劳之，饱能饥之，安能动之。"意思是说，不管敌人处于何种状态，己方都要通过调动敌人，使其按照己方的意图行动，被己方牵着鼻子走。例如，三十六计中的"围魏救赵"一计，便是实现这一目的的途径之一，通过"攻其所必救"，迫使对方回援，在陷入疲惫的同时，在我方选定的地点进行决战。本计按语所举孙膑于马陵道伏击庞涓之例，便是此种情形。再如，伍子胥将吴国士兵分为三师，每次用一师轮流袭扰楚国边境，使楚国军队疲于奔命，再趁楚国上下疲惫不堪之时举兵伐楚，一举攻入郢都。除了"攻其所必救"或"害之"，调动敌人还可以通过"利之"的方式。例如，拿破仑远征俄国时，俄军主力一直往纵深退却，直至将法军拖入绝境后再实施反击，大破拿破仑。

如本计按语所言，"以逸待劳"还包括"以不变应变，以小变应大变，以不动应动，以小动应大动"。金庸武侠中的六脉神剑就颇合此道，当段誉与慕容复在少林寺单挑时，金庸写道："使剑全仗手腕灵活，但出剑收剑，不论如何快速，总是有数尺的距离，他（段誉）以食指运那无形剑气，却不过是手指在数寸范围内转动，一点一戳，何等方便？何况慕容复被他逼出丈许之外，全无还手余地。”使用六脉神剑只需手指转动，而对手却要在数丈外使尽力气闪转腾挪，时间一久必然落败，连萧峰也感慨：“三弟剑法如此神奇，我若和慕容复易地而处，确也难以抵敌。”因此，“以逸待劳”凭借其以蓄力胜耗力，以主动胜被动，以小动胜大动之特点，可谓三十六计中最省力的一计。

破解 反制敌人

“以逸待劳”之计的核心要义是占据主动，因此要破解此计，要么抢先占得有利态势，要么通过各种方式扭转被动局面，重新占据主动，但无论何种方式，实质上仍是以“以逸待劳”的套路反制“以逸待劳”，以彼之道还施彼身。具体而言，主要有以下两种方式：

一是使用更加高明的招数，反客为主。“反客为主”也是三十六计中的一计，指努力变被动为主动，争取掌握战争主动权。例如，面对深沟高垒坚守不出的敌军，在条件允许的前提下，以长期围困的方式消耗敌方防守能力，逼迫其出城决战或弃城而逃或举城投降，如蒙古军围困襄阳，郑成功围困赤嵌城，解放军围困长春等；也可以用“攻其所必救”的方式迫使守军出援，如司马懿讨伐公孙渊时，公孙渊阻辽水以拒魏军，司马懿命人绕过公孙渊的营垒兵锋直指其老巢襄平，公孙渊被迫出援，结果在野战中被魏军击败。再如，张预注释《孙子兵法·虚实篇》曰："我先举兵，则我为客，彼为主；为客则食不足，为主则饱有余。若夺其畜积，掠其田野，因粮于彼，馆谷于敌，则我反饱，彼反饥矣，则是变客为主也。不必焚其积聚，废其农时，然后能饥敌矣。"

二是使用同样的招数，比快比狠。比快者，就像张无忌在光明顶上与少林空性过招时，以速度更快、后发先至的龙爪手，打败了空性的龙爪手。比狠者，如同两个剑客过招，甲剑客剑刺乙剑客小腹，意图迫使其撤剑回援，后招乘机源源递出，而乙剑客非但不回援，反而剑刺甲剑客面门，甲剑客在此电光火石之际脑中一闪，毕竟小腹不如面门重要，只得自己撤剑回援，反而让乙剑客占据了主动。《倚天屠龙记》中赵敏就凭与此类似的"玉碎昆冈""人鬼同途""天地同寿"三招，逼退波斯三使，救下了张无忌。在此种情形下，双方都想调动对方，都使出一样套路的招数，就看谁的招数更快更狠。谁更快更狠，谁就能在战场上占据主动。明军攻克大都，元顺帝北逃后，徐达、常遇春对阵元军在长城内最后的精锐、盘踞在山西太原的王保保（小说《倚天屠龙记》中赵敏的亲哥哥，实为元军名将），双方互放"围魏救赵"大招，元军主力攻大都，明军主力攻太原，均意图调动对方回援，自己得以"以逸待劳"。后来王保保发现对方比自己更狠，只得放弃大都，回援太原，结果在太原城下被明军打败，此后元军再无力量在长城内与明军对抗。此即为通过反调动敌方以破解

"以逸待劳"之计的典型战例。以下试详举之。

战例 徐达常遇春大败王保保

1368年,明军攻克大都(随即改称"北平"),元顺帝北逃,建立北元。由于明军北伐时并未与元军主力进行大规模决战,故元军在长城内还有相当的残余势力,其中首屈一指的便是在山西蛰伏已久、蓄势待发的王保保。北元时刻想依靠决战来恢复失地,而明朝也同样渴望通过决战来彻底消灭敌人。九月,明军首先行动,常遇春带着部分人马先行出发,先取保定、中山、真定等地,准备杀向山西,徐达以大军继之,同时留下孙继祖防守北平。恰在此时,远在上都的元顺帝传来命令,要求王保保立即反攻大都。王保保计划出奇兵、走间道,采取"避实击虚"的战法绕过徐达、常遇春等人在河北地区的主力,直接攻击北平,以图尽快恢复这个旧日的元都,同时达到"围魏救赵"的目的,迫使徐达回援北平,以缓解山西地区的军事压力。

而明朝北伐军主力自离开北平以来,在河北地区连战皆捷,正准备于同年十一月开进山西,当侦知王保保的行动后,明军主帅徐达面临两条道路,一是回师救援北平,二是置北平于不顾,继续进攻山西。经过慎重考虑,徐达选择了第二条道路,他向诸将分析道:"王保保率师远出,太原必虚。而留守北平的孙继祖都督总领六卫之师,足以镇御。我等应乘王保保不备,潜师直抵太原,倾其巢穴,使其'进不得战,退无所依’，这是兵法所谓的‘批亢捣虚’。等到王保保回师救援太原，则已为我所牵制，处于进退失据的境地，势必束手就擒。”于是，明军继续按照原定计划向山西进军，针锋相对地围攻王保保的大后方太原，迫其撤回进攻北平的部队。这一招正是“围魏救赵”的再翻版，可谓“以其人之道还治其人之身”。为进一步对王保保施加压力，徐达命令全军以最快的速度行进，不出数日即杀到太原城下。而王保保前进到保安（今河北怀来附近，与北平尚有一段距离）时，突然收到明军兵临太原的消息，不禁大惊失色，叫苦不迭，他深知明军即使失掉北平，还有河北、山东、河南等广大的回旋余地，而自己的根据地仅有山西，一旦失去太原，则后路将有被切断的危险，无奈之下，只得被迫放弃恢复失地的原定计划，立即回师自救。

当元军风尘仆仆赶来之时，徐达早已在太原城下以逸待劳，元军万骑前锋疲惫不堪，无意立即决战，被少数明军骑兵击退。王保保主力赶到后，与前锋会合一处，集中驻于城西，共有十余万众。明军骑兵面对优势之敌，让部分士卒下马建立营垒以防万一。两军列营二十余里，一连对峙了三日。

这一日明将郭英登高远望元军大营，发现对方阵容不整，便向常遇春建议道：“敌兵虽多而阵容不整，军营虽大而无备，应当乘夜劫营。”常遇春对此深表赞同。正巧在此时，王保保手下一名叫“豁鼻马”的将领悄悄派人约降，表示愿意里应外合。喜出望外的徐达立即批准了劫营之策。当夜，郭英率十余骑在元军内应的引导下潜入敌营，按计划举火鸣炮，元军大营之外的伏兵马上响应行动。不久常遇春带兵杀到，各路明军鼓噪之声此起彼伏，互相呼应。元军乱成一团，自相践踏。正坐于帐中挑灯夜读的王保保仓猝之间不知所措，匆忙从帐后逃出，骑上骣马，与十八名随从一起突围而去。徐达随后带领大队人马来到城西，接受“豁鼻马”等一批元军将校的投降，总共获得四万降卒与四万余匹战马，随即占领了太原。此役过后，明军彻底解除了长城内的元军对北平的威胁，巩固了北伐成果，不久即完成了对长城以内全部领土的统一。

第五计　趁火打劫

敌之害大，就势取利，刚决柔也。

解语译文：当敌方正处于困境之中时，就要把握时机乘势为自己谋取利益，正合易经《夬卦》以刚克柔、以强胜弱之象。

按语　敌害在内，则劫其地；敌害在外，则劫其民；内外交害，则劫其国。如：越王乘吴国内蟹稻不遗种而谋攻之，后卒乘吴北会诸侯于黄池之际，国内空虚，因而捣之，大获全胜。

按语译文：当敌人遭遇内乱，就趁机占领其土地；当敌人遭遇外患，就趁机掳掠其人口财产；当敌人遭遇内忧外患时，就趁机谋夺其江山社稷。例如，越王勾践趁吴国遭遇大旱，连螃蟹和稻谷都无法留种繁育后代的时候，便谋划攻打吴国；后来终于等到吴王夫差北上黄池与诸侯会盟、国内防备空虚的时候,大举进攻吴国,大获全胜。

评析 最不义的一计

“趁火打劫”字面意思是趁别人家里失火,一片混乱无暇自顾的时候,去抢劫人家的财物,用作成语时比喻乘别人处在危难时刻从中捞取好处,与“落井下石”相近。其用作一计时与用作成语时的含义差不多,指当敌方陷入困境的时候,要趁机制服敌方,或从敌方身上占得便宜。在古代中国,北方游牧民族相对于中原王朝经常扮演“趁火打劫”的角色。例如,匈奴趁东汉末年军阀混战之机,占领了河套地区;匈鲜羯氐羌趁西晋八王之乱,上演了“五胡乱华”的历史大戏;突厥趁隋唐之交,迫使李世民签订渭水之盟;契丹趁五代更迭,占据燕云十六州。根据“敌害”之不同,本计按语将“趁火打劫”分成了三种情形,具体如下:

第一,敌害在内,则劫其地。当敌方遭遇内乱时,就趁机占领其土地(包括附着在土地上的人口及财产)。其道理是,敌方发生内乱时,其主要矛盾是国内各方政治势力之间的矛盾,各方政治势力均把击垮、吞并其他政治势力作为当前的首要目标。至于边地,一方面各方均无暇无力顾及(如果把大量部队用于守边,就会分散其用于逐鹿天下的机动兵力);另一方面有的政治势力甚至会拿边地做交易,以获取邻国的支持。此时,邻国便可乘机占领对方领土,而不会遭到强有力的反抗。例如,石敬瑭为获取契丹的支持以对抗李从珂,便向契丹割让了燕云十六州,并自认“儿皇帝”。再如，苏俄刚刚成立时，各帝国主义国家趁机武装干涉，占领了苏俄大片领土。

第二，敌害在外，则劫其民。当敌方遭遇外患时，就趁机掳掠其人口财产（而不是占领对方的土地）。其道理是，对方虽有外患，但国内政治统一，民心归附，如果占领对方领土，会遭到对方上下一致激烈的抵抗，占领成本太过高昂，相比之下还不如抢一票就走，做稳赚不赔的买卖。例如，对于中国古代北方游牧民族而言，其优势在于骑兵的快速机动，而在兵力数量上远远不及中原军民，若占领城池分散驻守，相当于弃己之长用己之短，若不靠“汉奸”“伪军”根本守不住，而“汉奸”“伪军”人品卑劣、反复无常，也靠不住，搞不好就会陷入对方人民战争的汪洋大海，反而会得不偿失。辽国皇帝耶律德光攻入后晋都城开封后，本想一并做中原人的皇帝，结果在中原军民的一致反对下被迫撤退，病死归途。

第三，内外交害，则劫其国。当敌方遭遇内忧外患时，就趁机灭掉敌方，谋夺其江山。其道理是，一国遭受内忧外患，往往已到了病入膏肓的境地，钱粮枯竭、民怨沸腾，政府难以两面支应，衮衮诸公无不心怀异志，此时正好乘乱而入，取而代之（人们厌恶旧政权时，总是对新政权充满希望）。例如，明末时，崇祯皇帝需要同时面对辽东的女真人与国内的农民起义，如要对东北用兵，就要向老百姓加倍征收粮饷，百姓愈加穷困潦倒，很多人便会加入起义军队伍；起义军队伍更加壮大，崇祯就不得不抽调边境精锐回内地镇压起义，而边患就愈加严重。大明王朝就在这样不断拆东墙补西墙的恶性循环中走向了灭亡,而清军也在明政府的内外交困中"趁火打劫",入主中原,拿下了朱氏的江山。

由于"趁火打劫"利用了对方所遭遇的困境,在其危难关头落井下石,大违传统道义,因而是三十六计中最不义的一计。然而国际关系与人际关系不同,国与国之间既无永恒的朋友,也无永恒的敌人,只有永恒的利益。因此,对于敌方的困境,要善于把握和利用,以收事倍功半之效,不能像宋襄公般妇人之仁。须知对敌人仁慈,就是对自己人的不仁。

破解 转移矛盾

由于"趁火打劫"利用了对方所处的困境,而对方的困境是先期客观存在的。当家里失火时,谁也不会事先预料到有人会"趁火打劫"从而预做准备,或者在忙着救火的同时还把主要精力用于对付"趁火打劫"者,因此,在这里说"破解"其实并不准确,这一计是破解不了的。作为受计方,只能想办法尽量降低损失,以积蓄他日东山再起的资本。当"火"起自国内不稳定时,还可利用对方"趁火打劫"之机,巧妙转移矛盾,将国内矛盾转化为国际矛盾,从而利用"趁火打劫"帮助自己"灭火"。具体而言,主要有以下两种方式:

一是忍辱负重,君子报仇,十年不晚。当面对"趁火打劫"者时,可以暂时许之以部分财产,使其满意离去。自己则专心灭火,保护大部分财产。当火灭之后,再积蓄力量,找当年的“趁火打劫”者秋后算账。例如，面对匈奴的“趁火打劫”，西汉自“白登之围”后采取和亲政策，卑事匈奴，经历了数十年的休养生息，至武帝时横扫漠北，封狼居胥。再如，李世民即位之初被迫与突厥颉利可汗签订渭水之盟，稳住突厥后，经过贞观之治，国家复又强盛，遂大破突厥，尽扫前耻。后世有人评价崇祯时说，崇祯性格过于刚硬，倘若能够割地赔款稳住清军，先集中精力镇压国内的农民起义，回过头来再对付清军，则大明国祚可保也未可知。

二是转移矛盾，变害为利。当国内出现了天灾人祸、经济凋敝、政治腐败等导致怨声载道、民怨沸腾时，或者国内存在多股政治势力面临分裂的威胁时，可以借外敌“趁火打劫”之机，转移国内民众视线，变民怨沸腾为民气可用，或者在外部压力下乘势完成对国内各股势力的整合。例如，清末太平天国运动后，清政府一方面积极开展洋务运动，“师夷长技以制夷”；另一方面不断激发民族主义情绪，将国内民众对清政府的怨恨转移到不断“趁火打劫”、步步紧逼的列强头上，支持义和团运动等排洋活动，以应对危局，延续国祚。再如，苏俄利用列强干涉其国内革命之机，最大限度凝聚民心，在绝大多数民众的支持下镇压了国内各股反对势力，实现了国家的统一。

拿破仑败于第六次反法联盟后被流放厄尔巴岛，然而其密切关注国内国外的形势变化，利用民众对波旁王朝黑暗统治的不满，以及对为“趁火打劫”后如何分赃而激烈争吵的反法联盟的痛恨，悄悄逃出厄尔巴岛，在各地军民的欢迎下进入巴黎，恢复帝位。此即为巧妙利用“趁火打劫”帮助实现自己战略意图的典型战例，以下试举之。

战例 拿破仑复辟

拿破仑远征俄国惨败后，1813 年 2 月，俄、普、英、西、葡、瑞、奥等国结成第六次反法联盟。拿破仑组建新的“大军”迎击，5 月经吕岑之战和包岑之战打败普俄联军。此后，拿破仑分兵据守易北河汉堡至德累斯顿一线各要塞。8 月在德累斯顿会战中，法军虽取胜，但损失惨重。10 月，双方进行莱比锡之战，法军被击败，拿破仑率残部逃出战场。反法联军乘胜追击，进逼法国边境。1814 年 1 月，联军 20 余万人进入法国境内。拿破仑集结约 8 万人阻击联军，在塞纳河流域迟滞联军达两个月，并于 3 月 21 日率部东进马恩河，企图把联军引离巴黎。联军不予理睬，全力向巴黎推进，于 30 日迫使巴黎守军投降。4 月 11 日，拿破仑宣布无条件投降，4 月 13 日，拿破仑在巴黎枫丹白露宫签署退位诏书，后被流放到地中海上的厄尔巴岛。

拿破仑退位后，路易十八回到巴黎，重新成为法兰西帝国国王，波旁王朝复辟。第六次反法联盟的列强趁法国外战失利、内部动荡之际，召开了“趁火打劫”的维也纳会议，重划拿破仑战败后的欧洲政治地图，重点是恢复拿破仑战争时期被推翻的各国旧王朝及欧洲封建秩序，防止法国东山再起，并重新分割欧洲的领土和领地。会议从1814年9月18日持续到1815年6月9日，期间一度争论不休。其中，俄罗斯沙皇亚历山大一世决心夺取波兰，进军西欧，成为欧洲的新霸主。英国则决心阻止任何一国，不论是法国抑或俄罗斯在欧陆建立霸权，并着力保持海上霸权、取得海外殖民地及海外航运利益。奥地利不希望俄干预中欧事务，极力反对亚历山大一世对波兰的领土要求。普鲁士希望提升在德意志地区的领导地位，而奥地利则对其竭力压制。除了利益冲突外，在对革命的态度上各列强亦有分歧，奥地利、俄罗斯、普鲁士三国决心压抑民族主义及自由主义的发展，但英国却无意让上述三强借干预他国之革命来扩张势力。而法国的塔列朗则在会议中希望借列强之利益矛盾及对革命见解之不同，从中维护法国在欧洲的地位，以免列强一致对法国的惩罚。

正当维也纳会议如火如荼举行的时候，法国军民一方面对列强的步步紧逼深表愤怒、担忧和恐惧，另一方面对波旁王朝复辟后的黑暗统治强烈不满，民心不齐、军心不稳，对曾经的拿破仑皇帝颇为怀念。拿破仑被流放到厄尔巴岛上后并未死心，时刻想卷土重来。当其通过各种渠道得知法国的情况和民众的态度后，认为时机成熟，立即召集旧部密谋重返法国，准备利用法国民众与波旁王朝的矛盾，法国与列强的矛盾，以及列强之间的矛盾，重掌法国权柄。1815年2月28日，在900名卫兵的保护下，拿破仑从厄尔巴岛启程，偷偷前往法国。3 月 1 日，拿破仑在法国南部儒安港登陆，率领小部队向巴黎挺进。一路上，痛恨波旁王朝的各地居民都热烈地欢迎拿破仑，甚至连波旁王室的军队也纷纷倒戈相迎。3 月 20 日，拿破仑没费一枪一弹，顺利抵达巴黎，再次坐上皇帝的宝座，路易十八仓皇逃跑。

尽管此后不久拿破仑在第七次反法联军的猛烈反扑下兵败滑铁卢，被迫再一次宣布退位，重新被流放，其复辟仅仅维持了不到百日，但从其利用联军“趁火打劫”之机，借助法国民众的民族主义情绪重登皇帝宝座的角度看，拿破仑是成功的。

第六计　声东击西

敌志乱萃，不虞，坤下兑上之象，利其不自主而取之。

解语译文：敌人的意志出现了混乱，一会儿一个主意，无法判断我方下一步举动。这是易经中下卦为坤（地），上卦为兑（泽）的《萃卦》之象，象征着对方已经失去了判断能力，这时就要趁对方处于混乱之时将其消灭。

按语　西汉，七国反，周亚夫坚壁不战。吴兵奔壁之东南陬，亚夫便备西北。已而吴王精兵果攻西北，遂不得入。此敌志不乱，能自主也。汉末，朱隽围黄巾于宛，张围结垒，起土山以临城内，鸣鼓攻其西南，黄巾悉众赴之。隽自将精兵五千，掩其东北，遂乘虚而入。此敌志乱萃，不虞也。然则声东击西之策，须视敌志乱否为定。乱，则胜；不乱，将自取败亡,险策也。

按语译文:西汉景帝时,爆发吴楚七国之乱,汉军主帅周亚夫采用了坚守不出的策略。吴军佯攻城池的东南角,周亚夫便在西北方向加强防备,不久吴王刘濞的精兵果然攻打西北方向,但没有成功。这就是敌方的意志没有发生混乱,能够做出准确判断的结果。东汉末年,汉将朱儁将黄巾军包围于宛城,在城外垒起一圈土山,观察城内的情况。当他鸣鼓攻打西南角时,黄巾军全部集结到西南面进行抵抗。朱儁亲自率领五千精兵,突袭宛城东北角,于是乘虚攻入城中。这就是敌方意志出现了混乱,无法判断对方的真实意图。然而是否运用"声东击西"的计策,必须视对方意志是否发生了混乱而定。如果敌人慌乱无主时,运用这一计谋就能取胜;反之如果敌方镇定自若、沉着有备,运用这一计谋将自取其败,因而是一条十分冒险的计策。

评析 使用率最高的一计

"声东击西"字面意思是说,表面上声张去攻打东面,实际上却去攻打西面。这实际上是《孙子兵法》中"虚虚实实""避实击虚""倍则分之"原则的应用。首先,使计方的目的,是希望对方将注意力和守备力量更多部署到东面,使西面形成局部劣势,再以优势兵力攻击防守力量相对薄弱的西面,这样一来胜算将大大增加。因为所有制敌取胜的奥秘,无非"强胜弱""多胜少""实胜虚",即便总兵力不如对方,在具体的交战锋面也要形成力量优势。其次,需要使用“声东击西”的计策,说明进攻一方的力量尚未取得压倒性优势,防守方的防守面足以应对进攻方的进攻面,进攻方必须使防守方的兵力进一步分化和调配,才能从分化调配后相对薄弱的地方攻入。否则,如果进攻方的兵力强大到足以碾压对手,则可以直接将对方聚而歼之,即“五则攻之”“十则围之”,就不需要进一步扰乱或分化敌人了。

使用“声东击西”之计利用了攻守双方的信息不对称。进攻方具有信息优势,因而处在主动地位,防守方处于信息劣势,往往很难判断对方下一步举动,因而处在被动地位。对于进攻方而言,使用这一计的成本相对较低,而对于防守方而言,防住这一计的成本却相对较高。正是由于“声东击西”具有简单好用、成本低廉、成效明显的特点,因此深为进攻方所喜爱,无论在战略层面还是战术层面,都有广泛而高频的应用,可谓三十六计中使用率最高的一计。

战略层面,如二战时德国假装要进攻英国,却向苏联发起突然袭击,搞了一次“声西击东”。战术层面,如郑成功收复台湾,先是大张旗鼓从南路渡海,吸引荷兰军注意力后,悄悄从北路渡海,于鹿耳门登陆。其实不独军事行动,在各种各样的对抗性活动中,都有“声东击西”的应用。比如打篮球时先是左手运球,突然球交右手往右一晃,待对方往右边挪步防守时,再突然球交左手,晃过对手从左边带球突破。足球罚点球时,假装眼瞄左侧,实际却射向右侧。再比如打架时，左手虚晃一拳，待对方向右侧避让时，右拳早已跟上。

需要强调的是，使用“声东击西”之计还有一个注意事项，就是本计按语中所说的：“然则声东击西之策，须视敌志乱否为定。乱，则胜；不乱，将自取败亡，险策也。”由于“声东击西”的使用频率实在太高，高到防守方对进攻方的类似举动通常都会多个心眼。因此，“声东”之后，先要看看对方有没有上当，判断上有没有出现失误，如果上当再“击西”，“声东”和“击西”之间应当有一个时间差。如果“声东”之后想当然地认为对方一定会跟着自己的脚步走，径自“击西”，有可能会遭到失败。

破解 其志不乱

其实本计的按语中已经给出了破解该计的要点，就是“敌志不乱”，这里改成“其志不乱”。也就是说，不要被对方的假动作所蒙蔽，保持镇定，“他自狠来他自恶，我自一口真气足”（语出金庸武侠之经典秘籍《九阳真经》）。其志不乱，既可以是保持原来部署不变，以不变应万变，也可以是对敌方可能使出的“声东击西”之计预先做好准备，还可以利用对方这一计反将一军。据此，破解“声东击西”之计可以有三种方式：

一是不为所动，任你东边如何杀声震天，我仍坚持原来的部署不变，兵来将挡水来土掩。比如按语中所举战例。汉景帝时爆发吴楚七国之乱，汉将周亚夫率军拒敌，坚守城池，拒不出战。吴王刘濞命吴兵佯攻城池的东南角，周亚夫识破了吴兵声东击西的计谋，便在西北角加强防备，不久吴王刘濞的精兵果然攻打西北角。由于周亚夫早有准备，吴兵计策落空。再如，在影视剧中，经常有中下级军官中了敌人的“声东击西”之计，一再恳请指挥官分兵援助战事吃紧之处，而智高一筹的指挥官依然顶住压力坚持原来的部署，最终取得胜利的剧情。

二是留好预备队，当任何一个方向出现危机，快要支持不住时，再派出预备队增援。克劳塞维茨在《战争论》中，对预备队的使用非常重视，视其为取胜的关键。而预备队的使用，重点在于掌握火候。如果用得太早，则起不到生力军的作用；如果用得太晚，则恐怕预备队还没赶到阵地就丢了。在应对“声东击西”之计时，预备队的使用更是如此。首先，在东西南北四面皆布置好防守兵力后，还要留出一定数量的预备队。其次，在无法判断敌人的进攻是真攻还是佯攻时，不要着急派出预备队增援，而要充分利用原有守军的力量，尽最大努力顶住。若是佯攻，攻势必不强劲，原有守军足以应付。即使防守压力过大，需要增援，也要渐次派出援兵，预备队不可一股脑全部压上。最后，如果预备队足够强大，而判断不清敌人主攻方向，或者防守面太宽导致防守兵力过于分散时，也可以先把敌人放进来，摸清其主攻方向后，再以预备队与其决战。二战时期德国名将隆美尔防守大西洋海岸线的计划，就是先放开滩头，趁着盟军甫一登陆立足未稳又缺少重武器的时候，以坦克集群为预备队进行反击，把盟军登陆部队消灭在滩头。不过由于种种原因，隆美尔的计划没有完全得以施行，否则诺曼底登陆的历史很可能会被改写。

三是将计就计，不露声色，假装西面守备已空，实则暗伏杀招，只待对方一头扎进来，便可聚而歼之，即本计按语所谓“不乱，将自取败亡”。“声东击西”之计由于使用频率太高，攻守双方都很熟悉，因此被识破的比例也很高。如果防守方已经识破，则攻守双方信息不对称的局面就会反转，变成了防守方处于优势和主动，进攻方处于劣势和被动（关键是自己还没意识到），此时防守方只要顺着进攻方下一步行动预先作出相应部署，就能让进攻方吃个大亏。

二战中扭转太平洋战争局面的中途岛之战，就是美军通过破译日军密码，识破了其“声东击西”的计谋，但不露声色，暗自集中兵力，以出其不意的海空力量击败日本联合舰队的经典战例。

战例 中途岛之战

中途岛位于太平洋中部，是美国的重要海军基地及夏威夷群岛的西北屏障。1941 年 12 月 7 日，日本偷袭珍珠港，太平洋战争爆发。此后 3 个多月里，日本占领了东自威克岛、马绍尔群岛，西至马来半岛、安达曼和尼科巴各岛，几乎完全控制了西太平洋。1942 年 4 月 18 日美军杜利特尔航空队空袭东京后，日本认为威胁来自中途岛，遂决心实施中途岛战役。一方面企图夺取中途岛，迫使美军退守夏威夷及美国西海岸，以保障日本本土安全；另一方面，诱歼美国航母舰队，进一步巩固日本海军在太平洋上的主动权。

为迷惑美军，日军采用了“声东击西”的计策，计划先派遣一支舰队进攻阿留申群岛，在该群岛的阿图岛、基斯卡岛登陆，以此为诱饵，将美军舰队的注意力引到北面去，然后以主力舰队趁机夺占中途岛。然而，尽管攻击中途岛的计划被列为日本最高机密，但美国海军情报局与英国以及荷兰相关单位紧密合作，于 1942 年 5 月成功破解了日本海军通讯系统部分密码，并判明了日本“声东击西”的行动目标。依靠这一情报，美国太平洋舰队司令尼米兹一方面假装将注意力放在阿留申群岛方向，另一方面，秘密召回了在太平洋西南方的航空母舰“企业”号、“大黄蜂”号以及因为参与珊瑚海海战而正在珍珠港进行大修的“约克城”号，再加上约 50 艘支持舰艇，埋伏在中途岛东北方向，伏击前往中途岛的日本联合舰队。而日军对此毫不知情，仍以为美国航母来不及向战区集结。

6 月 4 日拂晓，日军第一攻击波机群向中途岛发起进攻，美军几乎同时发现日军航空母舰，中途岛之战正式打响。战斗过程惊心动魄，携 4 艘航母之威来袭的日本航母编队与以逸待劳的美军航母编队展开激烈对决，数百架战斗机、鱼雷机、俯冲轰炸机交错攻击。最终，识破日军“声东击西”之计的美国人笑到了最后，中途岛之战美军只损失了一艘航空母舰、1 艘驱逐舰和 147 架飞机，阵亡 307 人；而日本却损失了 4 艘大型航空母舰、1 艘巡洋舰、332 架飞机，几百名经验丰富的飞行员和 3700 名舰员丧生。

中途岛海战改变了太平洋地区日美航空母舰实力对比。日军仅剩大型航空母舰 2 艘、轻型航空母舰 4 艘。从此，日本在太平洋战场开始丧失战略主动权，战局出现有利于盟军的转折。美国方面评价道："中途岛战斗是日本海军 350 年以来的第一次决定性的败仗。它结束了日本的长期攻势，恢复了太平洋海军力量的均势。"

第七计　无中生有

诳也，非诳也，实其所诳也。少阴、太阴、太阳。

解语译文:运用假象欺骗对方,但假象并不永远都是假象,而是在不知不觉中将假象转换为真相。就像由少阴变成至阴,阴极而阳生,直至转化为至阳的阴阳转化之理一样。

按语　无而示有,诳也。诳不可久而易觉,故无不可以终无。无中生有,则由诳而真,由虚而实矣。无不可以败敌,生有则败敌矣。如:令狐潮围雍丘,张巡缚蒿为人千余,披黑衣,夜缒城下;潮兵争射之,得箭数十万。其后复夜缒人,潮兵笑,不设备,乃以死士五百砍潮营,焚垒幕,追奔十余里。

按语译文:没有而装作有,就是诳骗。诳骗不可能一直持续下去而不被人发觉，故而不能总是保持“无”的状态。“无中生有”，就是从假象转化为真相，由虚变成实。仅仅靠假象不足以打败敌人，只有变假为真，凭借真实力量，才能打败敌人。例如，唐朝安史之乱时，叛将令狐潮围困雍丘城，守将张巡命令扎制了一千多个草人，披上黑色的衣服，乘着黑夜用绳索从城墙上吊下去。令狐潮手下的士兵以为唐军要发起突袭，便争先恐后地向草人射箭，结果张巡白白得了数十万支箭。又一天晚上，张巡把真正的士兵从城墙上吊下去，令狐潮手下的士兵认为唐军故伎重施，便不再防备。于是张巡命五百死士突袭令狐潮军营，烧毁营垒帐篷，并追杀令狐潮的溃军至十多里远。

评析 最变幻莫测的一计

“无中生有”既是一计也是一个成语，然而其用作成语意义时与用作一计时所强调的重点完全相反。用作成语时，指把没有的说成有，比喻凭空捏造，其重点落在“无”上，即说有其实没有。用作一计时，强调“实其所诳”，即按语中所说的“由诳而真，由虚而实矣”，其重点落在“有”上。“无不可以败敌，生有则败敌矣”，使用这一计不仅仅是要迷惑敌人，其最终目的是打败敌人。如果按照成语含义理解“无中生有”，其实仅仅理解到“示有”，而非真正的“生有”，并未把握此计的精髓。“无中生有”一计，实则包括了从“示有”到

"生有",由虚变实的一个有机连贯的过程。

"示有""生有"虽然层次不同,但皆可在战场上发挥作用。因此"无中生有"之计也有两个层次的应用。第一层"无而示有",即通过展示自己"实力强大"或"准备充分"以迷惑敌人,使其不敢贸然行动,或知难而退。例如,秦国准备偷袭郑国,郑国商人玄高正巧碰上此事,便将手头的牛与酒以奉郑君命令前来劳军之名献与秦军,秦军以为郑国已经有所准备,遂放弃进攻,不战而退。再如,《三国演义》中张飞在长坂桥畔,教所从二十余骑,都砍下树枝,拴在马尾上,在树林内往来驰骋,冲起尘土,以为疑兵,结果唬退了曹兵。又如,檀道济"夜唱筹量沙,以所余少米散其上",魏军见宋军粮食充裕,遂引军退去。在动物界中,一些鸟兽在开始搏斗之前都会将羽毛竖起,以使自己看上去更加强壮,也属于"无而示有"的应用。

第二层"无中生有",则是先以虚惑敌,并故意让敌方识破我方之假,使敌方造成判断上的错觉和行动上的失误时,再变虚为实,出奇制胜。如本计按语所举张巡"草人借箭"之例,张巡先把草人从城头放下,对方以为张巡军乘夜进攻,于是以箭射之。张巡在得箭数十万支的同时,也成功迷惑了对方。其后张巡将五百死士夜缒城下,变虚为实,对方还以为张巡故伎重施,遂不加防备,结果被杀得大败。张巡"草人借箭"也成了《三国演义》中诸葛亮"草船借箭"的原型。武功招数中,也经常有"无中生有"的应用。如金庸武侠中黄药师的绝招“落英神剑掌”，出掌凌厉如剑，招数繁复奇幻。双臂挥动，四面八方都是掌影，或五虚一实，或八虚一实，真如桃林中狂风忽起，万花齐落一般。虚招固为诱敌扰敌，但到临阵之时，五虚八虚亦均可变为实招。

“无中生有”的精髓在于虚虚实实，虚实互变，就像太极拳一样，当你一拳击出，如同打入水中，而对方拳招看似绵软，冷不防又有一股大力袭来，令人捉摸不定，防不胜防，因而是三十六计中最变幻莫测的一计。桌游“三国杀”中于吉所使的“蛊惑”技能（当你需要使用或打出一张基本牌或非延时类锦囊牌时，你可以声明并将一张手牌扣于桌上。若无人质疑，则该牌按你所述之牌来用。若有人质疑则亮出验明：若为真，质疑者各失去 1 点体力；若为假，质疑者各摸 1 张牌），就颇合“无中生有”之义，当无人质疑时，“无”就会起到“有”的效果，就像上面所说的“无而示有”；当有人质疑时，若为真，则质疑者失去 1 点体力，就像“无中生有”之计中使计者已经变虚为实，而对方还以实为虚，就会遭到损失。使用于吉者如果水平高超，可将其他玩家玩弄于股掌之间。由于于吉的技能太过烦人，所以很多玩家一上来只要看到于吉，不管是敌是友，均不约而同先把于吉干掉。

破解 外实内虚

面对“无中生有”之计，受计方难就难在无法判断对方的行动是虚是实，如果一概当作是实，则要么会错失战机，如上述之秦军、曹军、北魏军；要么会虚耗精力，直至被对方拖垮，如伍子胥疲楚之计。如果一概当作是假不予理会，对方一旦变虚为实，己方则来不及招架。“无中生有”讲究寓实于虚，外虚内实，则破解此计就要反其道而行之，寓虚于实，外实内虚，即要让对方看起来自己已经做了充分准备，而己方实际上并未投入太多精力。按照受计者所处攻守态势之不同，“外实内虚”可分为两个方面的应用：

当受计者作为进攻的一方，无法判断是真正的战机还是对方的诱敌之计时，可以派小部队进行试探（外实），大部队则继续观察形势，养精蓄锐（内虚）。如果试探发现对方似实实虚，则应迅速把握战机，以大部队压上。例如，在成语“黔驴技穷”中，老虎稍微试了两下就试出了驴子的深浅，然后立刻将驴子吃掉。再如，假使曹兵在长坂桥前面对虚张声势的张飞，先派个百八十人冲过去试探一下，张飞的把戏马上就被拆穿了。退一步讲，即便对方确有埋伏，则损失的也不过是一支小部队，于整个战局无碍。

当受计者作为防守一方，无法判断敌方的进击是虚招还是实招时，可以适当在一线加强守备力量，并在二线部署机动增援部队。如果敌方使的是虚招，自然不敢真的进攻；如果敌方使的是实招，看到对手已经加强了防守，战机已失，也就不会再进攻。即便敌方在此情况下依然选择进攻，由于事先已经部署了二线机动增援部队，也不会出大的问题。这样一来，既保证了己方的安全，又避免了主力被敌方调动，白白耗费精力。例如，针对伍子胥的疲楚之计，后世便有人替楚国设计了大纵深防御的策略：首先在边境地区建立能够独立坚守一定时间的坚固据点，并把这种据点尽可能分布于较大的纵深，同时建立一支机动部队，形成快速反应增援能力。当吴军来犯时，如果只是虚晃一枪装装样子，则边境据点足以应付；如果真的是主力进攻，则以楚国幅员之辽阔，纵深之宽广，完全有时间以机动部队组织抵抗。此时，沿边境及纵深部署的战略据点一方面可以迟滞吴军行动，另一方面当吴军绕过据点前进时，这些据点可以威胁吴军的补给线。如此楚军主力便不需要每次都被吴军牵着鼻子走。当然，以楚国当时的国情，未必能实行这一设想，但这一设想用来解释如何破解“无中生有”之计，却比较合适。此外，如果已经识破了对方的“无中生有”之计，对其下一步变虚为实比较有把握，还可以设下埋伏，专等“有”的到来。

二战后期，德军在法国修建了一个木制假机场，计划以“无中生有”的方式吸引盟军空袭，在浪费盟军弹药的同时掩护其在别处秘密修建的真机场。而盟军则采用了“外实内虚”的方式予以应对，一方面加强了对假机场的侦查和刺探，掌握了真实的情况，另一方面假装毫不知情，让德军继续傻乎乎地干下去。结果在竣工次日上午，英国只来了孤零零的一架飞机，投下了一枚巨大的木质炸弹，给德军玩了一把“黑色幽默”。以下引述之。

战例 木头大战①

二战中，盟军和纳粹德国应用各种异想天开的战术斗智斗勇。德国《明镜》周刊日前引述历史学家的研究称，战争后期，德军在被占领的法国修建了一个木制假机场，盟军识破后，以木头炸弹还击，引出一场“木头对抗木头”的趣味战争。

1943年底，在法国北部的莱斯坎，德军正在精心修建一座机场。这个机场是用木头建造的，随着时间的推移，机场的设施渐渐多了起来，有木飞机棚、木油罐、木炮台、木卡车和木飞机。甚至，机场上高耸的雷达站也是木头制成的。

德军这样大动干戈自然有它的打算——盟军的战斗机会把假机场当成真目标，进行大规模轰炸，徒劳地浪费他们费尽力气从英吉利海峡另一边带来的弹药，而德军则可把精力放在其他战斗中。为了以假乱真，德军对机场进行伪装，在各个设施上盖上掩盖物。此外，德军在机场附近的田野和马路上，放置各种木制坦克、木制高射炮等武器。而在真正藏有武器的地方，德军却布置成“一派田园风光”。表面上看是法国村庄，实际上却是德军飞机库。德军在假农庄旁放置各种木头动物，如正在吃草的马和牛，农田里还有假人在干活。

盟军的照片专家对这座机场进行了观察和分析，英国情

① 转引自亚东军事网 http://www.warchina.com/news/world/168016.html，原标题为《英军用木头炸弹轰纳粹木头机场》。

报机构也派出间谍千方百计刺探这座机场的真实面目。很快，盟军就对它了如指掌。1944 年 5 月下旬，德军假机场的竣工日终于到来。为了让这座机场被盟军知晓，德军此前几天已经史无前例地进行了对外宣传。竣工次日上午，德军期待的大批敌机没有到来，只有一架孤零零的英国皇家空军飞机穿越英吉利海峡，低飞过来。在机场上空盘旋一圈后，英军飞行员从容地扔下一枚巨大的炸弹，但炸弹没有爆炸。

原来，这是喜欢黑色幽默的英国人跟德军开的一个玩笑。德军士兵看到的是一幕既令人吃惊又好笑的景象——英国军机居然用木头做成炸弹“空袭”了这座“机场”。这枚巨大的木头炸弹外形上与一般炸弹无异，不过它的外层是用木头制成的，并涂上迷惑敌人的色彩，炸弹里面则是金属材料。木头炸弹上还写着一行字：“木头对抗木头”。

这场“木头战”的历史资料后来因一场大火而丢失，加上参与相关战争的空军驾驶员相继去世，直到最近这段史实才被证实。《明镜》周刊称，实际上，这样的假目标在二战中并不鲜见。德军在非洲战场也多次设置假阵地和假设备，盟军各国也组建有设置假目标的队伍，苏军使用假武器的经验也很老到。

第八计　暗度陈仓

示之以动，利其静而有主，益动而巽。

解语译文：故意将动向暴露给对方，吸引对方注意力后，通过暗中采取的行动来战胜敌人。正合易经《益卦》中风雷激荡、日进无疆之象。

按语　奇出于正，无正则不能出奇。不明修栈道，则不能暗度陈仓。昔邓艾屯白水之北，姜维遣廖化屯白水之南，而结营焉。艾谓诸将曰：“维令卒还，吾军少，法当来渡而不作桥，此维使化持我，令不得还。必自东袭取洮城矣。”艾即夜潜军，径到洮城。维果来渡。而艾先至，据城，得以不破。此则是姜维不善用暗度陈仓之计，而邓艾察知其声东击西之谋也。

按语译文:超出常理的用兵之法来源于遵循常理的用兵之法,如果没有遵循常理的用兵原则,也就无所谓超出常理的用兵之法了。同理,如果不明修栈道,就不能暗度陈仓。三国时邓艾屯军于白水的北岸,姜维命廖化屯军于白水的南岸,两军隔河对峙。邓艾对手下诸将说:“姜维兵多,我军兵少,按照常理应当立即渡河来攻击我们,而不是停下来扎营修桥,这一定是姜维命廖化在此吸引和牵制我,令我军无法返回。姜维必定亲率大军向东攻打洮城去了。”邓艾连夜带兵驰赴洮城,发现姜维果然正在渡河杀向洮城。由于邓艾抢先一步赶到,入城据守,洮城才没有被姜维攻破。这就是姜维不善于运用“暗度陈仓”之计,而邓艾则识破了他“声东击西”的计谋。

评析 成本最高的一计

“暗度陈仓”为“明修栈道,暗度陈仓”之简称,语出《史记·淮阴侯列传》。项羽进入关中后,将刘邦赶到汉中,并封章邯为雍王,以备刘邦。刘邦入汉中时命人烧绝栈道(在悬崖峭壁傍山凿石架木,而成道路),一方面防备章邯进攻,另一方面向项羽展示其意在固守汉中这一亩三分地,并无争夺天下之意。后来,刘邦逐渐强大起来,遂命韩信为大将,准备出山与项羽一决雌雄。为了迷惑章邯,韩信派了一万多人马去修复烧毁的栈道。栈道修复工程艰巨,进展缓慢。章邯料定栈道修复绝非易事,毫无戒备。而韩信率主力绕道攻取陈仓（汉中、关中间必经之地），进入关中，并很快攻下咸阳。作为三十六计中的一计，“暗度陈仓”指在不令人生疑的行动背后隐藏其真实意图，从而迷惑对手，出奇制胜，即《孙子兵法》所言“以正合以奇胜”。

“暗度陈仓”之计可以分解为两个步骤，一是“明修栈道”，即通过合乎常理、惯例的行动来迷惑敌人；二是“暗度陈仓”，即从敌人意想不到之处发起突袭，两个步骤连起来即为本计按语中所言：“奇出于正，无正则不能出奇。不明修栈道，则不能暗度陈仓。”此计与三十六计中的“瞒天过海”“声东击西”“无中生有”三计有相近之处，都是讲的虚虚实实，容易发生混淆。实际上此四计虽均讲虚实，却各有侧重。“瞒天过海”的重点是“寓真于假”，真相和假象包含在同一套动作中。“声东击西”的重点是“真外有真”，或者说小真外有大真，无论是攻打东边还是攻打西边，采取的都是同样性质的动作，只不过力度不同、虚实有别，以虚掩实。“无中生有”的重点是“由假生真”，一开始以假象示人，悄悄变假为真，变虚为实，再以实取胜。“暗度陈仓”的重点是“假外有真”，真相和假象是两套完全不相干的动作，通过假象吸引对方的注意力，而掩盖自己的真实战略意图。例如，修栈道和度陈仓，就是完全不同的举动；本计按语中的廖化扎营和姜维偷袭洮城，也是完全不同的举动。

历史上“暗度陈仓”的经典战例有很多，除了其原典外，最经典的当属 1944 年的诺曼底登陆。盟军为了迷惑德军，在“明修栈道”上做足了功夫。包括在法国加莱的对岸肯特郡设置了一个假司令部；故意让巴顿在肯特街头散步、亮相；制造假大炮、假坦克和假登陆船并将其部署在英国东南部距加莱最近处；在肯特郡堆放了许多假造的滑翔机，并故意派出一些卡车在森林中贮备大量军用物资；经常派出轰炸机同时对加莱和诺曼底两个地区实行战略轰炸，并故意将两地的投弹比例定为2:1；在进攻前夕，在空中撒下大量锡箔片，从德军海岸雷达上看，好像是一支庞大舰队正在向加莱行进。通过以上种种假象，使德军判断盟军的主攻方向是加莱，从而将主力集中在加莱地区，在“栈道”方向加强防备，而盟军则“暗度陈仓”，从诺曼底成功登陆，开辟了第二战场。

运用“暗度陈仓”之计的关键在于奇正相间，正要像正，奇要像奇。正要像正者，是讲假戏要做得足够逼真，并且符合常理逻辑，否则若像本计按语中所举姜维之例，按照常理应该渡河进攻反而邻水结营，被邓艾一眼识破，则不能起到欺敌之效。奇要像奇者，是讲进攻一定要动作迅速，出其不意攻其不备，否则动作太慢，或者所攻之处敌人本就已有防备，不但“暗度陈仓”不成，前面“明修栈道”的一番工夫也白费了。如上所述，运用此计时，“明修栈道”需要事先花费大量成本，而且有极大被识破的风险，一旦被识破，不但前期投入血本无归，对方还将加强“陈仓”方面的防守，己方需要花费更高昂的代价实现原来的战略意图，因此“暗度陈仓”是三十六计中成本最高的一计。

破解 瞻前顾后

如上所述,“暗度陈仓”由“修栈道”和“度陈仓”两个步骤构成,因此破解“暗度陈仓”之计,可分别从这两个步骤入手,一是从敌方“修栈道”之举动中窥测蛛丝马迹,判断敌方真正的意图;二是预为之谋,加强要害部位的防守,使敌方无隙可乘。以下详释之:

一是“瞻前”,即对眼前的情景详加观察,从假象中发现或推测出真相。“明修栈道”做得再真,毕竟是在演戏,与真实的情况必然有所差别,更何况如果对方演员演技不高,或剧本写得不合常理,更容易发现破绽。例如,德国与苏联签订互不侵犯条约后,随着苏德矛盾上升为主要矛盾,希特勒准备进攻苏联。为了将德国数百万军队调到东线又不引起斯大林的怀疑,德军使出“暗度陈仓”之计:在调动前先通知苏方,扬言波兰是位于英国空袭航程之外的良好训练场地,德军东调是为了在那里进行训练;德军统帅部还精心拟订了一份向西线调运大批部队的铁路运输计划,造成东线德军将向西线机动的假象;在军队东调的过程中,德军加大了对英国的轰炸强度,德国空军的主要指挥官也频频在布鲁塞尔的德国空军司令部露面;在外交上,专门邀请斯大林访问柏林,未成后,又盛情接待到访的莫洛托夫。尽管德国制造了大量假象,苏联情报部门早已侦知了德军的真正意图,并向斯大林作了汇报。如果斯大林足够清醒,提早做出防备,德军“暗度陈仓”之计已然被破解,只可惜斯大林完全沉浸在“德国在结束对英战争前不可能进攻苏联”的执念中，认为德军“暗度陈仓”的情报是无稽之谈，导致了苏德战争初期苏军仓促应战，丧城失地，损失惨重。再如，曾国荃围攻天京时，面对坚固的城墙，一面假装攻城，一面命人挖掘地道，意图通到天京城下，以炸药炸城墙。然而李秀成登城遥望草色，见一片绿色中呈现出几条黄线（清军挖地道时伤及草根所致），便知清军正在挖掘地道，于是待清军地道挖得差不多时“薰以毒烟，灌以沸汤”，给清军造成极大伤亡。

二是“顾后”，即顾及自己身后，对战略要地及己方之薄弱环节加强守备，即便敌军假戏做足迂回突袭也不至为其所乘。《孙子兵法·形篇》曰：“昔之善战者，先为不可胜，以待敌之可胜；不可胜在己，可胜在敌。”两军作战，应当先为己方之不可胜，特别是对要害关键之处，要加意守备。如陈仓之地，扼关中汉中之咽喉，地势险要，易守难攻。诸葛亮二出岐山时，率大军攻打郝昭区区数千人防守的陈仓城，然而一顿猛攻，各种攻城方式都用了个遍，以诸葛亮之智、蜀军之众，小小的陈仓城居然岿然不动，使得诸葛亮二出祁山无功而返。而对如此要地险城，章邯居然疏于防守。因此要说章邯败在韩信的“明修栈道，暗度陈仓”之计，倒不如说败在自己对于陈仓方向的疏忽大意。再如上述苏德战争之例，倘若苏军能够在平时加强战备，不滥搞那些自毁长城的“大清洗”，“厉兵秣马”，“良将犹在”，即便德军发起突袭也不至于一溃千里。

蒲松龄在《聊斋志异》中讲了三则狼的故事，其中第二则讲一个屠户被两只狼跟踪，到了一处麦场后，两只狼一只蹲在屠户面前，“目似瞑，意暇甚”，吸引屠户的注意力，另一只则打算从后面掏洞偷袭屠户，使的其实就是“明修栈道，暗度陈仓”之计。而屠户奔倚积薪之下，弛担持刀，先为不可胜之势，再不顾前狼诱敌之假状，刀劈前狼继杀后狼，则为以“瞻前顾后”之法破解两狼“暗度陈仓”之计的典例，虽非军事战例，但足以说明问题。《狼三则》的课文我们都学过，以下特重温之。

战例 屠户杀狼

一屠晚归，担中肉尽，止有剩骨。途中两狼，缀行甚远。

屠惧，投以骨。一狼得骨止，一狼仍从。复投之，后狼止而前狼又至。骨已尽矣，而两狼之并驱如故。

屠大窘，恐前后受其敌。顾野有麦场，场主积薪其中，苫蔽成丘。屠乃奔倚其下，弛担持刀。狼不敢前，眈眈相向。

少时，一狼径去，其一犬坐于前。久之，目似瞑，意暇甚。屠暴起，以刀劈狼首，又数刀毙之。方欲行，转视积薪后，一狼洞其中，意将隧入以攻其后也。身已半入，止露尻尾。屠自后断其股，亦毙之。乃悟前狼假寐，盖以诱敌。

狼亦黠矣，而顷刻两毙，禽兽之变诈几何哉？止增笑耳。

（引自《聊斋志异》狼三则其二）

第九计　隔岸观火

阳乖序乱，阴以待逆。暴戾恣睢，其势自毙。顺以动豫，豫顺以动。

解语译文：敌方内部矛盾激化，以致公开地表现出多方面秩序混乱、倾轧，此时应当暗中静观敌变，坐待敌方更进一步的局面恶化。对方残暴凶狠、任意胡为，必然自取灭亡。此计正是运用易经《豫卦》中顺时以动、随和其意的哲理。

按语　乖气浮张，逼则受击，退则远之，则乱自起。昔袁尚、袁熙奔辽东，尚有数千骑。初，辽东太守公孙康恃远不服。及曹操破乌丸，或说曹逐征之，尚兄弟可擒也。操曰："吾方使斩送尚、熙首来，不烦兵矣。"九月，操引兵自柳城还，康即斩尚、熙，传其首。诸将问其故，操曰："彼素畏尚等，吾急之，则并力；缓之，则相图，其势然也。"或曰：此兵书火攻之道也。按兵书《火攻篇》前段言火攻之法,后段言慎动之理,与“隔岸观火”之意亦相吻合。

按语译文:当对方各种混乱的迹象开始表露出来时,若立即进逼对方,则会遭到反击,如果此时离得对方远远的,不久对方就会发生内乱。曹操打败袁氏父子攻占冀州之后,袁尚、袁熙率数千残兵逃到辽东。起初,辽东太守公孙康仗着地隔遥远、山川险阻,不肯臣服于曹操。当曹操击破乌丸后,有人建议曹操立即乘胜征讨公孙康,袁尚、袁熙也可一并擒获。曹操说:“还是让公孙康杀掉袁尚、袁熙,把他们的首级送来吧,就不必用兵了。”及至九月,曹操率军从柳城返回,公孙康果然杀了袁氏兄弟,并把他们的首级送上。众将向曹操请教其中的道理,曹操说:“公孙康向来惧怕、猜忌袁氏兄弟,我如果以强力逼迫他们,他们就会合力对付我;如果我退到一边,他们就会自相残杀,这种形势是客观必然的。”有人说,这就像《孙子兵法·火攻篇》前面部分阐述运用火攻的方法,后面部分强调用兵要慎动的道理,与“隔岸观火”之计的意思相吻合。

评析 最需要拿捏火候的一计

“隔岸观火”的字面意思是隔着河看对岸失火,用作成语时比喻对别人的危难漠不关心,袖手旁观。而用在军事上,其核心意思是要充分利用对方内部的矛盾,不能急躁冒进,而要冷静慎动,即《孙子兵法·火攻篇》所言:“非利不动，非得不用，非危不战。主不可以怒而兴师，将不可以愠而致战。合于利而动，不合于利而止。”历史上因怒兴师，以愠致战而招致败亡的事例很多，如周桓王怒伐郑，中箭而逃；刘备为报关羽之仇，倾国之力急攻东吴，被东吴打败；德皇威廉二世在第一次世界大战失败后读及《孙子兵法》此语，不胜感慨，追悔莫及。因此，这一计主要是告诫那些急躁者、易怒者，不要轻易被对岸之火扰乱自己的判断，先冷静下来看看情况再说。若按“观火”之态度消极或积极，使用“隔岸观火”之计可分为两种情形：

一是置身事外，避免引火烧身。此种情形下与“隔岸观火”用作成语时意义相近，即不管对岸火烧成什么样，都当作跟自己没关系，既不上前施救，也不趁火打劫，以防止自己被火所伤。例如周星驰电影《功夫》中，警署面对斧头帮与鳄鱼帮的火并，把门一关，只等一会儿出来洗地。有时“隔岸观火”不仅能够避免引火烧身，还能收到意想不到的效果。例如瑞士作为永久中立国，永久奉行中立政策，结果无论在平时还是战时均吸引了大量外国投资和存款，藉此成为世界金融中心之一。

二是按兵不动，待情况明朗后再行动。当对岸火情不明时，先不着急动手，看看火情发展，再作出对自己最有利的决定。当对岸火势失控时，可待火熄后再到对岸捡便宜；对岸火势已得到控制时，赶紧到对岸去帮忙救火，以获得救火之酬劳。例如，当对方自己人之间素有矛盾时，有道是“兄弟阋于墙而外御其辱”，因此欲图谋者可不忙动手，待彼自相残杀你死我活后，再收渔人之利，如本计按语中曹操坐观二袁与公孙康互斗，不费吹灰之力即平定袁绍残余势力，另外三国中比较著名的还有曹操坐观袁谭、袁尚、袁熙兄弟三人互斗，曹魏坐观孙刘两家互斗等。再如，电影《投名状》舒城之战中，庞青云兄弟三人率八百清军向五千名太平军发起冲击，而手握一千五百名清兵的陆大山则按兵不动，观察战局变化，待庞青云等搅乱了太平军的阵势，战机已现后，再全军突击，取得了战斗的胜利。又如，一战、二战中的美国一直在扮演“隔岸观火”的角色，先是边观察形势边闷声发战争财，待交战双方的战略态势基本明朗后，再站在占优势一方的一侧举兵压上，以分享胜利果实。正是凭借两次成功的“隔岸观火”，美国取代英国成为世界第一超级大国。

由于“隔岸观火”者身处对岸，居于超脱之境，可进可退，可急可缓，关键在于准确判断何时行动、如何行动最符合己方最大利益，行动得早了，对方合力对付自己，行动得晚了，战机已失。因此，“隔岸观火”是三十六计中最需要拿捏火候的一计。

破解 拉过岸来

既然“隔岸观火”者身处对岸，居于超脱之境伺机而动，则破解此计就要改变其超脱的地位，尽快将其拉过岸来置身“火中”，不让其舒舒服服站在对岸捡现成便宜，特别是己方与另一方火并时，应尽力将“隔岸观火”者拉到自己这一边。具体而言，破解“隔岸观火”之计有两种情形和方式：

第一，把“隔岸观火”者拉入火中，不使其置身事外。例如，曹丕乘刘备新丧之际约东吴等四路兵马会攻蜀国，一方面可分散蜀国的兵力，另一方面使吴国参加伐蜀之战，也可消耗吴国的兵力，即使伐蜀不成将来蜀国兴兵报复时，东吴也在被报复之列，可以继续帮助自己分散压力。到后来陆逊大破曹休于石亭后，孙权遣使致书蜀中，请兵伐魏，也是同样道理。再如，北宋末年，宋金两国均仇视辽国，宋金双方互视对方为“隔岸观火”者，均想把对方拖入伐辽之战（理由基本同上），结果双方一拍即合，订立“海上之盟”，辽国在双方的夹击下（主要是金国之力）宣告覆灭。此种情形在数国混战特别是三方鼎立时比较常见，此时各国实力为此消彼长的关系，为了不使第三方“渔人得利”，最好的办法就是将其也拖入战争。

第二，把“隔岸观火”者拉到自己这一边，避免其成为自己对手之“外援”。与上一种情形相比，此时将“隔岸观火”者拉过来，主要不是担心其置身事外，坐山观虎斗，坐收渔人之利，而是怕其被拉拢到对手一边为己之害，即针对的不是“隔岸观火”者，而是自己原来的对手。在对战双方基本上势均力敌的情况下，第三方势力的加入往往能改变胜负的天平。因此，作为第三方的“隔岸观火”者如能站到自己这一边自然最好，即便其表态继续“观火”两不相帮，也算不错，要是其站在对手一边，自己就悬了。例如，国民党宁汉之争中，宁汉两派都极力拉拢冯玉祥。中原大战中，蒋介石与阎锡山、冯玉祥都拼命拉拢张学良。再如，一战中协约国和同盟国都在积极争取美国的支持。

中国有一个著名的成语“不入虎穴焉得虎子”，典出《后汉书·班超传》，讲东汉时班超与匈奴使者同时出使鄯善，均意图使“隔岸观火”的鄯善国加入汉匈之争并站在自己一方，结果班超乘夜袭杀匈奴使者，迫使鄯善国与东汉结盟，即为破解“隔岸观火”之计的经典战例，以下试举之。

战例 不入虎穴焉得虎子

东汉时，匈奴分裂为南、北匈奴。南匈奴归顺了东汉，北匈奴则经常率领骑兵南下掠夺，并且一度控制了西域各国，向各国勒索繁重的赋税，切断了西域和东汉的交往。汉明帝初年，北匈奴一再胁迫西域各国出兵，寇掠东汉的河西等地。永平十六年（公元73年），汉明帝派遣班超出使西域，镇抚西域各国。

班超是东汉著名历史学家班固的弟弟，早年曾率兵出击北匈奴贵族，战功显赫，接到汉明帝的诏令后，便与从事郭恂等一起出使西域。刚到鄯善国（本为楼兰国，汉昭帝时改为鄯善）时，鄯善国王还款待得十分周到，后来却忽然改变了态度。班超感到奇怪，猜想这一定是北匈奴派来了使臣从中作梗，鄯善王不知所从的缘故。于是班超唤来对方侍臣，诈他道："我听说北匈奴使臣已经来了好几天了，他们现在在哪里？"侍臣一听，十分惶恐，交待了一切。班超一听，果然不出他所料，便私下里把随从来的从事郭恂以外的三十六名将士全部召到一起喝酒，趁大家酒劲正浓，感慨道："现今大家和我一起都身在异国，本是想立大功，以求发达。可匈奴使臣来到这里没有几天，鄯善王就不把我们放在眼里里，说不定哪天他会把我们送给匈奴，那我们的身体骨肉可就要被豺狼吞吃了。大家说该怎么办？"部下们都说："在这危亡之地，生死都由司马您调遣！"看到大家士气高昂，班超道："不进老虎洞，就得不到老虎崽（不入虎穴，不得虎子）。眼下只有趁夜火攻匈奴使臣大营，使他们不知我们究竟有多少人马，然后趁乱消灭了他们。这下鄯善王就会吓破了胆，我们的事才能成功。"此时有人提出，这事要不要跟郭恂商量一下。班超怕郭恂胆小坏事，一口否定。

是夜初更时分，班超率领三十六名将士直奔匈奴人营房。天助汉军，当晚刮起了大风，班超命令十人拿着鼓，藏在匈奴人营舍后面，并相约说："看见大火燃起，你们立即擂鼓，并大声呐喊。"其余的人都手执兵器和弓弩，埋伏在营门两边。班超顺风点火，火借风势，一时火光冲天，营房前后都在擂鼓呐喊，匈奴人不知发生了什么事，个个惊慌失措。班超亲手格杀了三个匈奴人，吏兵们斩杀了匈奴使者和随从三十多人，剩下约一百人都被烧死。第二天回来，班超才将此事告诉郭恂。郭恂大惊，脸都变了色。班超知道他的意思，既怕担责，又想分功。班超把手一举说：“从事虽然没有参加这次行动，但还是有功的，班超不会独占功劳。”郭恂这才高兴起来。

班超把鄯善王请来，“以虏首示之”，鄯善国“一国震怖”，一来震惊于汉军居然以三十六人袭杀一百余名匈奴人，骁勇至斯；二来匈奴使者在自己的地盘上被杀，北匈奴必定会兴师问罪。班超趁势向他们宣示汉朝的威德，令他们不要再和北匈奴来往。鄯善王认为眼下唯有归顺汉朝，托庇于强大的汉朝之下，方能与匈奴对抗，于是向班超叩头表示：“愿意归汉，从此决无二心。”并把儿子交给班超，作为归顺汉朝的人质。

班超出使西域，使原本对于汉匈之争“隔岸观火”的鄯善国不得不站到东汉一边，从而极大地打击了北匈奴在西域的势力，为东汉王朝重新经营西域奠定了坚实的基础。

第十计 笑里藏刀

信而安之，阴以图之，备而后动，勿使有变。刚中柔外也。

解语译文：表面上让对方信任我方而丧失警惕，暗中谋划消灭对方的办法。做好充分的准备以后才能行动，确保一击而中，避免发生意外和变化。这就是易经《兑卦》中外柔而内刚的道理。

按语 兵书云："辞卑而益备者，进也"，"无约而请和者，谋也"。故凡敌人之巧言令色，皆杀机之外露也。宋曹玮知渭州，号令明肃，西夏人惮之。一日，玮方对客弈棋，会有叛卒数千，亡奔夏境。堠骑报至，诸将相顾失色，公言笑如平时。徐谓骑曰："吾命也，汝勿显言。"西夏人闻之，以为袭己，尽杀之。此临机应变之用也。若勾践之事夫差，则意使其久而安之矣。

按语译文:《孙子兵法·行军篇》中说:"表面言辞卑怯而暗中加强准备的,是要发起进攻的表现","无故请和并且没有明确条件的,一定另有阴谋"。因此凡是敌人用花言巧语和媚态伪情来迷惑、取悦己方的,这都是暗藏杀机的外在表露。宋朝时曹玮镇守渭州,纪律严明,西夏人非常害怕他。一日,曹玮正在与客人下棋,宋军有数千名士兵叛变,逃到西夏境内去了。当探子来报时,诸将相顾大惊失色,而曹玮言笑如常,不慌不忙地对探子说:"他们是我派去的,你们千万不要声张。"后来消息传到西夏人耳朵里,以为这数千叛卒是来袭击自己的,便将他们全数杀掉。这就是临机应变而发挥的作用。就像勾践卑侍夫差,就是为了使其麻痹大意,对自己不加防备。

评析 最狠辣的一计

"笑里藏刀",指表面上言笑晏晏,实则暗藏杀机,"笑"不过是"刀"的掩饰。如解语所言,这一计有三个要点。一是"信而安之",即要通过"巧言令色",让对方信任自己,不加防备。在这一方面,要发挥好演技,把握好"笑"的分寸,不能笑得太多,也不能笑得太少,更不能笑得太假,要足以使对方放松警惕。二是"阴以图之",要在暗中做好一切谋划和准备,深藏不露,不为对方所发觉。三是"备而后动,勿使有变",则是讲在做好充分准备的基础上,出刀要快要狠,不给对方任何翻盘的机会。

“笑里藏刀”与三十六计中其他的计策相比较为特殊，不是向敌人下手，而是向“朋友”下手。使用这一计既要付出形象成本，又要付出安全成本，代价极其高昂，唯有上述三个要点齐备，特别是使计者必须心狠手辣，方可确保使成此计，因此，“笑里藏刀”是三十六计中最狠辣的一计。在形象成本方面，“笑里藏刀”是对朋友或盟友下手，是给信任自己的人背后捅刀子，是极其不义的行为，不符合古往今来各个时代的核心价值观，即便使用成功，使计者的形象和号召力也将大受影响，这是再做多少公关活动，进行多少形象宣传也难以挽回的。在安全成本方面，首先，使计者一旦出刀不成，受计者，也就是曾经的朋友或盟友，必然会反过头来疯狂地进行报复，使计者将承担灾难性的后果；其次，就算出刀成功，使计者凭此“劣迹”，也将陷入众矢之的的境地，既要面对各方可能以此为由发起的反扑，也很难再结交新的盟友，生存和发展环境将大大恶化。因此，使用“笑里藏刀”之计，更重要的是做好事先的评估，好好掂量一下，搞掉对方所获得的利益是否能够覆盖使用此计的成本及风险。要么不用，一旦决定要用，一定要坚定决心，把戏演好，把刀磨快，把刀法练好，如同小李飞刀一般，例无虚发，一刀毙命，不留后患。

历史上使用这一计策成功和失败的例子都很多。成功的如吕蒙猛拍关羽马屁，使关羽麻痹大意，继而“吕子明白衣渡江”，“关云长败走麦城”。再如安禄山拼命讨好唐明皇杨贵妃李林甫，取得帝妃相的信任后，与史思明发动叛乱，将唐明皇赶到四川，大唐王朝就此中衰。失败的如各种各样的鸿门宴，如项羽请刘邦、蔡瑁请刘备、鲁肃请关羽，等等。失败的主要原因是笑得太假，或者刀没藏好，让人一看就知道不怀好意，从而有了防备。

破解 笑言有甲

识破"笑里藏刀"的难度系数不是很高。如同本计按语中所言，"辞卑而益备者，进也"，"无约而请和者，谋也"。说得通俗一点，就好比古装剧里女五号女六号（一般饰演女一号的闺蜜或丫鬟）常用的那句台词："无事献殷勤，非奸即盗。"只要保持头脑清醒，多听听来自不同方面的意见，多数情况下都能对"笑里藏刀"有所认识和警惕。

对付"笑里藏刀"，最好的办法不是直接撕破脸皮，与使计者大打出手。因为既然能够使出"笑里藏刀"之计，说明使计者与受计者至少在表面上尚属融洽，甚至彼此还存在合作或相互利用的关系，如果受计者直接与使计者撕破脸，则两者此后必然势同水火，连形式上的和平共处都不可能，更谈不上未来相互合作。况且即便撕破脸皮，由于受计者的准备可能不如使计者充分，猝然之间发生冲突，也未必有胜算，或成两败俱伤之局。如果受计者发现了满脸堆笑的使计者背后藏着的刀后，并不马上点破，而是看似漫不经心地说上一句"我今天穿了一件天蚕宝甲，刀枪不入"（不管是真穿还是假穿，也不管质量有没有那么好），情况就大不一样了。

在使计者听来，一方面，对方已经识破了自己的计谋，并有所准备，出刀恐怕难以成功。另一方面，对方给自己留足了面子，并不想把事情做绝，自己也该就坡下驴，有所收敛。这样一来，受计者在暂时保证自己安全的同时，既避免了立即与使计者发生冲突，给自己赢得了充分的准备时间，也保留了与使计者进一步合作的空间，毕竟，多一个能够利用或合作的人(即使这人心怀叵测)，也比多一个对头好得多。假使当年唐明皇能够及时敲打一下安禄山，恩威并用，安禄山恐怕还会老老实实给大唐王朝守边。

所谓“笑言有甲”，只是暂时令使计者知难而退，下一步如何与其相处，则要看使计者今后的表现。如上所述，受计者“笑言有甲”后，既留出了准备时间，也留出了合作空间，如果对方能够就此真心悔悟，浪子回头，则依然可以与之合作，只不过要稍加提防；如果其依然执迷不悟，不收敛、不收手，则应当立即铲除，或者做出应对部署，不可妇人之仁。都梁的小说《亮剑》中，有一章讲李云龙身缚炸药赴楚云飞的鸿门宴，非常精彩。小说情节虽是虚构，但用来解释“笑里藏刀”和“笑言有甲”却最合适不过，特附部分片段以释之。

战例 李云龙赴鸿门宴

平心而论，楚云飞还是挺喜欢那家伙的，和他打交道很愉快，只要不谈党派利益，两人还是挺说得来，这家伙天生就有些英雄气概，像条汉子，若是没有战争，此人可交。他想象不出，李云龙今天来赴宴。会做些什么防范措施，以他的狡猾，不会猜不出这里的凶险。就算他带一个连的警卫，那也不过是一碟送上门的小菜，这是什么地方？进来容易出去可难啦。

副官报告："团长，他们来啦。"站在指挥部门口的楚云飞抬头望去，见三匹白马卷起一股黄尘风驰电掣般从远处奔来，楚云飞一愣，才三个人？这李云龙胆大得没边了？李云龙带着两个膀大腰圆的卫士，三人都骑着缴获的东洋马，身穿关东军的黄呢面皮大衣，足蹬高统马靴，卫士们左右披挂着两支20响驳壳枪，斜挎着马刀，很是威风。

……

李云龙亲热地扯着大嗓门道："楚兄啊，你可想死兄弟我啦，不瞒你说，昨晚做梦还梦见老兄呢，咱哥俩喝得那叫热乎，你一杯我一盏，真他娘的换老婆的交情。谁知喝着喝着老兄你就翻了脸，用枪顶着我脑门，吓得我一激灵，愣是吓醒啦，你说这是哪儿的事啊。""哪里，哪里，云龙兄是抬举我呢，连做梦都惦记我楚某，我说这几天怎么浑身不自在？来，云龙兄里面请。"楚云飞也半真半假地开着玩笑。厅堂里的宴席已经摆好，两人你推我让了半天才由李云龙坐了上座。

……

"云龙兄，闲话一会儿再叙，咱们先说点儿正事?""楚兄有话尽管讲。""明说吧，楚某敬重云龙兄是条好汉，战争结束后，兄弟我想向阎长官保荐云龙兄去陆大深造，毕业后混块少将牌子不成问题。""哟，那敢情好，条件是什么？楚兄是山西人,在娘肚子里就会做买卖了,有来无去不成买卖,楚兄不会白送我个人情吧?”

“云龙兄,我的部队要扩编了,有个副师长的位子还空着,老兄有兴趣吗?其实,八路军也好,晋绥军也好,都属‘国军’战斗序列,都一样打鬼子,哪儿干不一样?”

“云龙兄,你我是朋友,这话我只和你一个人讲,抗战结束后,贵党边区政府的合法性恐怕也就不存在了,政府不会允许国中之国的现象存在,军队也要统一整编,云龙兄该为自己的前途考虑一下。”

“这是好事呀,我知道,老兄有好事总先想着我,这样吧,容我考虑一下,升官是好事,兄弟我做梦都惦记着,来,喝酒,喝酒,顺便问一句,楚兄不光是对我李云龙感兴趣吧?我那一团人马,楚兄想必也有考虑。”

“当然,贵团战斗力之强悍,第二战区同仁有目共睹,野狼峪一战,日军闻风丧胆,连委员长都惊动了。这么好的部队,云龙兄恐怕也舍不得丢下,还是带着走吧。”

“来,楚兄干了这杯,兄弟我够量了,路上不安全,我得早点儿走,回去也好考虑考虑老兄的建议。”“哪里话,云龙兄的酒量我有数,这才到哪儿?今天你我得一醉方休,谁没醉谁不够朋友,今晚就住我这儿,这里有的是房子,委屈不了云龙兄。”楚云飞微笑望着李云龙,显得很真诚。李云龙的舌头似乎有些发硬,略显醉态地打哈哈:“哟,这……这不行,兄弟我这一宿要……要不回去,我那政委肯定以为……

咱老李逛……逛窑子去了，我们八路军比不了你们，不……不许干这个。”

楚云飞霍然变色道：“云龙兄，我要是硬留你呢？难道也不给我这个面子？”屋子里的空气骤然紧张起来，几个晋军的尉级军官不知何时已站在李云龙的两个卫士身后，手扶着腰间的枪套虎视眈眈，楚云飞沉着脸，手里玩着高脚杯，不时抿上一口，屋子里变得很静。李云龙的两个卫士目不斜视，面不改色，一动不动，似乎根本不关心身旁的动静。李云龙给自己斟满一杯酒，在楚云飞杯子上碰了一下，一扬脖子喝了。他亲热地拉着楚云飞的手，脾气显得出奇的好：“楚兄呀，兄弟我惹你生气啦？别跟我一般见识呀，你看，咱自罚一杯，给老兄赔礼啦。”

“楚兄啊，兄弟我不是不知好歹的人，老兄对我好，我心里明白，天地良心呀，这会儿我这心里……真他娘的热乎乎的。楚兄，不是咱不给老兄面子，只是今天兄弟我不太方便，你想呀，鬼子总惦记着要买我脑袋，咱能卖吗？兄弟我怕路上有个闪失，不得不做些准备，让老兄见笑了……”李云龙向卫士使了个眼色，三个人慢慢解开棉军装的扣子，敞开了棉衣……楚云飞怔住了，三个人的棉衣里连衬衣都没穿，裸露的胸腹部竟缠满了炸药……

楚云飞叹了口气道：“云龙兄，到我这儿吃顿饭还搞得这么兴师动众的？这分明是信不过我楚某啊，真叫人寒心哪。”

“楚兄要这么说，可真叫兄弟我无地自容啦，老兄千万别误会，咱这不是对付鬼子吗？咱们是友军，你我又是兄弟，我害谁也不能害老兄你呀，楚兄，你不知道，兄弟我一喝多了脑子就不够使，手就爱乱摸，上次就是，稀里糊涂摸到一个娘们儿的脸上，差点儿又挨了处分，这次可更不敢乱摸啦，要一不留神摸到导火索上不是麻烦了吗？我死了是小事，连累了楚兄可就太不仗义啦。喂！那几个弟兄站在那儿也够累的，咱们自家兄弟喝酒还摆这排场干啥？弟兄们随意吧。”

楚云飞挥挥手，军官们退下。“楚兄，我是吃饱喝足啦，可家里的弟兄们还啃窝头呢，你看这一桌子剩菜……老兄是体面人，当然不会吃剩菜，那让人笑话呀，兄弟我反正是泥腿子一个，穷惯啦，糟蹋了多可惜，你看是不是……谢谢楚兄，不好意思，不好意思，那兄弟我就不客气啦……”

楚云飞把李云龙送到城门口，李云龙有些不胜酒力，舌头也不利索了：“楚兄，真……舍不得分手，好不容易见……见面，你得送送兄弟，人家古人十……十八里相送，咱就别……别这么多客套啦，一两里地足够了，是那意思就行啦。喂！城楼上那几位弟兄，把……把家伙收好，别……别他娘的拿……拿家伙在老子眼前晃悠，老子小时候让……让狗吓着过，胆子小……”

那天楚云飞把李云龙送出很远，说不清是几里地，反正是城楼上机枪的射程之外。

（节选自都梁小说《亮剑》第十章鸿门宴）

第十一计　李代桃僵

势必有损，损阴以益阳。

解语译文：如果势必要遭受损失，则应放弃局部利益以换取整体利益。

按语　敌我之情，各有长短。战争之事，难得全胜。而胜负之决，即在长短之相较；而长短之相较，乃有以短胜长之秘诀。如以下驷敌上驷，以上驷敌中驷，以中驷敌下驷之类，则诚兵家独具之诡谋，非常理之可测也。

按语译文：敌我双方之情势，各有长处和短处、优势和劣势。在战争中，很难取得完完全全的胜利。而双方的胜败，就在于双方长处与短处、优势与劣势的比较。而在优劣长短的较量中，也存在着以劣势战胜优势的秘诀。例如田忌赛马，就用自己的下等马对齐王的上等马，用自己的上等马对齐王的中等马，用自己的中等马对齐王的下等马之类的巧妙办法，这就是军事家所独具的谋略，并不是用常理可以推测的。

评析 最无奈的一计

“李代桃僵”语出《乐府诗集·鸡鸣篇》：“桃生露井上，李树生桃旁。虫来啮桃根，李树代桃僵。树木身相代，兄弟还相忘？”原意是李树代替桃树受虫蛀，比喻兄弟间相互友爱相助，但在后世发展中，渐渐变成了相互顶替或代人受过之意。用于军事领域，便如本计解语所言：“势必有损，损阴以益阳。”当对抗中一方势必要遭受损失时，应牺牲局部以保全局，牺牲次要以保主要，即所谓的“两害相权取其轻”“丢卒保车”“丢车保帅”等等。比如本计按语中田忌赛马，输一场赢两场，便是“李代桃僵”之计的典型应用。

“李代桃僵”说是一计，倒不如说是个体或一个团体自我保护意识的自然反应。比如壁虎断尾、螃蟹断肢、海星断腕等等，都是动物为了躲避危险的“自残”行为。当有刀朝头部砍来时，如果无法躲避，人会下意识地伸手遮挡，这也是一种长期进化形成的“李代桃僵”。那些不懂“李代桃僵”的生物，早已被残酷的自然界淘汰掉了。当一个团体遇到危险需要使出“李代桃僵”之计时，情况要比个体复杂得多，因为“局部”也好，“次要”也好，都有自己的独立意识和求生的欲望，与“整体”和“主要”的利益存在冲突，而不像个体中手与脑的关系那样，脑让手干什么，手就干什么。按照“李树”牺牲方式的不同,“李代桃僵”之计可分为两种情形。

一是“李树”主动牺牲。此时“李树”具有很高的觉悟,宁愿牺牲自己以保全“桃树”。如《三国演义》中曹操被董卓手下大将徐荣追杀,曹洪将战马让给曹操,自己脱去衣甲,拖刀跟马而走。孙坚被华雄追杀,祖茂主动引开华雄,结果被华雄斩杀。再如著名的“赵氏孤儿”,门客程婴为保护赵氏遗孤,甘心以自己新出生的儿子相替,结果婴儿被仇家活活摔死。又如我们上学时学的“狼牙山五壮士”,五位战士为了掩护大部队转移,在完成阻击任务后,故意不走大部队的行动路线,而是以身为饵,把敌人引向绝路。此种情形下,“李树”的自我牺牲往往比较悲壮,令人唏嘘。

二是“李树”被动牺牲。此时“李树”本身不想牺牲,但被“桃树”命令或忽悠,不得不做出牺牲。例如,系列电影《古惑仔》里,经常有小弟被大哥强迫安排去顶罪的情节。又如《三国演义》中“曹操借头”的故事:曹操与袁术战于寿春,相持一个多月,粮草将尽。曹操命粮官王垕用小斛分发军粮,士兵怨声载道后,又将责任全部推到王垕身上,将其斩首示众,以安军心。此种情形下,“李树”的被动牺牲往往比较悲惨,令人感慨。

通过比较上述两种方式不难看出,对于“桃树”而言,真正高明的手段不是直接强迫“李树”,而是通过日常的善待以及“洗脑”,让“李树”甘心代其受过。“李树”死后,再将其风光大葬树碑立传,哭得稀里哗啦死去活来,忽悠其他

"李树"继续甘心为其卖命。曹操就爱用这一手,所以被称为"奸雄"。光靠事到临前出卖小弟,这样的大哥是做不长久的。

使用"李代桃僵"往往事出无奈,毕竟谁也不希望受到损失,即《孙子兵法》所言"全国为上,破国次之;全军为上,破军次之;全旅为上,破旅次之;全卒为上,破卒次之;全伍为上,破伍次之",但有时不破之愿难遂,必须要做出取舍,此时只能舍小顾大。因此"李代桃僵"是三十六计中最无奈的一计。例如抗战时蒋介石提出的"以空间换时间",就是战略意义上的"李代桃僵"。谁都希望"御敌于国门之外",不愿看到大片国土沦入敌手,但客观事实就摆在那里,面对实力上占绝对优势的日军,"存地失人,人地皆失;存人失地,人地皆存",只有保存有生力量,并不断发展壮大,才有希望最终战胜敌人。

破解 舍末逐本

既然"李代桃僵"的目的是舍小保大,则破解这一计就要舍末逐本。此时,除了要准确判断何为"李"何为"桃",何为大何为小之外,还需必要的雄心和远见。雄心者,即不满足于眼前的利益。例如南唐后主李煜无论再怎么恭顺,赵匡胤还是要灭掉南唐,因为其志在统一中国。远见者,心中有大的格局,不在小事上纠缠。比如守旧者跟改革者强调目前的困难,改革者想的却是几十年之后的江山。此外,在某些情况下，还可以以“李”为“桃”，指鹿为马，将错就错。具体而言，破解“李代桃僵”有以下两种方式：

一是弃“李”求“桃”。即弃置“李树”于不顾，直奔“桃树”而去。与法律中区分直接责任、领导责任，从而为“临时工”留下发挥作用的空间不同，军事行动中不必有那么多条条框框，可以直奔首要目标而去。例如，在追击敌军时，可以绕过敌军阻击部队，或只留少数军队与敌阻击部队周旋，余众紧咬敌军主力不放。《三国演义》中马超这点做得就很好，紧盯曹操不放，逼得曹操割须弃袍，想混入群“李”之中，只恨平时自己领导气质太出众。再如，敌军设下重重关卡防线，意图缓冲己方之冲击力时，可以通过战略迂回，直击敌军后方之重要军事目标。以下所举二战时德军借道比利时绕过法国马其诺防线直取巴黎，从而迫使法国投降之战例，便是此种方式之应用。

二是指“李”为“桃”。此种情形中，“桃树”更多是一种符号和象征，代表权威、秩序和胜利的希望，即便“桃树”真身无恙，只要其符号和象征意义被摧毁了，“桃树”也就真的“死”了。即我不管你使没使“李代桃僵”，到底是“李树”还是“桃树”，只要被我击杀或擒住的，我一概宣称是“桃树”，从而瓦解敌军军心，鼓舞己方士气，这也是“李代桃僵”之计的风险所在。在这方面最形象的例子莫过于姜文的电影《让子弹飞》：面对怯懦的鹅城县民，张麻子当众杀死了黄四郎的替身，宣称黄四郎已死。鹅城县民见状以为“黄四郎”

真的死了，胆色立壮，马上一哄而上操枪跟从张麻子攻打黄四郎的碉楼，抢夺碉楼中的财产，而此时真的黄四郎只得无奈说了一句：“我成替身了。”本来想搞“李代桃僵”，到头来却搬石砸脚。

战例 无用的马其诺防线

马其诺防线(Maginot Line)是法国在第一次世界大战后，为防德军入侵而在其东北边境地区构筑的筑垒配系。以法国陆军部长马其诺的姓氏命名。

法国对边境工程设防问题的研究始于1919年。1925年制定了在边境构筑独立筑垒地域配系的计划，1927年决定先在其东北边境构筑梅斯、劳特尔和贝尔福3个独立的筑垒地域，并于1928年开始施工。由于德国重振武装，法国朝野强烈要求加强法德边境设防。1929年12月马其诺任陆军部长，经他努力，法国国会于1930年通过了沿东北部边境修建绵亘防线的巨额拨款。于是防线即全面展开施工，至1936年基本建成。整个工程耗资达50亿法郎，土方工程量达1200万立方米。鉴于希特勒德国1935年吞并了萨尔区，1936年占领了莱茵兰，法国副总理兼国防部长E.达拉第遂于1937年决定从马其诺防线北端，沿整个法国、比利时边境直至北海边，构筑达拉第防线，并对马其诺防线进行加强，工程一直进行到1940年5月德军对法国发起进攻时为止。

马其诺防线自隆吉永至贝尔福，全长约390公里。包括梅斯筑垒地域、萨尔泛滥区、劳特尔筑垒地域、下莱茵筑垒地域和贝尔福筑垒地域。整个防线由保障地带（纵深4—14公里）和主要防御地带（纵深6—8公里）组成。工程构筑以梅斯和劳特尔两个筑垒地域最强。萨尔泛滥区是利用天然的江河障碍和沼泽地构成的，1935年以后才开始构筑工事，设防最为薄弱。下莱茵筑垒地域以莱茵河、罗讷河、莱茵河运河为天然屏障，仅在莱茵河沿岸地区构筑了由永备射击工事组成的支撑点。在梅斯和劳特尔筑垒地域的最重要地段构筑有地面和地下部分相结合、适于环形防御的综合工事群。其地面部分为装甲或钢筋混凝土的机枪工事和火炮工事，地下部分有数层，包括指挥所、人员休息室、食品储藏室、弹药库、救护所、电站、过滤通风室等。工事之间都有通道连接，通电动车。射击工事内的武器都是专门设计安装的。整个防线共构筑各种用途的永备工事约5800个，密度达到每公里正面15个。最坚固的钢筋混凝土工事的顶盖和墙壁厚度达3.5米，装甲塔堡的装甲厚度达300毫米，均能抗两发420毫米臼炮炮弹的直接命中。防线内的防坦克障碍物主要有防坦克壕、崖壁、断崖及金属和混凝土桩砦，并用地雷场加强。防步兵障碍物一般为金属桩或木桩铁丝网，有的地段还设置了通电铁丝网。

马其诺防线的构建基于一战后法国“御敌于国门之外”，以及“完全防御”的军事思想。在法国人的理念中，马其诺防线将成为法国抵御德国入侵的主战场，即以马其诺防线为“李树”，以其他地区特别是首都地区为“桃树”，试图突破马其诺防线的敌军必将遭到惨重的损失，即便在局部地区突破了马其诺防线，也会在法军机动兵力的打击下遭到失败。然而希特勒没有中法国的“李代桃僵”之计，1940 年 5 月至 6 月，德国主力通过比利时阿登山脉，从马其诺防线左翼迂回，在蒙梅迪附近突破达拉第防线，占领了法国北部，接着进抵马其诺防线的后方，使防线丧失了作用。6 月 22 日，法国向德国投降。

马其诺防线由于没发挥作用，变成了表面看似坚固，实际毫无价值的代名词。二战结束后，法国先后几次重整过马其诺防线以应不时之需。20 世纪 70 年代以后，马其诺防线的军事意义已丧失殆尽。法国政府通过拍卖的方式将马其诺防线还之于民。一些工事成了旅游的景点，另一些变成了蘑菇养殖的农场，而其中的大多数则静静地躺在法德边境，目睹着历史的变迁。

第十二计　顺手牵羊

微隙在所必乘，微利在所必得。少阴，少阳。

解语译文：对方无论多么小的疏漏我方都要加以利用，无论多么小的利益我方也要得到。变敌方小的疏漏为我方小的利益。

按语　大军动处，其隙甚多，乘间取利，不必以战。胜固可用，败亦可用。

按语译文：敌方大部队在运动过程中，一定会有很多漏洞，要利用敌方的疏漏来获取利益，而不必通过正规作战的方式。这个方法，在大势将胜的情况下固然可以使用，在大势将败的情况下也可以使用。

评析 反应最快的一计

“顺手牵羊”的字面意思是路上看到一只羊，顺手牵回家里。用作成语时，比喻趁对方不注意的时候，顺手拿走人家的东西或顺势做某件事情。“顺”就是顺便的意思，搂草打兔子，行动不费力气。用在军事上，是指利用敌方行动中出现的疏漏，迅速把握战机，利用这一疏漏打击敌人，以极小的代价获取胜利。使用这一计的关键，在于密切关注敌方的一举一动，一旦发现对方薄弱环节的时候，就要当机立断，赶紧乘虚而入，以免错失良机。

历史上“顺手牵羊”的战例不胜枚举。比如“假道伐虢”的典故，晋国灭掉虢国后，在借道虞国回师途中，趁虞国上下毫无防备，顺手灭了虞国。再如三国时官渡之战，曹操利用袁绍在屯粮重地乌巢方面防守上的疏漏，火烧乌巢，切断袁军粮草补给，使袁军军心大乱，从而取得了官渡之战的胜利。同时，如按语所言，“顺手牵羊”这一计“胜固可用，败亦可用”，即不管整体战局如何，双方只要见到小便宜就赶紧赚，哪怕是败退途中，遇到轻敌冒进、落单势孤的追兵，也可以回过身打他一下子。比如《三国志·诸葛亮传》载：“（建兴六年）冬，（诸葛）亮复出散关，围陈仓，曹真拒之，亮粮尽而还。魏将王双率骑追亮，亮与战，破之，斩双。”再如在抗战时期忻口会战中，八路军利用日军的大意，奇袭阳明堡机场，一夜之间炸毁敌机24架。尽管忻口会战中国军队最终失利，但由于消除了敌军的空中威胁，极大减轻了中国守军的伤亡。

“顺手牵羊”以小力获小利甚至大利，容易激发使计一方的贪念，因而也容易被对方利用。例如，一方故意以一只羊为“诱饵”，等另一方伸手牵羊时，再突然出手捉拿。军事术语中的“诱敌”，以及所谓的“钓鱼执法”“仙人跳”等等，都是这个路数。因此，“顺手牵羊”对于使计一方而言又是极具风险的一计。有时人们正是考虑到这样的风险，即便羊就在手边，四下看上去无人，也不敢牵羊，白白浪费了机会。如上所述，要提高这一计的成功率，降低风险，关键在于密切注视对方的一举一动。如果经过观察确为对方疏漏，对方并未埋伏后手，则应在对方意识到之前迅速出手；如果此前并不清楚对方动向，而是突然碰到了机会，则胜负之数只能是五五开，即《孙子兵法》所谓的“知己知彼，百战不殆；不知彼而知己，一胜一负”。但无论如何，要使用“顺手牵羊”必须当机立断，迅速做出决策，因此“顺手牵羊”是三十六计中反应最快的一计。

此外，有道是“千里之堤溃于蚁穴”，小疏忽可能会发展为大麻烦，因此有时即使发现了对方的破绽，也不一定就马上“顺手牵羊”，而是“放长线，钓大鱼”，进一步扩大战果。就像有一年春晚小品《我惯着他》所反映的那样，对于对方的缺陷故意不去揭破，反而顺之捧之，使对方在错误的道路上越走越远，到时候再由自己或别人狠狠地惩治对方。例如，《三国演义》中周瑜命东吴水军故意败给曹军连在一起的大船，使曹操愈发迷信连环大船的威力，终将所有大船连在一起，以致被黄盖一把火烧尽。

破解 亡羊补牢

既然“顺手牵羊”的核心要义在于乘敌之隙，则应对该计最理想的方式当然是“无懈可击”，即《孙子兵法》所说的“为不可胜”。然而“为不可胜”毕竟是理想中的状态，正如该计按语所言“大军动处，其隙甚多”，组织一支庞大的军队去作战，人员、部门、环节既多且杂，不可能一点疏漏都没有。有了小的疏漏，如能及时发现并改正，并不一定是坏事，即所谓“亡羊补牢，为时未晚”。对方的“顺手牵羊”正可帮助自己发现漏洞，虽然造成了一点小损失，但改正后却可以避免系统性风险。当然，如果是致命的疏漏，例如袁绍疏于对乌巢的防范、马谡放弃大路跑到山上扎营等，被敌人狠狠地抓住了，那只能是“自作孽不可活”了。具体而言，应对“顺手牵羊”之计，除了最大限度避免出现疏漏，特别是致命的低级错误外，主要有以下两种方式：

一是“亡羊补牢”，及时堵塞之前的漏洞。“亡羊补牢”出自《战国策·楚策四》，其原典大意是：楚襄王宠信四个佞臣，把楚国搞得乌烟瘴气。大臣庄辛苦谏不听，便请求到赵国躲一躲，以观后市。庄辛到赵国才住了五个月，秦国果然派兵侵楚。楚襄王被迫流亡到阳城，这才觉得庄辛的话不错，赶紧派人把庄辛找回来，问他有什么办法。庄辛很诚恳地说：“见兔而顾犬，未为晚也；亡羊而补牢，未为迟也。”鼓励楚襄王励精图治、重整旗鼓。国事尚可“亡羊补牢”，军事行动中的疏漏当然也可以调整弥补。一方面，要总结教训，及时改正错误，并举一反三，全面查缺补漏。另一方面，要严肃追究有关当事人的责任，如果是决策中的疏漏，决策者要勇于承担责任；如果是执行中的过错，要追究执行者的责任。比如，《三国演义》中马谡失街亭导致第一次北伐失败后，诸葛亮挥泪斩马谡，并上表自贬三级为右将军，全军无不敬服。

二是故布疑阵，使敌人不敢轻易“顺手牵羊”。如上所述，对方突然碰到“从天而降”的机会时，往往会心存疑虑，怀疑这是不是敌人故意布下的陷阱，引自己上钩的。若利用对方这种心理，则可以事先故意卖几个破绽，实际暗伏杀招。如果对方乘此“破绽”进攻，则一方面，可以予对方以痛击；另一方面，有道是“一朝被蛇咬十年怕井绳”，对方吃亏上当后，对于己方露出的破绽必然更加小心谨慎，不敢轻举妄动。此时，即使大军动处真的有不少疏漏，敌人由于难辨真假，也不敢轻易使出“顺手牵羊”之计。比如，诸葛亮火烧新野后，曹军对诸葛亮留下的空城长了记性，待到过了几十年司马懿再面对一座空城时，回思前事，犹豫不前，白白错失了活捉诸葛亮的良机。

明朝末年，朝廷在屡败于后金后，通过构筑“关宁锦防线”，堵塞防守漏洞，比较成功地抵御了来自北京东北方向的进攻，即为以“亡羊补牢”应对后金“顺手牵羊”之经典战例。以下试举之。

战例 明末关宁锦防线

明朝后期，女真族在东北渐渐崛起，首领努尔哈赤利用明军疏于战备，屡败明军。经萨尔浒一战，歼灭明军十万，彻底改变了双方在东北地区的战略态势。反观明朝一侧，朝政的混乱影响到前线的稳定，辽东军政长官从杨镐、熊廷弼、袁应泰、王化贞、王在晋换到孙承宗，边防战略随着主帅的更换摆来荡去，结果不断丧城失地、损兵折将。所幸孙承宗颇懂兵略，知道单守山海关不行，便派兵在山海关外围要地筑城防守。袁崇焕此时自告奋勇，愿意去离山海关200余里的宁远驻守，作为关外抗御清兵的第一道防线。孙承宗很赞赏袁崇焕的勇气，便让他带5000兵马前往宁远。

袁崇焕到宁远后，立即动员军民着手加固宁远城防，经过几个月的修筑，城墙高3丈2尺，城雉再高6尺，城墙墙址宽3丈。同时，袁崇焕又从后方运来当时最先进的武器，产自荷兰的11门红夷大炮，架设在城上，宁远成为了一个非常坚固的军事堡垒。在前方筑城的同时，孙承宗也在防线各处积极进行练兵屯田，逐渐把防线从山海关向东推进了400多里，收复了许多失地，整个辽东的形势得到了很大改观。

天启六年(1626年)正月，努尔哈赤率兵13万，号称20万，大举进攻宁远。据守山海关的辽东经略高第(替换孙承宗)吓破了胆，急忙命令关外明军全部撤回关内。袁崇焕接到命令后十分愤怒，拒不执行。高第也不管他，将其余的军事据点全部撤走，关外只剩下宁远一座孤城。此时袁崇焕手里只有1万多人，后金军的兵力则多十几倍，众寡悬殊，情形十分危急。袁崇焕镇定自若，与全城军民誓守孤城。正月二十三日，努尔哈赤率军杀到宁远，并切断宁远退向关内的道路。二十四日，努尔哈赤亲自督军大举攻城，结果在明军大炮的轰击下损失惨重。二十五日，后金军又来猛攻，袁崇焕率将士死战。红夷大炮发挥了巨大的威力，炮过之处，后金军死伤无数。努尔哈赤大怒，再次到阵前督战，结果被流弹击中，后金军只好撤兵而去。努尔哈赤伤愤交加，不久就死去了。

此役极大振奋了明朝人心士气，本来投降后金的的许多汉人官吏和士兵又逃了回来，山海关外许多驻军据点再次被收复。明朝廷从此重用袁崇焕，任其为辽东经略。袁崇焕总结了之前明军在辽东所犯的错误，特别是因为缺乏坚固的战略支撑点，导致一再敌进我退、丧城失地的情况，认为要从东北方向守住北京，必须守山海关，而守山海关必须先守住宁远、锦州一线，于是便“亡羊补牢”，精心构筑了“关宁锦防线”。

“关宁锦防线”以山海关为后盾、宁远为中坚、锦州为先锋，其间筑有多个堡台作为联防据点。整条防线分南北两段，南段为关宁防线，长约100公里，自山海关到宁远；北段为宁锦防线，也长约100公里，自宁远经松山、锦州，抵大凌河。“关宁锦防线”占据了地形的优势，形成了罕见的大纵深防御系统，对于防御以骑兵快速突击为主要进攻方式的后金（清）兵非常有效。由于给养、武器以及战马的体力等原因，骑兵的突击能力呈现爆发力强，而持续力弱的特点，纵深型的防御体系恰好可以克服使用骑兵的战术优势。此后明军凭借“关宁锦防线”以及袁崇焕训练出的“关宁铁骑”，又取得了宁锦之战的胜利。“关宁锦防线”阻挡住了清军攻占北京、进取中原的脚步，直到李自成的起义军攻占北京，清军也没能彻底攻破该防线。

第十三计　打草惊蛇

疑以叩实，察而后动；复者，阴之媒也。

解语译文：对于存疑的地方要叩问察实，查探清楚方可行动。反复察看询问，是发现隐藏之敌的重要手段。

按语　敌力不露，阴谋深沉，未可轻进，应遍探其锋。兵书云："军旁有险阻、潢井、葭苇、山林、翳荟者，必谨复索之，此伏奸之所藏也。"

按语译文：当敌方的真实实力没有显露出来，战略意图深藏不露时，切不可轻敌冒进，而应当通过各种方式探明其锋芒所在。《孙子兵法·行军篇》里说："行军的路旁如有重险关隘、湖沼、芦苇、山林及植被茂盛的地方，必须谨慎地反复进行搜索，因为这些都是敌人可能藏匿伏兵和奸细的地方。"

评析 最矛盾的一计

“打草惊蛇”的字面意思是拨打草丛，使隐藏在草丛中的蛇受到惊吓而蹿出来。“打草惊蛇”语出宋代郑文宝《南唐近事》：南唐时，王鲁担任当涂县令期间，搜刮民财，贪得无厌。有一次，百姓控告县衙主簿贪污。王鲁见到状子，十分惊骇，在状子上批了八个字“汝虽打草，吾已惊蛇”。从出典看，“打草惊蛇”有点类似于敲山震虎、杀鸡儆猴的意思。作为一个成语，“打草惊蛇”比喻因做事不密，使得对方有所警戒防备，导致计划落空。而在三十六计中，“打草惊蛇”是指敌方兵力部署尚未暴露、动向不明时，不可轻敌冒进，而应先作试探，查清敌方兵锋所在再说。

结合上述含义，“打草惊蛇”其实可以作为一条双面计，即“打草惊蛇”也是一计，不“打草惊蛇”也是一计。当以“打草惊蛇”为一计时，意图是使敌人暴露。按照使敌人暴露的目的之不同，可以分为三种情形：一是进行火力侦察，即“查蛇”。以火力袭击的方法，迫敌或诱敌还击，以暴露其火力配系，从而判明其兵力部署、阵地编成等情况。比如抗日剧中日本鬼子进入我军伏击圈前，一般都会瞎放几枪，这就属于最简单的火力侦察。二是通过打草将蛇引出捉拿，即“捕蛇”。比如影视剧中经常有这样的桥段：正面人物躲到草垛中，追兵往往会向草垛里戳上两刀。再比如我们小时候玩捉迷藏时，找人者喜欢故意高喊“我看到你了”，躲藏者如果忍不住从藏身之处跑出来，就正中了找人者的下怀。三是通过打草把蛇吓跑，即“赶蛇”。此时打草者只求将蛇吓跑，不为己害即可。这种情形与“打草惊蛇”这一计的出典比较相似。县民状告主簿，目的就是做样子给王鲁看，并不是要除掉王鲁，而是只求王鲁收敛收手。

当以不“打草惊蛇”为一计时，前提是已经发现了“蛇”之所在，其目的是隐藏我方行动意图，使对方放松警惕，以便一击成功。在自然界中，这其实是很原始、很本能的一种做法。比如老虎猎豹捕猎时，总是悄悄接近猎物，不使其发觉，待进入攻击距离后，再突然暴起发难，而比老虎猎豹低等得多的动物捕食时也是如此。再高级一些的做法，就是“放长线、钓大鱼”。例如警察发现单个犯罪嫌疑人后，有时并不马上实施抓捕，而是通过对其进行监视，掌握其背后的整张犯罪网络后，再部署警力一网打尽。再比如在伏击战中，也是等敌人全部或大部进入埋伏圈后，再发起攻击。如抗日剧中常有这样的桥段——士兵甲：“连长，打不打。”连长：“再等等，等小鬼子全进来再说。”

由于“打草惊蛇”也是一计，不“打草惊蛇”也是一计，因此“打草惊蛇”是三十六中最矛盾的一计。到底要不要“打草惊蛇”，关键要看己方是否已经掌握了对方的位置和动向，以及己方下一步的行动目的。

破解 藏于九地

既然“打草惊蛇”的目的是使对方暴露，要破解这一计，就要尽量隐藏自己，不轻易暴露。《孙子兵法·形篇》曰：“善守者，藏于九地之下。”所谓“九地”者，就是藏得要深，对方即使掘地三尺也找不到。当然，除了藏伏不动外，蛇如果足够聪明，还可以故布疑阵，干扰打草者的判断。具体而言，破解“打草惊蛇”，可有以下两种方式：

一是深藏不露，不为对方之惊扰所动。作为藏伏的一方，一定要有过硬的心理素质，以及较强的隐蔽能力和隐蔽条件，不能被对方稍一试探就暴露自己。例如，我们上学时都学习过邱少云的英勇事迹。1952 年 10 月 11 日，在朝鲜反击敌占金化以西 391 高地的战斗中，敌人的燃烧弹引燃了他身边的草丛，为了避免暴露目标，他严守潜伏纪律，忍受着烈火烧身的剧痛，坚持不动，直至壮烈牺牲，保证了整个战斗的胜利。再如，抗日战争中的地道战，上世纪七十年代毛泽东提出的“深挖洞、广积粮”，都是此种方式之应用。

二是故布疑阵，混乱对方之视听。当草丛中藏伏有多条蛇时，可以使其中一条故意暴露，吸引打草者注意力，剩下的蛇乘机转移，甚至偷袭打草者。比如几乎所有古装剧中都会有的一个桥段：一大帮坏人追杀若干好人。好人们藏好后，其中一人（一般是妇幼伤残）通常会不小心发出响动，引起追兵的注意。这时追兵甲会大喊一声“谁?!”如果此时没有猫鼠之类恰好跑出，那么接下来好人中的另一个人会站起来

（一般是壮男），说“是我”或“你爷爷在这儿”，然后把追兵引开，或者一声不吭拔腿就跑。此时追兵们会非常配合地全部追杀而去，而发出声音的妇幼伤残则得以保全。此种方式有点类似于三十六计中的“李代桃僵”之计，或者丢卒保车、丢车保帅。

藏伏于草丛中的蛇最大的优势在于彼在明、我在暗，即握有信息不对称的优势，如果通过深藏不露或故布疑阵，最大限度地保持或维护这种信息不对称，就能始终保持对敌方的主动权。二战中美日硫磺岛之战，日军的隐蔽工事逃过了美军的空中侦查和火力侦察，在美军登陆前不暴露任何火力，直到美国大兵密布滩头时，再集中工事中所有火力消灭美军有生力量，给美军造成巨大杀伤，即为破解“打草惊蛇”之计的典型战例。以下试举之。

战例 硫磺岛战役

硫磺岛战役（1945 年 2 月 19 日到 3 月 26 日）是在第二次世界大战中，日军和美军为争夺硫磺岛进行的一次激战，双方伤亡惨重。这也是太平洋战争中唯一一场美国海军陆战队伤亡高于日军的战役。

为便于对日本本土实施战略轰炸，美军意图攻占位于小笠原群岛南部，距东京 650 海里的硫磺岛。日本方面深刻认识到硫磺岛的重要意义，全力加强战备。由于日军的海空军主力在菲律宾战役中遭到毁灭性的打击，已无力为硫磺岛提供海空支援，硫磺岛的抗登陆作战要在几乎没有海空支援的情况下进行。针对这一情况，硫磺岛日军司令官栗林忠道中将意识到面对美军绝对海空优势，滩头作战难以奏效，主张凭借折钵山和元山山地的有利地形，依托坚固的工事，实施纵深防御。但海军守备部队仍坚持歼敌于滩头，最后栗林做出了折中的方案，以纵深防御为主，滩头防御为辅，海军守备部队沿海滩构筑永备发射点和坚固支撑点，进行防御；陆军主力则集中在折钵山和元山地区，实施纵深防御。

按照这一指导思想，栗林将硫磺岛建成坚固的要塞：以折钵山为核心阵地，以两个机场为主要防御地带，在适宜登陆的东西海滩构筑以永备发射点和坚固支撑点为骨干的防御阵地。日军的防御工事多以地下坑道阵地为主，混凝土工事与天然岩洞有机结合，并有交通壕相互连接。炮兵阵地也大都建成半地下式，尽管牺牲了射界，却大大提高了在猛烈轰击下的生存能力。火炮和通讯网络都受到良好保护，折钵山几乎被掏空。针对美军的作战特点，栗林在海滩纵深埋设了大量地雷，机枪、迫击炮、反坦克炮构成绵密火力网，所有武器的配置与射击目标都进行过精确计算，既能隐蔽自己，又能最大限度杀伤敌军。可以说日军为这一场战役做足了准备。

反观美军一侧，对硫磺岛上日军守备力量大大增强的信息掌握不够准确，对战况估计过于乐观。由于日军工事十分隐蔽，美军联合情报中心的情报分析员指出，“没有迹象表明日军守岛部队已经得到了加强”。此外,从1944 年8 月10 日起,美军就开始对硫磺岛开展海空攻击,认为经过长时间狂轰滥炸和火力侦察,岛上的守备力量都已基本被摧毁或已经暴露。据此,美军上下都判断攻占这样一个弹丸小岛,不会费多大力气。

1945 年2 月19 日晨,在900 余艘战舰、2000 余架飞机的支援下,美军以22 万人之众的兵力,对只有2 万多名日军守卫的硫磺岛发起了进攻,企图采用“牛刀杀鸡”战术,用5 天的时间轻取该岛。美军原以为经过长时间的炮火准备后,岛上的守军已经大部分被消灭,登陆后不会遇到有威胁的抵抗。没想到,美军大部队刚刚踏上硫磺岛,日军的炮火突然倾泻到海滩,美军登时伤亡惨重。仅仅一个早上,美军就伤亡了2000 多人。此后,美军开始遭遇“地狱里的噩梦”,每天都有大量的士兵死于来自火山熔洞里射出来的子弹。在被称为“绞肉机”的382 高地,美陆战4 师有经验的连长、排长和军士长伤亡殆尽,许多连队连长由少尉或上士担任,而排长、班长大都由普通士兵担任,有好几个连几乎全连覆没。惨重的伤亡甚至使美军军官们都没有勇气再将士兵投入战斗,因而战斗进展极为缓慢,有时一天只能推进4 米。

在付出极其惨烈的代价后,美军终于在3 月26 日全面攻占硫磺岛。是役,日军守备部队阵亡22305 人,被俘1083 人,共计23388 人。美军阵亡6821 人,伤21865 人,伤亡共计28686 人。美日双方伤亡比为1.23:1。其中,美军登陆部队伤亡人数占总人数的30%，陆战三师的战斗部队伤亡60%，而陆战四师、五师战斗部队的伤亡更是高达75%，第五两栖军几乎失去了战斗力。硫磺岛战役中，由于美军高层错误估计了日军的实力和抵抗决心，而日军除了顽强抵抗外，更在美军的“打草惊蛇”（火力侦察）中成功地隐藏了自己的力量，造成了美军重大损失，并间接使美军放弃了攻占日本本土的计划。

第十四计　借尸还魂

有用者，不可借；不能用者，求借。借不能用者而用之，匪我求童蒙，童蒙求我。

解语译文：许多看上去很有用处的东西，往往不容易驾驭而为己用；有些看上去没什么用的东西，有时却请求我借助它发挥作用。借助看上去没什么用的为己用，就像易经《蒙卦》中所说的，不是我求助于天真愚昧之人，而是天真愚昧之人有求于我。

按语　换代之际，纷立亡国之后者，固借尸还魂之意也。凡一切寄兵权于人，而代其攻守者，皆此用也。

按语译文：每当改朝换代的时候，各股势力纷纷拥立亡国之君的后代，这固然是“借尸还魂”的意思。凡是将兵权名义上归于他人,实际上却由自己指挥的,也属于这一计策的应用。

评析 受众最广的一计

“借尸还魂”原意是说已经死亡的东西,又借助某种形式得以复活。用在军事上,是指利用、支配那些已经消亡或者衰弱的势力,借助其影响力来达到我方目的的策略。“借尸还魂”有点类似于经济中的“借壳上市”,即一家公司通过把资产注入另一家市值较低的已上市公司(壳公司),得到该公司一定程度的控股权,利用其上市公司地位,使母公司的资产得以上市。同样,“借尸还魂”的使计者以已死之人的面目重新出现,在外人看来好像是死者复生,实际上却是利用死者原来的身份执行自己的意志。

正如本计按语所言,换代之际,经常可以见到“借尸还魂”之计的应用。陈胜吴广起义,利用了广大干部群众“长子扶苏贤而被杀”的不忿心理和“楚人怜项燕”的实际情况,打起了扶苏、项燕的旗号。同时,其他反秦势力也纷立六国亡国之后并恢复旧国号,一时之间仿佛回到了战国时代。曹丕代汉后,与汉献帝在血缘关系上隔了十万八千里的皇叔刘备,自称延续汉祚,继续挥舞大汉王朝这一高举了四百多年的旗帜。西晋末年,匈奴人刘渊扯上当年冒顿单于与汉朝和亲的关系,自称汉家宗亲,入主中原,建立汉赵,并追尊刘禅为孝怀皇帝,建造汉高祖以下三祖五宗的神位进行祭祀。直到五代之时，沙陀人刘知远因为自己姓刘，依然以“汉”为国号。同在五代之际，沙陀人李存勖灭梁之后，以“唐”为国号，并接续唐昭宗“天佑”年号，一度被视为中兴大唐的存在。清朝建立后，许多反抗势力都打出了“反清复明”的旗号，各种“朱三太子”层出不穷，等等。

“借尸还魂”之计针对的是其他政治势力，借助的却是怀念“旧尸”的广大干部群众的力量，因此是三十六计中受众最广的一计。此计之所以在换代之际经常出现，主要有以下几方面原因：一是人们一般都有怀旧情绪，毕竟在以前的朝代生活了这么久，特别是一些士大夫阶层，从小深受忠君爱国思想教育，视从小敬奉的朝廷为正统，其他都是僭越篡逆。二是利用了人们渴望天下太平的愿望，在前朝时固然有种种不好，但还有起码的社会秩序，到了朝代更迭之时，“乱世人不如太平犬”，人们便怀念起前朝的种种好处。三是换代之际也是利益重新分配之际，一些前朝的既得利益者在重新分配中失去了原有的利益，便对新政权心存不满，希望恢复原来的政权，以使自己的利益继续接续。在这些受计的干部群众中，有的是真糊涂，有的却是揣着明白装糊涂，但不管是真糊涂还是装糊涂，大家对“旧尸”的怀念却都是真的。因此，如能利用好这些残余感情和残余势力，便能披上一层正统性、正义性的外衣，迅速壮大和巩固自己的力量。

此外，本计按语强调，除了“换代之际，纷立亡国之后者”，“凡一切寄兵权于人，而代其攻守者，皆此用也”。即凡是将兵权名义上归于他人，实际上却由自己指挥的，也属于这一计策的应用。这方面最典型的，莫过于曹操“挟天子以令诸侯”，掌握兵马大权，代汉天子攻守，搞得其他军阀在政治上很被动，只得痛骂曹操“名托汉相，实为汉贼”。推而广之，凡是打着已经消亡或者衰弱的势力的旗号干自己的事的，都算“借尸还魂”。当然，如果打着正当如日中天的势力的旗号的，那叫“狐假虎威”。

破解 灭魂鞭尸

如上所述，使用“借尸还魂”之计实际上是利用了大众心理和社会舆论，因此要破解此计，也要打好舆论战，主要有两种方式：

一是揭破“借尸还魂”之荒谬，即“还魂者”与“旧尸”其实毫无关系，请广大干部群众不要上当受骗，浪费感情。例如，曹丕、刘备先后称帝，曹魏方面一直强调刘备所谓的“汉”是一伪朝，汉献帝所代表的正统政权已通过禅让方式完整地转移给了曹丕，刘备只不过是盘踞在四川的一个不服王化的军阀头目，与汉朝并无任何关系，在称呼上，也只称“蜀”而从不称“汉”。老版电视剧《三国演义》里，诸葛亮北伐时打着“蜀”的旗号，其实是不正确的，有人说这好比是让日军称自己为“鬼子”。但此种方式有点“扬汤止沸”的味道，破计者费了好大劲只能证明眼前的这个“还魂者”是假的，但无法防止其他人继续扯起“旧尸”的旗号，一个“还魂者”倒下去，还有千千万万个“还魂者”站起来，只要“旧尸”的影响力尚在，就依然有被别人利用的可能性。就像康熙年间的“朱三太子案”，除了电视剧《康熙王朝》反映的杨起隆外，还有近十起之多，让康熙颇为头疼。

二是“鞭尸”，即以解构历史的手法，丑化、矮化、抹黑、妖魔化“旧尸”，消除广大干部群众对“旧尸”的感情。所谓“皮之不存毛将焉附”，“旧尸”在人们中的感情和影响力没有了，也就不会有人再“借尸还魂”了。丑化前朝几乎是后继王朝的惯例，只不过程度有差别而已。当然，丑化前朝并不仅仅是为了防止有人“借尸还魂”，更重要的是为了论证自己政权的合法性。例如，夏桀商纣在后继王朝的形象刻画中，成为了反动势力的代名词。再如，隋炀帝杨广开通运河、倡导科举、经营西域、北伐高丽，无一不是极富战略眼光的举措，只不过杨广好大喜功、滥用民力，超出了古代农业经济所能承受的限度，这才导致了帝国的崩塌。而到了李渊李世民父子口中，表弟（表叔）杨广却变成了一个不学无术、昏庸无能、只知胡作非为残害百姓的独夫民贼。实际上，正是在有隋一代开创的基础上，才有了后来的大唐盛世。正如唐代诗人皮日休诗曰：“尽道隋亡为此河，至今千里赖通波。若无水殿龙舟事，共禹论功不较多。”在历史上对前朝丑化最厉害的当属清朝。对中原汉人来说，清朝属于异族政权，汉人对汉族皇帝有天然感情，对满族皇帝却有天然的排斥感。所以清朝只有拼命抹黑明朝，将明朝说成是一个一无是处无比黑暗的时代，才能磨灭汉人对于朱家王朝的感情，而清朝对明朝的描绘也极大影响了今人对明朝的看法。以下战例部分将详述之。

需要强调的是，以上所谓“灭魂鞭尸”，仅仅是从破计的角度阐述如何应对“借尸还魂”一计，真要彻底消除“借尸还魂”之计产生的土壤，关键还要安抚好干部群众，通过良治善政取得广大人民的支持。任何一个政权的合法性从来都不是统治者所鼓吹的“受命于天”，也不是“前面那个不行所以我行”的奇怪逻辑，而是来自其所根植的人民群众是否支持。“得民心者得天下”，老百姓都觉得现在比过去好，“旧尸”的影响力已经成了负值，哪里还会有人胆敢使出“借尸还魂”之计呢？

战例 清朝抹黑明朝

清王朝入主中原后，历代统治者特别是中前期统治者，为了巩固自己的统治，消除汉人对朱姓汉家王朝的感情，防止汉人以“反清复明”之名扯旗造反，一直将抹黑明朝作为一项重要事业，投入了极大精力，并不惜为此篡改历史。后世对于明朝的认识，很多出自于清朝时编著的《明史》，而《明史》在编纂过程中，就有很大的“猫腻”。

康熙十七年(1678 年)，康熙皇帝下旨全面启动《明史》的纂修工作，到乾隆四年(1739 年)，历六十多年，经三度修撰、编辑和删改的《明史稿》(武英殿本)终于定稿刊印。而到了乾隆四十二年(1777 年)《四库全书》编修时期,乾隆皇帝又下旨全面改修《明史》中的《本纪》部分(也包括《列传》等部分),直到乾隆五十四年(1789 年),这部重新勘改完毕的新本《明史》才被收入《四库全书》。康熙、雍正、乾隆三位皇帝全面参与《明史》修撰工作,《明史》每完成一部分,三位皇帝无不仔细审阅,乃至事无大小地就每个自己所"关心"的细节提出修改"建议"并让书写者照办。《明史》定稿成书后,乾隆皇帝又下令焚毁了大量明代的原始史料,以使一切以钦定《明史》为准,再无其他对照。同时,清朝统治者还围绕《明史》问题大兴文字狱,使无人敢对官方《明史》提出质疑。

清修《明史》,几代学者历时近百年,可谓基本保存了明朝的史实,但却在康雍乾诸帝的旨意下,几经严格的增删、政审、篡改,在一定程度上扭曲和丑化了明朝的真实形象。此后,一个君昏臣奸、腐朽黑暗、乌烟瘴气的明朝出现在世人面前,"明朝多昏君"甚至成了老百姓的共识。实际上,笔者一直认为明王朝是继汉唐之后中国古代历史上的又一高峰。

在明王朝,"天子守国门,君王死社稷",是何等的血性;郑和七下西洋,扬威海外,是何等的荣耀;面对倭寇,戚家军创下了冷兵器时代 1000 比 3 的惊人阵亡比例,抗倭援朝之役后,大明向日本发出了"义武奋扬,跳梁者,虽强必戮"的轻蔑告诫,是何等的痛快!而到了清末左宗棠对着出土的明代开花炮弹徒发感慨时,又何等令人唏嘘。

常言道，环境塑造人。如果明朝真的如《明史》所言那般政治黑暗，怎么会培养出一批又一批不畏强权、冒死进谏的文官？如果明朝皇帝真的昏庸无能不理朝政，怎么会牢牢把控住朝局，任何权臣在与皇权的冲突中无一不败下阵来？如果明朝真的懦弱朽烂，怎么会有如此震烁古今的赫赫武功？如果明朝真的禁锢思想，怎么会取得如此之高的科技成就和文化成就，如今我们手捧的这些演义名著，有多少出自明朝？

在历代清帝的不懈“努力”下，一个原本制度先进、思想自由、社会开放、经济发达、文化繁荣、民生富足、君主善“无为而治”、科技事业临界于突破、资本主义萌芽生机勃勃的大明王朝就这样被尘封进了历史。一个闭关锁国、思想禁锢、经济停滞、民生凋敝、道德退化、日益落后于西方世界却还在以所谓的“康乾盛世”来自我标榜的大清王朝出现在世人面前。清朝在成功地丑化了“旧尸”，巩固了自己统治的同时，也把中华民族带向了积贫积弱、为列强任意宰割的百年深渊。

第十五计　调虎离山

待天以困之，用人以诱之，往蹇来连。

解语译文：利用自然的条件和情况来困住敌方，用人为的谋略和方法来诱骗敌方，就像易经《蹇卦》“去时艰难，来时美好”的含义一样，如果我方趋向敌方有困难和危险，则应想办法让敌方趋向我方。

按语　兵书曰：“下政攻城。”若攻坚，则自取败亡矣。敌既得地利，则不可争其地。且敌有主而势大，有主则非利不来趋，势大则非天人合用不能胜。汉末，羌率众数千，遮虞诩于陈仓、崤谷。诩军不进，宣言上书请兵，须到乃发。羌闻之，乃分抄旁县。诩因其兵散，日夜进道，兼行百余里，令军士各作两灶，日倍增之，羌不敢逼，遂大破之。兵到乃发者，利诱之也；日夜兼进者，用天时以困之也；倍增其灶者，惑之以人事也。

按语译文：《孙子兵法·谋攻篇》中说："围攻敌方的城池是最下等的策略。"如果强行攻打防卫坚固的城池，无异于自取败亡。如果敌方已经占据了地利优势，则不可再就地利进行争夺。此时敌方占据主动，处于优势地位，不通过利益引诱，敌方是不会放弃主动地位（指放弃地利之便），赶到我方选定的战斗地点与我方进行交战的；面对占据地利的敌方，不利用天时人谋则不能取胜。东汉末年，羌人首领率数千之众，在陈仓、崤谷阻挡虞诩行军。虞诩命令军队停止前进，并扬言要向朝廷请求增派援军，等援军赶到后再进军。羌人听到这一消息后，便分兵抄掠附近州县。虞诩趁其兵力分散之际，下令日夜兼程行军，每日前进百余里。同时命令士兵各自做饭时造两个灶，此后每天将灶的数量增加一倍，羌人以为朝廷援军陆续赶到，虞诩兵力大增，便不敢追击汉军，结果虞诩大破羌兵。虞诩宣称等到援军赶到后再进军，就是用利诱的方法来调开羌兵；下令日夜兼程行军，就是利用天时使敌军陷入困难的境地；每日将饭灶增加一倍，就是利用人为制造的假象来迷惑敌军。

评析 最稳妥的一计

"调虎离山"的字面意思是引诱老虎从山中离开。在人们通常的认识中，"调虎离山"好像是指将对方的防守力量调开，再乘虚而入，目标在山而不在虎；然而在三十六计中，“调虎离山”作为一计，更多强调通过调动敌人使其离开原来有利的地形或据点，再在野战中消灭敌人，目标在虎而不在山（当然虎没了山自然唾手可得）。俗语道“虎落平阳被犬欺”，当虎在山中时，虎虎生风，可谓王者，但到了平原之处，失了地利，只能任群犬欺辱。

“调虎离山”之计主要讲的是在地形地势上处于劣势的一方，如何扭转这一不利态势。在所有不占地利的情形中，最典型的就是按语中所言的攻城。《孙子兵法·谋攻篇》曰：“故上兵伐谋，其次伐交，其次伐兵，其下攻城。攻城之法，为不得已。修橹轒辒，具器械，三月而后成；距堙，又三月而后已。将不胜其忿而蚁附之，杀士三分之一，而城不拔者，此攻之灾也。”意思是说，攻城需要做大量的准备工作，包括制造攻城工具，围绕城池建造土山等等，需要耗费数月的时间，将领等不及（包括主观上忍不住和客观条件不允许），便强令士兵攻城，结果士兵们像蚂蚁一样攀附而上，损失了三分之一，敌城依然岿然不动，这就是攻城的灾难。因此，只有迫不得已才能攻城。历史上因攻城而遭受惨烈损失的例子不胜枚举。例如，公元546年，东魏高欢亲率五十万大军围攻西魏之玉壁，西魏名将韦孝宽运用地形和巧妙战术守城，东魏军围城五十余日，损失七万余人，用尽各种方法攻城皆不能克。高欢急得旧病复发，被迫退兵，回到晋阳不久后病死。再如，宋蒙钓鱼城之战中，蒙哥汗率军四万猛攻钓鱼城，结果钓鱼城城防坚固、调度有方，蒙古大军久攻不克，死伤惨重，疫病横行，连蒙哥汗都负伤身死，世界历史为之改写。

攻城战对于进攻一方危害极大，具体有四个方面。一是挫动锐气。“一鼓作气，再而衰，三而竭”，进攻一方原本挟雷霆万钧之势汹汹而来，结果被一座坚城挡住，时间一久，必然师老兵疲，士气低落。二是贻误战机。“兵贵胜不贵久”，攻城时间一久，对方将有充足的时间组织抵抗力量，做好战争准备，届时取胜难度将大大增加。三是损失惊人。《水浒传》中有既夸张又形象的例子：梁山好汉北征辽国时，一路野战，结果一百单八将一个没死；到了征方腊时一路攻坚，结果众兄弟死伤惨重。除了士卒的损失外，钱粮器械的耗费也极为惊人。四是风险极高。例如，防守一方可以坚城吸住攻城部队，再以外线部队对攻城之敌实施反包围，届时里应外合，攻城方必败，如斯大林格勒保卫战。再如《孙子兵法·作战篇》所言，攻城一方“钝兵、挫锐、屈力、殚货，则诸侯乘其弊而起，虽有智者，不能善其后矣”。

正是由于攻城战有如此多的危害，所以《孙子兵法》才强调为不得已而用之，“调虎离山”之计也强调避免直接与山中之虎对抗。对于如何“调虎离山”，本计讲了两种方式：第一种是“待天以困之”，即视己方之优势情况，采用困敌战术。当敌方城坚池深、工事坚固，而己方获得给养补充相对容易时，可以采用长期围困的方式，使对方慢慢丧失抵抗能力。在没有援军的情况下，防守一方如果不想坐以待毙，只能被迫出城与攻方进行决战。例如，郑成功收复台湾，曾国荃攻克天京，以及解放战争时期的太原战役、长春战役，皆使用了困敌战术，并取得了最后的胜利。第二种是“用人以诱之”，即以诱敌的方式，将山中之虎引出来再打。关于诱敌方式，可以以害诱，如围魏救赵、围点打援、攻其所必救，迫使其出援；也可以以利诱，以敌之所急需，诱骗其出战。如《三国演义》《水浒传》中诸葛亮、宋江分别诱使姜维、张清出城劫粮。

无论困敌还是诱敌，“调虎离山”之计的核心都是避免以己之短攻人之长，减少己方的损失，提高己方之安全系数和取胜概率。从实际效果来看，这一计的副作用也相对比较小，因而是三十六计中最稳妥的一计。当然，除了地利方面外，所有先使敌方失去其所凭借的优势，再与敌方进行交战的做法，都属于“调虎离山”之计的应用。

破解 虎不离山

在“调虎离山”之计所针对的情形中，虎和山是一个整体，虎离山则减势，山离虎则虚空，因此要破解此计，就要牢牢把握虎不离山这一原则。在具体实施中，又有“不离”和“虚离”两种方式。

一是“不离”，即不管使计方如何引诱激将，“虎”就是稳踞山中，不为所动。当己方已占据地利，且在获取军需给养方面易于对方时，可以采取此种方式。例如，《三国演义》中张飞攻打严颜把守的巴郡时，有人向严颜献计曰："张飞在当阳长坂，一声喝退曹兵百万之众。曹操亦闻风而避之，不可轻敌。今只宜深沟高垒，坚守不出。彼军无粮，不过一月，自然退去。更兼张飞性如烈火，专要鞭挞士卒，如不与战，必怒；怒则必以暴厉之气，待其军士，军心一变，乘势击之，张飞可擒也。"此计充分考虑了敌我情势，特别是敌方主将之性格，可谓精当之至。只可惜严颜没有坚持这一策略，最终还是中了张飞"调虎离山"之计。倘若能够坚守一月，不但张飞无功而返，范疆张达之流甚至可能提前动手。再如，吴蜀猇亭之战中，任凭蜀军挑衅，陆逊命令吴军塞耳休听，不许出战。蜀军求战不得，便移屯于山林树木间以避暑热，结果被吴军火攻所败。又如，诸葛亮北伐中原之时，司马懿还是采用了坚守不出的策略，每次都逼得诸葛亮粮尽退兵。除了坚守不出打消耗战之外，如上所述，受计一方还可以采用固守待援，内外夹攻的方式取胜。

二是"虚离"，即老虎看似已经离开了山，实际并未走远，一直围着山转悠，一旦山中有事或遭遇敌人，立即退回山中。一方面，可以使自己始终处于有利地位，保证自身安全。例如，《西游记》中孙悟空和猪八戒在流沙河联手对付沙和尚时，孙悟空水性不好，便派猪八戒前去诱敌，自己则埋伏在岸上，待沙和尚被"调虎离山"后再出手。结果沙和尚看似鲁钝，其实鸡贼得很（看发型就知道此人智商极高，满口"师傅说的对""大师兄说的对""二师兄说的对""你们上我来看行李”,更见其智商情商绝非悟空八戒可比),每次露面都离河不远,只要孙悟空稍一露头,马上逃回水中。另一方面,还可趁对方以为山中无虎大摇大摆进山之时,暗中布下埋伏,或突然杀个回马枪,令其措手不及。《三国演义》中,诸葛亮除错用马谡痛失街亭之外唯一一次失策,便是姜维以上述“虚离”之法破解了其“调虎离山”之计。以下战例部分试举之。

战例 姜维智败诸葛亮

诸葛亮一出祁山攻破南安城生擒夏侯楙后,封锁消息,并派心腹人诈作魏将裴续,欲赚天水守军出援,以乘虚拿下天水。以下为《三国演义》原文:

却说天水郡太守马遵,听知夏侯楙困在南安城中,乃聚文武官商议。功曹梁绪、主簿尹赏、主记梁虔等曰:“夏侯驸马乃金枝玉叶,倘有疏虞,难逃坐视之罪。太守何不尽起本部兵以救之?”马遵正疑虑间,忽报夏侯驸马差心腹将裴绪到。绪入府,取公文付马遵,说:“都督求安定、天水两郡之兵,星夜救应。”言讫,匆匆而去。次日又有报马到,称说:“安定兵已先去了,教太守火急前来会合。”马遵正欲起兵,忽一人自外而入曰:“太守中诸葛亮之计矣!”众视之,乃天水冀人也,姓姜名维,字伯约。父名冏,昔日曾为天水郡功曹,因羌人乱,没于王事。维自幼博览群书,兵法武艺,无所不通;奉母至孝,郡人敬之;后为中郎将,就参本郡军事。当日姜维谓马遵曰："近闻诸葛亮杀败夏侯楙，困于南安，水泄不通，安得有人自重围之中而出？又且裴绪乃无名下将，从不曾见；况安定报马，又无公文；以此察之，此人乃蜀将诈称魏将。赚得太守出城，料城中无备，必然暗伏一军于左近，乘虚而取天水也。"马遵大悟曰："非伯约之言，则误中奸计矣！"维笑曰："太守放心。某有一计，可擒诸葛亮，解南安之危。"

却说姜维献计于马遵曰："诸葛亮必伏兵于郡后，赚我兵出城，乘虚袭我。某愿请精兵三千，伏于要路。太守随后发兵出城，不可远去，止行三十里便回；但看火起为号，前后夹攻，可获大胜。如诸葛亮自来，必为某所擒矣。"遵用其计，付精兵与姜维去讫，然后自与梁虔引兵出城等候；只留梁绪、尹赏守城。原来孔明果遣赵云引一军埋伏于山僻之中，只待天水人马离城，便乘虚袭之。当日细作回报赵云，说天水太守马遵，起兵出城，只留文官守城。赵云大喜，又令人报与张翼、高翔，教于要路截杀马遵。——此二处兵亦是孔明预先埋伏。

却说赵云引五千兵，径投天水郡城下，高叫曰："吾乃常山赵子龙也！汝知中计，早献城池，免遭诛戮！"城上梁绪大笑曰："汝中吾姜伯约之计，尚然不知耶？"云恰待攻城，忽然喊声大震，四面火光冲天。当先一员少年将军，挺枪跃马而言曰："汝见天水姜伯约乎！"云挺枪直取姜维。战不数合，维精神倍长。云大惊，暗忖曰："谁想此处有这般人物！"正战时，两路军夹攻来，乃是马遵、梁虔引军杀回。赵云首尾不能相顾，冲开条路，引败兵奔走，姜维赶来。亏得张翼、高翔两路军杀出，接应回去。

赵云归见孔明，说中了敌人之计。孔明惊问曰："此是何人，识吾玄机?"有南安人告曰："此人姓姜，名维，字伯约，天水冀人也；事母至孝，文武双全，智勇足备，真当世之英杰也。"赵云又夸奖姜维枪法，与他人大不同。孔明曰："吾今欲取天水，不想有此人。"遂起大军前来。

却说姜维回见马遵曰："赵云败去，孔明必然自来。彼料我军必在城中。今可将本部军马，分为四枝：某引一军伏于城东，如彼兵到则截之。太守与梁虔、尹赏各引一军城外埋伏。梁绪率百姓在城上守御。"分拨已定。

却说孔明因虑姜维，自为前部，望天水郡进发。将到城边，孔明传令曰："凡攻城池，以初到之日，激励三军，鼓噪直上。若迟延日久，锐气尽隳，急难破矣。"于是大军径到城下。因见城上旗帜整齐，未敢轻攻。候至半夜，忽然四下火光冲天，喊声震地，正不知何处兵来。只见城上亦鼓噪呐喊相应，蜀兵乱窜。孔明急上马，有关兴、张苞二将保护，杀出重围。回头看时，正东上军马，一带火光，势若长蛇。孔明令关兴探视，回报曰："此姜维兵也。"孔明叹曰："兵不在多，在人之调遣耳。此人真将才也！"

（节选自《三国演义》第九十二回、第九十三回）

第十六计　欲擒故纵

逼则反兵，走则减势。紧随勿迫，累其气力，消其斗志，散而后擒，兵不血刃。《需》，有孚，光。

解语译文：对敌人逼迫太紧，敌人反而会拼命反扑；敌军一旦逃跑，就会减弱气势。紧紧跟随而不迫近，消耗敌人的气力，消减敌人的斗志，趁敌人筋疲力尽、士气衰竭时再擒获他，兵不血刃就能取得胜利。就像易经《需卦》包含的道理一样，要善于等待，就会有收获，一切顺利。

按语　所谓纵者，非放之也，随之，而稍松之耳。“穷寇勿追”，亦即此意。盖不追者，非不随也，不追之而已。武侯之七纵七擒，即纵而蹑之，故展转推进，至于不毛之地。武侯之七纵，其意在拓地，在借孟获以服诸蛮，非兵法也。若论战，则擒者不可复纵。

按语译文：所谓的“纵”，并不是把敌人彻底放跑，而要一直跟随敌人，只不过稍微放松一点而已。所谓的“穷寇勿追”，也是这个意思，其中的“不追”，并不是说不跟随敌人，只是说不要把敌人追迫得太紧。诸葛亮七擒七纵孟获，就是采用前脚放掉后脚跟上的办法，因此蜀军能够跟随孟获不断推进，深入敌境。诸葛亮七次放掉孟获，意在开拓疆土，收服孟获后借助他的影响力以镇服诸蛮，这属于政治的范畴，而不属于兵法的范畴。如果从战争的角度讲，对于俘获的敌人不可轻易放虎归山。

评析 最自信的一计

“欲擒故纵”的字面意思是说想要擒住他，故意先放开他。比喻为了更好地控制或获取，故意暂且放松一步，不采取紧逼高压态势。“欲擒故纵”也属于兵法中“将欲取之，必先予之”的一种情形。此时的“予”，即为暂时放松一步，给予敌人以逃生的希望。

如本计按语所言，“欲擒故纵”用于军事层面和政治层面，有不同的目的和意义。当用于军事层面时，“欲擒故纵”与三十六计中的另一计“关门捉贼”颇有相似之处。两者的目的都是想擒获敌人，又担心敌人做困兽之斗，拼命反扑，于是想办法先夺对方之“势”，再与敌人决战。“关门捉贼”是通过十面包围的方法，断绝敌人逃生之念，气沮而受擒。而

"欲擒故纵"则是反其道而行之，故意给敌人逃生的希望，待其一哄而逃、斗志松懈、疲惫不堪时再乘机而动，一举消灭敌人。例如，金末蒙金三峰山之战中，三千蒙古骑兵紧紧尾随十五万金兵，随而不攻，将金兵拖疲拖垮，最终被蒙古兵主力合围后全歼，金国最后的主力尽失，旋即亡国。与此相似的是，狼群在捕猎大型食草动物时，也经常采用先紧紧跟随，将猎物累得筋疲力尽后再发动进攻的策略。小说《狼图腾》中说蒙古人的兵法是跟狼学的，上述战例似乎就可以作为一个例子。由于军事层面的"欲擒故纵"最终是为了擒获并消灭敌人，因此本计按语最后强调，"若论战，则擒者不可复纵"，即"纵"是"擒"的手段，"擒"是"纵"的目的，目的达到了，也就不必再"纵"了，除非另有别的目的。

当用于政治层面时，"欲擒故纵"主要针对两种情形：一是直接占领某块领土成本太高时，通过怀柔、利诱、威胁等各种方式降服或收买当地势力代表（地头蛇），利用地方势力代表的影响力，实现对某一地域或领域的控制。这一方面最典型的例子就是诸葛亮七擒孟获。诸葛亮要在战场上消灭孟获易如反掌，但问题是南疆地处偏远，瘴疠横行，汉军无法久驻，行政难以施行，更何况一个孟获倒下去，还有千千万万个孟获站起来，始终扰乱南疆，靡费钱粮。如果能够收服孟获，便能够利用孟获的号召力实现对南疆的稳定统治。为了让孟获彻底心服口服，甘心拜于诸葛亮麾下，这才有了"七擒七纵"之事。中国历史上的中原王朝对边疆邻国特别喜欢施行羁縻怀柔、以夷制夷这一政策，差不多都是这么个路数。二是故意纵容、默许对方的行为（故意惯着对方），当对方多行不义时，再乘其不备或站在道义的制高点上讨伐对方。比如段祺瑞默许“辫帅”张勋带5000“辫子兵”进京，赶走黎元洪后拥立溥仪复辟，然后再以维护共和之名赶走张勋，重掌政权。再比如20世纪30年代，美国暗中鼓动日本发动战争，并提供了大量军事物资。当日本全面挑起战争后，再以“和平维护者”的面目出现，狠狠打击日本，进而实现对亚太地区的控制。

使用“欲擒故纵”这一计，需要有充分的自信，即认为“故纵”之敌逃不脱自己的“五指山”，暂且放松一步，稍一使劲依然能将其抓回来。就像猫捕到老鼠后，并不马上杀死，而是先玩弄一番，待老鼠跑出几步，再一把把它搂回来。因此，“欲擒故纵”是三十六计中最自信的一计。当然，充分的自信必须建立在充分的实力，以及对对方状况充分了解的基础上。如若不然，只能徒留“放虎归山”之恨。

破解 自信自强

要破解“欲擒故纵”这一计，受计方首先需要对使计方的战略意图有充分的认识。作为敌对的双方，必然始终将消灭或控制对方作为自己的终极目的，故而绝不可以对敌方表现出的些许“仁慈”麻痹大意，心存幻想，而要坚信“帝国主义亡我之心不死”，对其“故纵”之举保持高度的警惕。其次，如上所述，使用“欲擒故纵”这一计建立在使计者充分自信的基础上。因此，要破解“欲擒故纵”这一计，就需要从使计者的自信心态入手，或者使对方不能建立这种自信，或者使对方的自信变成自负自大，己方乘机取利。具体而言，在军事层面和政治层面，分别有以下两种破解方式：

第一，在军事层面，应争取与对方进行决战。有道是“杀人一万，自损八千”，使计方使用“欲擒故纵”这一计，就是为了避免与对方进行决战，造成己方大的损失，或者增加己方失败的概率。克劳塞维茨在《战争论》中指出：“只要还有胜利的可能性，就应该在主力会战中寻求胜利，除非兵力十分不足，决不应该由于个别原因而放弃主力会战。”一方面，两军交战，决不能因为胆怯而轻易退却，陷入被敌军追击的境地，给敌人使用“欲擒故纵”的机会。一场战役中，对于失败一方而言，最大的损失往往不是在双方相互拼杀的战场上，而是在其撤退甚至溃退的过程中。例如，明朝土木堡之变，明军仓促出征，行至大同听说前方失利，便仓皇撤退，在土木堡陷入瓦剌军包围，五十万大军几乎全军覆没，明英宗也被瓦剌俘虏。因此，只要还有胜利的可能性，就应该拿出破釜沉舟、背水一战的勇气，与敌方进行决战，谁能坚持到最后，谁就能取得胜利。一旦气馁退却，不但毫无胜机可言，搞不好还会全军覆没。这就是蒋介石在抗战中最爱说的那句话“坚持最后五分钟”的理论基础。另一方面，即使会战失败或形势不利，也应该有序退却，退不减势，退而不乱，以免让敌方“欲擒故纵”之计得逞。《战争论》中同样指出：“谁认为在会战失败后的总退却中通过几次急行军就可以摆脱敌人，就很容易站稳脚跟，谁就大错特错了。在这种情况下，一开始必须尽可能缓慢地退却，一般地说，以不受敌人摆布为原则。要坚持这个原则，就必须同紧追的敌人进行血战，为此作出牺牲是值得的。不遵守这一原则，就会加速自己的退却，不久就会成为溃退。在这种情况下，仅仅掉队的士兵就会比进行后卫战时可能牺牲的人还要多。而且，连最后剩下的一点勇气也会丧失无遗。”当然，做到这一点，需要经过严格的训练。一支军队的素质，不仅仅体现在前进时人人奋勇争先，更体现在退却时能够遵守秩序。

第二，在政治层面，应当与使计者虚与委蛇，暗中发展壮大自己的力量，以摆脱对方的控制。如上所述，政治层面的“欲擒故纵”有点类似于“遥控掌握”，受计者要想在对方的遥控掌握中发展自己，而不引起对方的警惕，就需要让其在主观上一直保持对己方的心理优势，直至发展为骄傲自负，使对方对自己的控制方式和能力不能与己方逐渐发展壮大的实力“与时俱进”。一般而言，要让使计方，即掌控者对己方“保持自信”进而放松警惕，主要有三种方式。一是拼命讨好掌控者，让掌控者认为自己顺从无比。例如安禄山拼命讨好唐玄宗和杨贵妃，赢得了唐玄宗的信任，遂逐渐掌握了三个藩镇的兵力，积累了造反的军事资本。二是故意与掌控者讨价还价，让掌控者以为自己仅志在小利。例如王翦率

60 万秦军伐楚，临行前向秦王嬴政索要大量良田美宅，以安上心，避免秦王縻军。三是故意使自己有把柄落在掌控者手上，让掌控者以为可以凭这个把柄捏住自己。例如，《水浒传》中上梁山要纳投名状，北周时苏绰向宇文泰论用贪官，都是这个道理。当使用“欲擒故纵”之计的一方沉浸在上述假象当中，日渐安心而自负，浑然不觉使用这一计所凭借的基础已日益动摇之时，受计方便可趁机悄悄发展力量，当其实力足以冲破使计方的“擒”“纵”之间时，便可破茧而出，一飞冲天。以下所举越王勾践“卧薪尝胆”之典故，就是勾践通过委曲求全，暗中积蓄力量，最终彻底打破吴王夫差对越国“欲擒故纵”之计的经典战例。

战例 勾践卧薪尝胆

公元前 494 年，吴王夫差为报父仇，率军大破越国，将越王勾践围困在会稽山上。勾践听从了大夫文种的计策，暗中贿赂吴国太宰嚭，并通过太宰嚭向吴王求情，吴王夫差最后答应了越王勾践的求和，并要求勾践入质吴国。很多人认为夫差接受勾践的求和，保存越国是养虎遗患。但从当时的具体情况看，夫差接受越国求和，并要求勾践入质，并非一时昏头，而是有着深刻的战略考虑。事实上，当时的吴国与越国，与后来诸葛亮所代表的蜀汉与孟获代表的南疆，有着惊人的相似。首先，夫差即使杀了勾践，也不能实现对越国的有效统治。吴人与越人世代仇雠，连《孙子兵法》也写道：“夫吴人与越人相恶也。”如果杀了勾践，直接对越国进行统治，将面临越国民众激烈的反抗，需要消耗大量的兵力和财力。而从当时的地理环境看，吴国占据太湖平原等地区，土地肥沃，适宜人口居住繁衍。越国多是山地丘陵地带，土地贫瘠。吴国直接占领越国所获之利，可能还不如为镇压越人反抗而消耗的成本多。其次，吴国当时的战略方向，不是南方，而是如同诸葛亮一般，是北进中原，争夺霸主地位。如果不能尽快平定越国，及时从南方的战事脱身，将陷入越国人民战争的汪洋大海，有损其北进中原的战略目标。最后，吴越所处的春秋时期分封制搞得如火如荼，即便吞并越国，也要把越国土地分封给诸侯。如上所述，如果封个吴国功臣，比如伍子胥，恐怕压不住场面，搞不好还会导致卿大夫势力的坐大，出现类似三家分晋的局面。如果再封个越人，越人治越地，越国还是越国，与勾践又有什么分别呢？正是基于这些考虑，夫差才使出了“欲擒故纵”之计，通过控制勾践，进而遥控掌握越国。

后面的事情历史书上就记载得很清楚了。越王勾践投降后，便和妻子一起前往吴国，他们夫妻俩住在夫差父亲阖闾墓旁的石屋里，做看守坟墓和养马的事情。夫差每次出游，勾践总是拿着马鞭，恭恭敬敬地跟在后面。后来吴王夫差有病，勾践为了表明他对夫差的忠心，竟亲自去尝夫差大便的味道，以便来判断夫差病愈的日期。夫差病好的日期恰好与勾践预测的相合，夫差认为勾践对他敬爱忠诚，于是就把勾践夫妇放回越国（笔者猜想，可能是夫差觉得勾践已被自己完全整服整怕，回去拿整个越国侍奉自己，比亲自侍奉自己，效果更好；另一方面也担心勾践这个“亲吴派”久不回国，越国万一生变，再立起一个“排吴派”当君主就麻烦了）。越王勾践回国以后，立志要报仇雪恨。一方面继续讨好吴王夫差，使其对自己不加防备。另一方面，为了不忘国耻，他睡觉就卧在柴薪之上，坐卧的地方挂着苦胆，表示不忘国耻，不忘艰苦。经过“十年生聚，十年教训”，越国渐渐由弱变强。而吴王夫差依然沉浸在勾践臣服于自己的骄傲自满中，对越国不屑一顾，以主力北进中原，四处树敌。越国乘虚进攻吴国，将吴国打得大败，吴王夫差“欲擒故纵”计破，羞愧自杀，终成“三千越甲可吞吴”之神话。

第十七计　抛砖引玉

类以诱之，击蒙也。

解语译文：用与对方希望得到的东西相类同的东西引诱对方，继而打击受到诱惑陷入圈套的愚蒙之人。

按语　诱敌之法甚多，最妙之法，不在疑似之间，而在类同，以固其惑。以旌旗金鼓诱敌者，疑似也；以老弱粮草诱敌者，则类同也。如：楚伐绞，军其南门，屈瑕曰："绞小而轻，轻则寡谋，请勿捍采樵者以诱之。"从之，绞人获利。明日，绞人争出，驱楚役徙于山中。楚人坐守其北门，而伏诸山下，大败之，为城下之盟而还。又如孙膑减灶而诱杀庞涓。

按语译文：诱敌的方法有多种，其中最妙的方法，不是用似真似假的东西（强调看上去有盖然性）去引诱敌人，而是用类同的东西（强调看上去像真的，有必然性）去引诱敌人，以增加敌人的迷惑。用布旌旗、鸣金鼓的方法引诱敌人，就属于看上去似真似假的一类;用老弱残兵、粮草辎重引诱敌人,就属于看上去像真的一类。例如,楚国征伐绞国,屯军于绞国都城的南门。楚将屈瑕说:“绞国是小国,喜欢贪图小利,贪图小利就会利令智昏。请大王不要派兵保护樵夫,用来引诱对方。”①楚武王听从了屈瑕的计谋,绞人出城追杀楚军的樵夫,抢夺燃料,获得了不少好处。第二天,楚军如法炮制,尝到甜头的绞人争相出城,追赶楚军樵夫一直追到山中。楚军陈军于绞都北门,并在山中部署伏兵,大败绞国,迫使绞国签订城下之盟才退军。又如,齐魏马陵之战中,孙膑用减灶的方法诱杀庞涓。

评析 最原始的一计

“抛砖引玉”的字面意思是抛出砖,引来玉。用作成语时,比喻用自己粗浅的意见引出别人高明的见解,是一种自谦的说法。用在军事中,则指以利诱敌之计,即《孙子兵法·势篇》所言:“故善动敌者,形之,敌必从之;予之,敌必取之;以利动之,以卒待之。”“抛砖引玉”包含了道家关于舍与得的道理,“将欲取之,必先予之”,只有先抛出砖,才能引来玉。

本计按语中强调,“诱敌之法甚多,最妙之法,不在疑似之间,而在类同,以固其惑。”“类”的意思是用同类的东西,

① 大军驻处,做饭取暖,需要派出大量樵夫去砍柴,以收集燃料。为保证樵夫和燃料的安全,一般会派兵保护。

即与对方希望得到的相类同的东西引诱对方，像砖、玉都属于石头一类，这样效果最好，就像钓鱼时以肉作饵，鱼就容易上钩，若以青菜作饵，鱼就不会上钩。其引申的含义有两个方面：一是使用“抛砖引玉”之计首先要舍得下本钱，“舍不得孩子套不住狼”，光锣鼓喧天、鞭炮齐鸣、红旗招展不行（以旌旗金鼓诱敌者，疑似也），还得要人山人海，让对方看到真东西。二是所抛之“砖”须为对方之所欲得，对方欲得之心越强，就越容易被引出来。否则就像派出无盐、东施去行“美人计”，十之八九不会成功。在此种意义上，“抛砖引玉”中的“玉”，倒可替换为“欲”。

“抛砖引玉”是三十六计中最原始的一计，原始到连动物甚至植物都会使用。例如，鮟鱇被称为“会钓鱼的鱼”，其背鳍最前面的刺伸长像钓竿样子，前端有皮肤皱褶伸出去，看起来很像鱼饵，鮟鱇利用此饵状物摇晃，引诱并大口吞下猎物。再如，有一种能“捕虫”的植物叫猪笼草，其叶顶瓶状体的瓶盖复面能分泌香味，引诱昆虫。瓶口光滑，昆虫会滑落瓶内，被逐渐消化吸收。这里鮟鱇和猪笼草使的都是“抛砖引玉”的套路。人类是从低等动物逐渐进化来的，估计当人类有意识使用计谋时，很可能首先想到的就是这一计。正是由于其原始，这一计在人类战争史上有着无比广泛的应用。从最简单的卖个破绽拨马便走，到杀人盈野秦赵长平之战、汉与齐楚联军的潍水之战，再到小说演义中的魏延连败十五阵引诱孟获和兀突骨，宋江弃粮擒张清等等，具体实现的方式虽然各不相同，但其核心都不离“抛砖引玉”的范畴。

尽管“抛砖引玉”这一计极为原始，但由于其利用的正是人类无尽的欲望，所以有强大的生命力。只要人有欲望存在，这一计就永远有发挥作用的空间。需要强调的是，“抛砖引玉”这一计也有风险。其一是抛出“砖”却没有引来“玉”，白白浪费了成本。这是经常发生的情况，常言道“人生不如意十之八九”，如果按照这一概率计算，“抛砖引玉”的成功率其实是很低的。其二是沉迷于“抛砖引玉”以小引大的诱惑，反而被更精明的人算计。例如，炒股、赌博的人，都是抱着“抛砖引玉”，以小钱赚大钱的心态入场的，结果很多反被庄家算计。当然，庄家在这里用的其实也是“抛砖引玉”之计，只不过更加隐蔽，更加高明。

破解 砖玉互变

如上所述，“抛砖引玉”的要点在于利用对方的贪婪心理，以小诱大，以小成本换取大收益。本计按语中楚将屈瑕有一句话说得很经典：“绞小而轻，轻则寡谋。”格局小，就容易被眼前的小利所迷惑，就容易中“抛砖引玉”之计。因此，应对“抛砖引玉”之计，首先的方法是克制自己的欲望，提高自己的格局。当受计者的格局大于使计者时，“抛砖引玉”就没有发挥作用的空间了。就像一个百万富翁拿一万块钱去收买一个亿万富翁，对方根本不会放在眼里。当然，人的欲望是无限的，格局大，可能不会被小利所迷惑，但“砖”的价值越来越高时，受计者终会有把持不住的时刻。因此，单靠克制欲望，不足以应对“抛砖引玉”之计。既然“抛砖引玉”的目的在于以小成本换取大收益，因此从经济的角度看，破解“抛砖引玉”之计有两种思路，一是将“玉”，也即己方的成本、对方的收益变小；二是将“砖”，也即对方的成本、己方的收益变大。“砖”的价值与“玉”的价值差距越小，“抛砖引玉”之计的效用就越低，当“砖”的价值等于甚至大于“玉”时，“抛砖引玉”之计就破解了，而此时敌我之“砖”“玉”也发生了转变。

第一，把自己的“玉”变成“砖”，即付出更小的成本取得对方之“砖”，令使计者得不偿失。如果受计方做好充足准备，有把握“虎口拔牙”“火中取栗”，可以迅速出击将“砖”取走，自己却并不付出“玉”，就像钓鱼场里已经被钓“滑”的鱼，要么不咬钩，要么巧妙地只把钩上的饵扯掉，徒留使计方捶胸顿足，“偷鸡不成蚀把米”。例如，《三国演义》中，东吴以孙尚香为饵意图将刘备诱至江东杀害，结果在诸葛亮的三个锦囊妙计之下，使周瑜“赔了夫人又折兵”。又如，动画片《猫和老鼠》中，杰克经常通过各种办法，把汤姆用来引诱自己的奶酪、牛奶取走。再如，动作片中经常有的桥段：护宝者将宝物放在暗藏的机关上，以诱使夺宝者来夺取，一旦夺宝者拿起宝物，立刻会触发机关，当场身亡。而夺宝者早已识破这一机关，在拿起宝物的同时，将一块石头或其他东西放到机关上，使机关不会触发，从容地取走宝物。

第二，把对方的“砖”变成“玉”，即利用对方急于求成的心理，诱使其逐渐加大投入，己方从中取利。《孙子兵法》曰“饵兵勿食”，这是告诫用兵者当无法判断一支部队是不是饵兵时，不要一下子就扑上去。如果能够耐心等上一阵子，则使用“抛砖引玉”之计者发现对方总不上钩，就会加大饵兵的投放量，或者增加诱饵的含金量，这反而能够帮助受计者识破其计谋。此时，受计者可以继续按兵不动，等待时机。当使计者发现成本投入太高，对方却始终不上钩，自讨无趣时，便会主动将诱饵撤回，此计便不攻自破。此外，尽管使计方在主观上仅仅只想付出很小的成本，但有时这一成本在客观上很难控制和把握。受计方可以充分利用这一点，让使计方血本无归。如在著名的淝水之战中，前秦军队主动后退（抛砖），意图引东晋军半渡而击之（引玉），然而在事先混入前秦军队的东晋奸细的煽动之下，这一后退变成了溃退，导致前秦军队惨败，并直接导致了前秦亡国，以下详述之。

战例 淝水之战

西晋末年的腐败政治，引发了社会大动乱，中国历史进入了分裂割据的南北朝时期。在南方，晋琅邪王司马睿于公元 317 年在建康（今江苏南京）称帝，建立东晋，占据了汉水、淮河以南大部分地区。在北方，各少数民族政权纷争迭起。由氐族人建立的前秦国先后灭掉前燕、代、前凉等割据国，统一了黄河流域。又于公元 373 年攻占了东晋的梁（今陕西汉中)、益(今四川成都)二州,将势力扩展到长江和汉水上游。前秦皇帝苻坚因此踌躇满志,欲图以“疾风扫秋叶”之势,一举荡平偏安江南的东晋,统一南北。

公元383年,苻坚不顾大臣的反对,亲自率领九十万大军大举南下攻晋。东晋王朝在强敌压境、面临生死存亡的危急关头,以丞相谢安为首的主战派决意奋起抵御。经谢安举荐,晋帝任命谢安的弟弟谢石为征讨大都督,谢安的侄子谢玄为先锋,率领八万有较强战斗力的“北府兵”(在北方的流亡移民当中选拔精壮者,加以严格训练培育出的一支军队)沿淮河西上,迎击秦军主力。

苻坚一到寿阳,立即派原东晋襄阳守将朱序到晋军大营去劝降。朱序到晋营后,不但没有劝降,反而向谢石提供了秦军的情况。他说:“秦军虽有百万之众,但还在进军中,如果兵力集中起来,晋军将难以抵御。现在情况不同,应趁秦军没能全部抵达的时机,迅速发动进攻,只要能击败其前锋部队,挫其锐气,就能击破秦百万大军。”谢石起初认为秦军兵强大,打算坚守不战,待敌疲惫再伺机反攻。听了朱序的话后,认为很有道理,便改变了作战方针,决定转守为攻,主动出击。

前秦的军队紧逼淝水而布阵,东晋的军队无法渡过。谢玄派使者给苻坚之弟、阳平公苻融一份战书,要求迅速决战,条件是秦军能够主动后撤,腾出一块空地作为交战的地方,让晋军得以渡河,然后一决胜负。前秦的将领都反对答应晋军的要求,然而苻坚却同意晋军的条件,说:“我们只带领兵众稍微后撤一点，等他们渡河渡到一半，我们再出动铁甲骑兵奋起攻杀，一定可以取得胜利。”谢石和谢玄得到秦军答应撤退的消息后，马上整顿兵马，指挥渡河。前秦的军队后撤时，由于人数众多，后面的士兵搞不清楚前面的情况，加之士气低落，马上失去控制，秦军阵势大乱。谢玄率领八千多骑兵，趁势抢渡淝水，向秦军猛攻。朱序则在秦军阵后大叫：“秦兵败矣！秦兵败矣！”秦兵信以为真，于是转身竞相奔逃。苻融眼见大势不妙，急忙骑马前去阻止，以图稳住阵脚，不料战马被乱兵冲倒，被晋军追兵杀死。失去主将的秦兵越发混乱，彻底崩溃。前锋的溃败，引起后续部队的惊恐，也随之溃逃，形成连锁反应，结果全军溃逃，向北败退。秦军溃兵沿途不敢停留，听到风声鹤唳，都以为是晋军追来。晋军乘胜追击，一直到达寿阳附近的青冈。秦兵相踏而死的人马，满山遍野，充塞大河。苻坚本人也中箭负伤，逃回洛阳时仅剩十余万。

淝水之战后，苻坚统一南北的希望彻底破灭，不仅如此，北方暂时统一的局面也随之解体，再次分裂成更多的地方民族政权，鲜卑族的慕容垂和羌族的姚苌等其他贵族重新崛起，各自建立了新的国家。两年后，苻坚被姚苌俘虏并杀死，前秦灭亡。

第十八计　擒贼擒王

摧其坚，夺其魁，以解其体。龙战于野[①]，其道穷也。

解语译文：摧毁敌军最强大的部分，夺获敌方的首脑，就可以瓦解敌军。此时的敌军就像陷在原野里困斗的龙一样，到了穷途末路。

按语　攻胜，则利不胜取。取小遗大，卒之利、将之累、帅之害、功之亏也。全胜而不摧坚擒王，是纵虎归山也。擒王之法，不可图辨旌旗，而当察其阵中之首动。昔张巡与尹子奇战，直冲敌营，至子奇麾下，营中大乱，斩贼将五十余人，杀士卒五千余人。巡欲射子奇而不识，剡蒿为矢。中者

① “龙战于野”语出易经《坤卦》，意思是：龙本来在天空、云雨、大海中才能施展威力，如果陷在原野里战斗，便一筹莫展，难以挣脱失败的结局。

喜，谓巡矢尽，走白子奇，乃得其状。使霁云射之，中其左目，几获之，子奇乃收军退还。

按语译文：战斗取得胜利之后，就有机会取得大大小小各种战果，取不胜取。如果仅仅满足于小的战果而丢掉了大的战果（指后面讲到的“全胜而不摧坚擒王”），对于士卒而言是获益了（指士卒不必再冒流血牺牲的风险，并可分享现有的战利品），但将来却会成为将军的负累，主帅的祸患，使得此次战胜之功并不完满。战胜了敌人却不消灭其主力，擒获其首领，无异于纵虎归山。发现并擒获敌酋的要点在于，不能仅仅从旌旗大纛上去辨识敌酋所在，而要察看敌军阵中首先发生变动的地方（即信息集中、命令发出的地方）。安史之乱时，唐将张巡与叛将尹子奇交战，唐军冲入敌营，直至尹子奇的帅旗下。尹子奇营中大乱，唐军斩杀敌将五十余人，士卒五千余人。张巡想射死尹子奇，却苦于不认识他，便命令士兵用削尖的蒿杆当箭射敌。被射中的敌人发现是蒿杆后很高兴，以为唐军的箭已经射完了，急忙向尹子奇报告。于是张巡便知道了谁是尹子奇，命令南霁云射他，正中其左目，差一点将其俘虏。尹子奇只好收兵退还。

评析 最“立竿见影”的一计

“擒贼擒王”语出唐代杜甫诗《前出塞（其六）》：“挽弓当挽强，用箭当用长。射人先射马，擒贼先擒王。杀人亦有限，列国自有疆。苟能制侵陵，岂在多杀伤。”其字面意思是捉贼时要先捉其“带头大哥”，用在军事上，是指擒杀敌军首领或打击摧毁敌方之首脑机关，使敌方陷入“群龙无首”“龙战于野”的混乱状态，从而乘机战胜敌人。按照擒王目的的不同，使用“擒贼擒王”之计主要有以下两种情形：

一是破坏对方指挥系统，使其陷入混乱。军队的行动高度依赖自上而下的统一命令，而统一的命令全部自指挥系统发出，如同人之大脑中枢一般，因此只要使指挥系统崩溃，整个机体就会陷入瘫痪。例如著名的荆轲刺秦王，若秦王一死，秦国将陷入混乱，从而大大延后其统一六国的进程。再如宁远大战中袁崇焕纵炮击伤努尔哈赤，后金被迫撤军。又如金庸小说《射雕英雄传》中郭靖谋刺拖雷，《神雕侠侣》中杨过击毙蒙哥，均意图迫使蒙古兵退。此外，当今美军惯用的“斩首行动”，即为“擒贼擒王”在现代战争中的典型应用。

二是通过掌控对方首领，迫使对方投降，或至少有所顾忌。搞定了“大哥”，往往能借“大哥”之权威顺势搞定其底下的“小弟”。例如《三国演义》中邓艾通过阴平小路奇袭成都，蜀汉后主刘禅投降后，姜维也不得不投降。关羽单刀赴会，挽住了鲁肃的手直至江边，最终安然脱身。再如明代靖难之役中朱棣绕过山东直捣南京，南京既定，全国皆平。又如《天龙八部》中，萧峰于万军中射杀辽国南院大王耶律涅鲁古，擒拿辽国天下兵马大元帅耶律重元，迫使数十万叛军投降。影视剧中也常有这样的桥段：正面人物被重重包围后，突然擒住了对方的首领，要首领命令其手下放下刀枪，并让开一条生路。此时对方首领必然贪生怕死,而其手下也必然乖乖听话。此即为现代影视剧中“擒贼擒王”的典型套路。

由于“擒贼擒王”可以看作是“点杀”,因此执行这一任务的人不可多但要精,武林高手最适合担任这一角色,这也是为什么这么多的武侠小说中都有“擒贼擒王”情节的原因。如果此计成功,对方指挥系统立刻会陷入瘫痪,行动会陷入混乱。如果不成功,损失的也仅仅是若干“刺客”“尖兵”,于大局无碍。因此“擒贼擒王”具有成本小、风险小、见效快、收益高等特点,是三十六计中最“立竿见影”的一计,在军事行动中具有较高频次的使用率。也正是因为有这一计的存在,无论何种组织才特别强调对其首脑的保护。例如,选择最精锐、最忠诚的卫士充任首脑护卫,里三层外三层。再如在一些比较危险的场合,安排首脑的替身抛头露面。又如兵书史籍上各种劝诫君王不可轻身犯险,劝诫将帅不可逞匹夫之勇等等。人物同理,在自然进化中,保护大脑的颅骨也成了人类骨骼中最坚硬的骨头。那些颅骨不硬的,已经被各种野生动物和自然灾害“擒贼擒王”了。

需要指出的是,本计按语中强调:“攻胜,则利不胜取。取小遗大,卒之利、将之累、帅之害、功之亏也。全胜而不摧坚擒王,是纵虎归山也。”克劳塞维茨在《战争论》中也提出了类似的观点,直接消灭敌人军队,是战斗最主要的事情。两者都认为,在战场上取得阶段性的胜利后,一定要乘势歼灭敌军主力，摧毁其首脑，否则就算不上彻彻底底的胜利。这也是“宜将剩勇追穷寇，不可沽名学霸王”的道理所在。

破解 萧规曹随

在一个组织体系中，“王”代表的是这个组织体系的秩序，所以有时“王”并不需要有很高的才干，只要其摆在那里，秩序就得以稳定，整个组织体系就得以运转。古时候的嫡长子继承制、虚君政治都是基于这一基础。而“擒贼擒王”这一计也并不是针对“王”本身，而是“王”所代表和维系的作为一个整体的秩序。因此，要破解“擒贼擒王”一计，除了全力确保“王”的安全外，更重要的是建立一套稳定的机体运转体系，以及权力承继规则，如此一来，己方的“王”即使“被擒”或遭遇其他不测，也可尽力维持原来的秩序，并通过拥立新的“王”，继续巩固这一秩序，不使敌人有机可乘。这有点类似于成语“萧规曹随”，即萧何定下的政策规章制度，曹参全盘继承，借指后人沿袭前人遗制。总之，敌人希望搞乱，己方就要求稳。针对上述“擒贼擒王”目的情形之不同，破解“擒贼擒王”之计也有两种方式：

一是当对方的目的是使己方陷入混乱时，要通过“萧规曹随”，维持秩序的稳定。一方面，这是做给敌人看的，告诉敌人，我们没有乱，你们趁火打劫绝对讨不到好处。例如《三国演义》中诸葛亮六出祁山时病逝于五丈原（当然这不是“王”被擒，而是“王”没了），司马懿想趁机追击蜀军，结果姜维杨仪把木刻的假诸葛亮用小车推出来，就把司马懿吓得赶紧退兵，遂有了“死诸葛吓走活司马”之说。其实司马懿不是怕诸葛亮，而是看到蜀军秩序尚在，战机已失，又担心中伏，故而撤军。另一方面，这也是做给自己人看的，告诉自己人，“王”即使没了，秩序和纪律还在，不可自乱阵脚。例如，战场上战况十分惨烈时，指挥官常有这样的交代：“我若阵亡，以副司令代之；副司令阵亡，参谋长代之。”同时命令各级将官均即预立遗嘱，指定自己阵亡后的代理人。如此便可保证战斗不因指挥官的阵亡或负伤而受到影响，确保坚持战斗到底。如果秩序保持工作做得好，还可以利用敌人“擒王”后对方必乱的心理，算计一下敌人。例如《三国演义》中周瑜南郡中箭后诈死，引曹仁劫营，大败曹军。

二是当对方的目的是通过“王”胁迫己方就范时，则应估量形势，当机立断，舍“王”以顾大局，并尽快拥立新“王”。当“王”之个人对于整个机体而言并非存亡攸关时，例如“王”只作为权力的符号或象征，或者仅仅是个无关全局的角色，则应当舍“王”以顾大局。比如上面讲到的影视剧的例子，正面人物被重重包围后，突然擒住了对方的首领，假定该首领并非此剧一号大反派，只是一个中等角色，则按照破解该计的逻辑，该首领的副手应当立刻下令格杀正面人物，一方面杀了正面人物将立下大功，另一方面其顶头上司没了，正好顶上空缺。反正大反派只关心正面人物死没死，并不关心谁来继续给他当狗腿子。当然，作为编剧是不会这么写的，否则正面人物怎么脱身呢？同时，在此种情形下，尽快拥立新“王”，不但能够扭转被动局面，反而把难题扔回给了敌方。挟持旧“王”的敌方将陷入两难甚至几难的困境：杀了吧，会引起对方上上下下的仇恨，双方永无和解可能，并且客观上还帮助对方新“王”巩固了地位。要是放的话，要价太高，对方新“王”会以要价太高为由不答应（毕竟新“王”都不愿意旧“王”回来，比如宋高宗不愿迎回徽钦二帝）；要价太低，自己又很没面子。当然，如果“王”并非仅仅是个符号，而是维系整个团队的灵魂时，则不可舍“王”以顾大局，因为此时“王”本身就等于大局。比如，创业初期的曹操、刘备、朱元璋等人，一旦他们没了，其身后的整个团队也就散了。

以上讲的仅仅是从团队整体的角度考虑如何破计，作为“王”本身，是极其不喜欢甚至憎恶上述两条破计方式的。尤其是独裁者，特别忌讳谈及权力的承继，以及指定承继人。因为这无疑意味着树立了一个自己的潜在对手。当大家对自己的独裁统治不满时，便可通过拥护承继者推翻自己。因此，独裁者会想尽一切办法巩固自己的权力，并把所有对自己有威胁的人赶尽杀绝，即便是亲人也不例外。这样的独裁者绝不可能容忍上述两种破计方式，因而其应对“擒贼擒王”的方式仅能是变态般的加强身边的护卫。这样的国家也好，组织也好，团队也好，其实极其脆弱。一旦“王”没了，立刻会崩溃，比如萨达姆政权。

明代土木堡之变，明英宗被瓦剌军俘虏，以于谦为首的朝臣拥立朱祁钰为帝，不惧瓦剌要挟，成功组织北京保卫战，便是应对“擒贼擒王”之计的典型战例，以下试举之。

战例 北京保卫战

明正统十四年(1449年)七月，瓦剌首领也先借口明廷侮辱贡使、削减马价、拒绝联姻，率四路大军南下，前锋直指大同。明英宗听信宦官王振之言，于七月十六日冒险亲征，行至大同，王振听说各路军接连失败，就急忙决定退兵，回师至土木堡(河北怀来境内)，被也先追上，明军死伤过半，英宗被俘。

当土木堡惨败的消息传到北京，举朝震动。百官张皇失措，有人甚至主张迁都南逃。此时，兵部侍郎于谦坚决反对南迁，并对皇太后晓以迁都的利害，征得皇太后的支持，被任命为兵部尚书，负责保卫北京。于谦等人针对当时的危急局面，采取了一系列措施：首先，诛除宦党，平息民愤。斩杀太监王振亲信，打击宦党的气焰，平息众怒，初步稳定了内部。其次，拥立景帝，稳定政局。当时，也先挟英宗作为攻城略地的政治工具，于谦提出“社稷为重，君为轻”的口号，拥立朱祁钰即位，这样既让也先的阴谋不能得逞，又便于统一部署，共同抗击瓦剌。再次，举荐人才，调兵遣将，妥善安排。于谦提拔了一批有才能的将领，同时从各地调来兵力，部署在北京周围，严把九门，并日夜操练军队、赶造武器，迅速地提高战斗力。这样，明军逐步形成了一个依城为营、以战为守、分调援军、内外夹击的作战部署，准备与瓦剌军决战于北京城下。

十月初一，瓦剌兵分三路进攻明朝。也先率一路兵马，经大同、阳和，占领紫荆关，长驱进入京畿地区。十月十一日，瓦剌军逼近北京城。于谦派兵在广安门外迎击瓦剌军，打败也先部队先锋，夺回被俘者一千多人。同时，于谦又派人率兵夜袭，以疲惫敌军。十月十三日，瓦剌军乘风雨大作，进攻德胜门。于谦命大将石亨在城外民房内埋伏好军队，然后派遣小股骑兵佯败诱敌。也先中计，亲率大批部队穷追不舍。等瓦剌军进入埋伏圈后，于谦一声令下，神机营火器齐发，火箭弓弩如飞蝗般射向敌军，明军前后夹击，也先大败而归。也先的弟弟孛罗、平章卯那孩等将领中炮身死，瓦剌军受到很大打击。也先发觉明军主力在德胜门，便集中力量转攻西直门。都督孙镗率军迎战，打败也先的先头部队，但由于也先不断增兵围攻，孙镗力战不支，退至城下。此时，把守城头的给事中程信严令不准开城，并命城上守军发神炮、火箭轰击瓦剌军，明军又从广安门、德胜门抽兵增援，终于打退了瓦剌军的进攻。

十月十四日，瓦剌军又改为进攻广安门。于谦命守军将城外的街巷堵塞，在重要的地带埋伏好神铳手、短枪手，又派兵在广安门外迎战。明军前队用火器轰击敌军，后队由弓弩压阵跟入，击退了瓦剌军的进攻。而此时，景帝所派监军太监率数百骑兵冲击敌阵去抢功，使明军阵势陷入混乱。瓦剌军乘势反击，追到德胜门外。在万分危急的关头，当地居民纷纷登上房顶，以砖石迎战瓦剌军。于谦派出的援军也及时赶到，打退了瓦剌军的反扑。

也先在进攻北京的过程中，到处遭到明朝军民的激烈抵抗和不断袭击。各地百姓自动组织起来，抗击瓦剌军的掠夺，边关守兵也抱着与城共存亡的决心，誓死保卫国土。也先进攻北京各门屡次遭到失败，中路军在居庸关的进攻也受挫，并获悉明朝各路援军即将到达，唯恐后路被切断，便于十五日夜率一部人马，挟持英宗朱祁镇由良乡（今北京市房山东北）向紫荆关撤退。

于谦发现也先军队正在撤退，即命令石亨等集中火炮轰击也先军营，炸死瓦剌军一万余人。瓦剌军在撤退的路上，一路烧杀抢掠，掠夺了许多物资和人口。明军分路追击，石亨大破瓦剌军于清风店（今河北易县西）；范广在固安打败瓦剌军。也先一路狂逃，十月十七日撤出紫荆关，不久退往关外。东路的脱脱不花闻得中路、西路已败，亦立即撤退，并于十月二十日单独遣使进贡，来北京议和。至此，明军取得北京保卫战的胜利。

第十九计　釜底抽薪

不敌其力，而消其势，兑下乾上之象。

解语译文：不要直接攻打敌人力量最坚强的部位，而要先消减敌人的“势”，即产生“力”的源泉和基础。此计正合易经《履卦》兑（泽）在下、乾（天）在上，以柔克刚之象。

按语　水沸者，力也，火之力也，阳中之阳也，锐不可当；薪者，火之魄也，即力之势也，阴中之阴也，近而无害，故力不可当而势犹可消。《尉缭子》曰：“气实则斗，气夺则走。”而夺气之法，则在攻心。昔吴汉为大司马，有寇夜攻汉营，军中惊扰，汉坚卧不动。军中闻汉不动，有顷乃定。乃选精兵反击，大破之，此即不直当其力而扑消其势也。宋薛长儒为汉、湖、滑三州通判，驻汉州。州兵数百叛，开营门，谋杀知州、兵马监押，烧营以为乱。有来告者，知州、监押皆不敢出。长儒挺身出营，谕之曰："汝辈皆有父母妻子，何故做此？叛者立于左，胁从者立于右。"于是不与谋者数百人立于右，独主谋者十三人突门而出，散于诸村野，寻捕获。时谓非长儒，则一城涂炭矣！此即攻心夺气之用也。或曰：敌与敌对，捣强敌之虚以败其将成之功也。

按语译文：水沸腾后会产生强大的力量，靠的是火的力量，因此火的力量是阳中之阳，力量中的力量，锐不可当。柴草，是火的魂魄，是产生火力的源泉和根本，是阴中之阴（火为阳，薪为阴，阴在阳内，由阴生阳，故称阴中之阴），即使靠近也不会受到损害。因此，凶猛的火力虽然不能抵挡，但可以切断这种力量产生的源泉，以消减其气势。《尉缭子》说："士气旺盛时就发起战斗，士气低落时就撤退。"而瓦解敌人气势的方法就是采用攻心战术。东汉时，吴汉担任大司马，有一次敌寇夜袭汉军军营，营内士兵顿时惊慌失措，吴汉却依然卧床不动。军中听闻吴汉卧床不动，不一会情绪就安定下来。吴汉于是拣选精兵进行反击，大破敌军，这就是不直接对抗敌方之锋芒，而是先削弱其气势。北宋时，薛长儒担任汉州、湖州、滑州三州通判，驻地在汉州。有数百名驻军发生叛乱，打开营门，扬言要杀死知州和兵马监押，烧毁营房，进行作乱。有人前来禀告，知州和兵马监押都不敢露面。薛长儒挺身来到营前，对叛军说："你们都有父母妻儿，为什么要干这些事情？凡是要叛乱的就站到左边，仅仅是胁从的站在右边。”于是没有参加事件谋划的数百人站到了右边，只剩下主谋的十三人，见势不好，便夺门而出，分散逃到村野之中，不久便被捕获。时人称要不是薛长儒，全城就要生灵涂炭了。这就是攻心夺气的应用。有人说，当两军对垒时，要直捣对方的虚弱之处，以破坏其即将取得的成功。

评析 最彻底的一计

“釜底抽薪”的出典很多，比如《吕氏春秋·尽数》：“夫以汤止沸，沸愈不止，去其火则止矣。”枚乘《上书谏吴王》：“欲汤之沧，一人炊之，百人扬之，无益；不如绝薪止火而已。”北齐魏收《为侯景叛移梁朝文》：“抽薪止沸，剪草除根。”意思是无论往沸水里兑水，还是把沸水扬起来使其冷却，水依然会沸腾不止，但若把柴火从釜底抽掉，水便不复沸腾，温度也会慢慢降下来，比喻从根本上解决问题。作为三十六计中的一计，是说水沸腾之力全凭薪火所造其势，敌军之锋锐亦仰仗其后勤补给、士气动员等战略基础，当己方难撄其锋时，应当从打击支撑其军事行动的战略基础入手，基础既破，兵锋自解。

除了本计按语中所说的攻心战外，“釜底抽薪”在军事中最通常的应用是切断敌军的补给线。武林高手功夫再高，饿上十天半个月也会手无缚鸡之力；战车再厉害，没有了汽油也会变成一堆废铁。战争中切断敌军补给线包括三个层面：一是战斗层面的伏击敌军辎重部队，如平型关大捷。二是战役层面的切断敌军粮道，如官渡之战，再如应对敌军进攻时常用的坚壁清野战术。三是战争层面的对敌国进行战略封锁，如二战时日本对中国的封锁、美国对日本的封锁等等。

除了军事中的切断补给，“釜底抽薪”在国际政治中还有更宏观、更阴险的应用。由于现代战争成本太高，即便强如美国，对付阿富汗、伊拉克这样的小国都背负了沉重的财政包袱，与其他大国强国进行武装对抗，花费将更加惊人。因此，降服一个国家，更好的方式不是通过战场交战及直接进行军事占领，而是通过实施经济渗透（掌握一国之经济命脉），文化渗透（对一国青少年进行文化洗脑），扶持反对势力，支持颜色革命等方式，动摇支撑该国的经济、文化、政治基础。三大基础一旦崩塌，国家必然陷入动荡，甚至内战，再无力与使计国争胜较劲，使计国自然也无需再在战场上消耗自己的人、财、物了。

“釜底抽薪”与三十六计中的“擒贼擒王”有异曲同工之妙，两者的目的都是在不与敌军主力直接交战的情况下取得胜利，只不过“擒贼擒王”是擒其首脑，“釜底抽薪”是毁其基础，同时，“擒贼擒王”比“釜底抽薪”更省力（目标只是一个人或几个人，任务总要轻得多），“釜底抽薪”比“擒贼擒王”更彻底（战略资源都没了，短时间内很难东山再起）。因此，“釜底抽薪”是三十六计中最彻底的一计。

破解 护薪补薪

既然“釜底抽薪”一计是从“薪”上打主意，因此要破解这一计，重点也要放在“薪”上。首先，需要意识到“薪”对于“沸水”的决定性意义，对“薪火”加意看护。其次，要备足柴火，万一燃薪被别人抽走，要以新的柴火及时补上。最后，如果柴火被抽走，又无法补充新的柴火，则要视情况最大限度利用好现有的这锅热汤，能干点啥就干点啥，否则就只能保护好这锅汤水，等下次再烧了。具体而言，应对“釜底抽薪”之计，有上、中、下三策：

上策护薪。“薪火”对“沸水”如此重要，必须投入足够的力量保护照看。例如，习近平总书记提出的坚持“总体国家安全观”，构建集政治安全、国土安全、军事安全、经济安全、文化安全、社会安全、科技安全、信息安全、生态安全、资源安全、核安全等于一体的国家安全体系，就是未雨绸缪，保护中华民族伟大复兴之“薪火”的重大战略决策，用以应对上文所述国际社会中某些国家和势力的“釜底抽薪”之计。再如抗战时中国远征军入缅作战，主要目的之一就是为了保护滇缅公路，以保证补给线的畅通。如果轻视对军事物资和战略资源的守备，如袁绍对乌巢一般，只能是“自作孽不可活”了。

中策补薪。如果事先保护工作做得不够，或者力量不足以保护柴火时，则应当赶紧再找新的柴火添到釜下，使水继续沸腾。例如抗战时中国远征军第一次入缅作战失利，滇缅公路被日军切断后，盟军又通过开辟“驼峰航线”，继续保持物资供给。同样，日军的海上补给线被美军切断后，又发动豫湘桂战役，妄图打通大陆交通线。“百团大战”后，日军和国民党顽固派企图通过军事包围和经济封锁扼杀八路军抵抗力量，八路军针锋相对开展大生产运动，就是为了打破对方“釜底抽薪”之计而使用的“补薪”之策。以下战例部分将详述之。

下策顾汤。若既未能“护薪”，又不能“补薪”，则要把注意力放到“汤”上。如“汤”之余热尚可利用则用之，不要白白浪费已燃之“薪”；如果无法利用，或者再耽搁下去会有危险，则应当立即撤退，把“汤”保全住，以免陷入物资断绝、军心离散甚至全军覆没之险境。例如，曹操讨伐袁术，因军粮不敷，借王垕之头稳定军心后，向各营将领下达死命令：“如三日内不并力破城，皆斩！”于是大小将士无不奋力向前，在“薪”已尽、“汤”尚热之时攻克寿春城。如果寿春城三日内仍不能克，曹操恐怕也不会杀了诸将，只得率军速速撤退。有道是“君子报仇十年不晚”，如能全身而退，下次长点记性多带点柴火，尚能再决雌雄。否则如拿破仑远征俄国一般，“薪”尽“汤”干，就再也没有下次了。

战例 大生产运动

1941 年，由于日本侵略军的疯狂进攻和“扫荡”，国民党顽固派的军事包围和经济封锁，使解放区（即中国共产党领导的抗日民主根据地）的财政经济发生了极为严重的困难。为了战胜困难，坚持抗日战争，1942 年底，中共中央提出了“发展经济，保障供给”的方针，号召解放区军民自力更生，克服困难，开展大生产运动。解放区军民在党中央和毛泽东的亲自领导下，开展了南泥湾、槐树庄、大风川等地的屯田大生产运动。王震率领的三五九旅开赴南泥湾实行军垦屯田，经过 3 年奋战，在缺乏生产资金和生产工具的极端困难情况下，发扬自力更生、奋发图强的精神，把南泥湾变成了“陕北江南”，成为大生产运动的模范。军队、政府机关和学校发展自给经济，是抗日根据地大生产运动中的一个创造。解放区抗日民主政府办了许多自给工业；军队发展了以自给为目标的农业和部分工商业；机关、学校也发展了自给经济；农民广泛组织起来发展农业生产。敌后军民在频繁的反“扫荡”作战中，实现劳武结合，一面战斗，一面生产。各级党政干部也都积极投入大生产运动，和群众同甘共苦。陕甘宁边区和敌后抗日根据地的大生产运动健康发展，成就显著。农业和工商业的产值迅速增长，人民负担大大减轻，军民生活明显改善。

1943 年，大生产运动取得了巨大成绩，仅晋绥、北岳、胶东、太行、太岳、皖中等六区就扩大耕地 600 万亩以上，陕甘宁边区机关和部队需细粮（小米）3900 万公斤，自己生产达 1500 万公斤。边区许多部队粮食、经费全部达到自给，实现了“自己动手、丰衣足食”的目标。陕甘宁边区已建有公营工厂82个，合作工厂200多个，公营工业职工达万人，并能炼铁、炼油、修理机械、制造某些军火。农业得到了大发展，1943年有80%的劳动力参加了互助合作组织，粮食产量为181万石，除总消费量162石，可余22万石；棉花生产自给率达50%。这样，缺衣少食的边区呈现出一派丰衣足食的景象。在边区大生产运动中涌现出了许多先进典型，王震领导的三五九旅就起到了先锋模范作用。全旅指战员开荒20.1万多亩，把野狼成群、荒无人烟的南泥湾变成五谷丰登、牛羊成群的“陕北江南”。全旅吃、穿、用完全自给，并每年向政府交纳1万石公粮，创造了古今中外建军史上的奇迹。1943年9月，毛泽东到南泥湾视察时看到他们取得的成绩，非常兴奋，他说：“困难并不是不可克服的怪物，大家动手征服它，它就低头，大家自力更生，吃的、穿的、用的都有了。目前，我们没有外援，假如有了外援也还要以自力更生为主。”

大生产运动的开展，使解放区克服了严重的物质困难，粉碎了敌、伪、顽的封锁和“釜底抽薪”之计，为争取抗战胜利奠定了物质基础，密切了党政军民关系，树立了自力更生、艰苦奋斗的延安精神，积累了经济建设的经验，培养了经济工作干部。

第二十计　浑水摸鱼

乘其阴乱，利其弱而无主。《随》，以向晦入宴息。

解语译文：乘敌人内部发生混乱，争取其中相对弱小并且犹豫不定的力量。就像易经《随卦》之意，人要顺从天时的变化去作息，到了夜晚就要休息一样。

按语　动荡之际，数力冲撞，弱者依违无主，散蔽而不察，我随而取之。《六韬》曰："三军数惊，士卒不齐，相恐以敌强，相语以不利，耳目相属，妖言不止，众口相惑，不畏法令，不重其将，此弱征也。"是鱼，混战之际，择此而取之。如：刘备之得荆州，取西川，皆此计也。

按语译文：在发生动荡的时候，多股力量相互冲撞，处于动荡之中的比较弱小或者心志不坚定的势力，对于顺从或者背叛那一股力量拿不定主意,就会分散躲避起来,不希望被察觉,此时我方即可把他们争取过来。《六韬》里说:“全军不断惊慌,队伍混乱,对强敌产生恐惧心理,交头接耳地说些灰心丧气的话,紧张地看着听着别人的举动,各种谣言和小道消息不断传播,不畏惧法令,不尊重将帅,这些都是怯弱的征兆。”对于这样的鱼(指有《六韬》所述表现的队伍),应该在混战的时候,选择并争取他们。例如,刘备得荆州,取西川,用的都是这一计谋。

评析 最需要眼力的一计

“浑水摸鱼”的字面意思是把水搅浑,趁鱼受到惊吓四处乱窜之际,伸手摸鱼。用作一个成语,比喻乘混乱时机捞取好处。但作为三十六计中的一计,“浑水摸鱼”的含义则要深奥得多,是指局势动荡之际,对方阵营内会出现混乱和分化,有些会惊惶不定失去主见(弱者依违无主),对于这样的人或队伍(是鱼),则应当争取过来(择此而取之)。

“浑水摸鱼”之计有三个步骤,首先是把水搅浑,使鱼受到惊吓;其次是观察和发现其中最为晕头转向、惊慌失措的鱼;最后是下手专摸这些惊慌昏乱的鱼。在政治和军事中,制造、培养和争取各种“内奸”,比如我们常说的“汉奸”,就是“浑水摸鱼”之计的典型应用。例如,抗战时之所以会产生大批汉奸,除了其本身人品卑劣外,一个重要的原因是这部分人过分迷信日军强大的武力,认为日本必胜中国必败,既然必败之局无解，还不如趁早谋个位子。有了这样的思想，表现在行动上，就是满口的“日军不可战胜”“曲线救国”“中国太落后”，以及临战时各种借口推脱、畏葸不前。对于这部分人，日本人一方面不断加大武力恫吓，使其惊惶不已；另一方面则主动接洽延揽，抛出橄榄枝，封官许愿，汪精卫之流就是在这种情形下投向了日本人的怀抱。

除了战时培养直接屈膝投降的“内奸”“投降派”，“浑水摸鱼”之计的使计方也可以在平时通过经济渗透、思想文化渗透等方式，诱导、培养受计方内部的“亲己派”。比如，通过炒作突发事件、解构历史、泼脏水、挑拨社会不满等手段，把对方的思想搞乱，然后宣扬本国意识形态为普世价值，为救国救民之良药，对于搞不清楚状况缺乏判断能力的普通小鱼则忽悠之，对于能对鱼群产生一定影响的大鱼则捕获并利用之。

使用“浑水摸鱼”之计的关键在于把水搅浑，水搅得越浑，鱼就越惊慌，越急于寻求生路（出路），也就越容易捉到鱼。例如《三国演义》中诸葛亮为收服马超，通过贿赂杨松，使其强令马超一月内做三件事：一要取西川，二要刘璋首级，三要退荆州兵。这三件事马超一件也做不到，只好退兵回汉中。杨松又进谗言使张卫分七路军坚守隘口，不放马超兵入。于是马超夹在刘备、刘璋、张鲁三股势力之间，进退不得，无计可施。此时诸葛亮再遣李恢劝降，正愁无路可行的马超突得此橄榄枝，欣然归降。

当然，除了主动把水搅浑，把敌方搞乱之外，对于敌方自己乱起来的，或者第三方使敌方乱起来的，也可以乘机（乘其阴乱）取鱼为己方所用。但无论哪种情形，都需要准确识别哪些鱼惊惶不定容易摸取，否则对一些头脑相对清醒的鱼，一把下去没有摸到，就白白浪费了机会成本，毕竟惊慌的鱼还可以恢复冷静，自己摸鱼的同时可能还有别人也在摸鱼，本计按语中一个"择"字即说得十分精要。因此，"浑水摸鱼"是三十六计中最需要眼力的一计。

破解 水静鱼宁

"浑水摸鱼"之计要想成功，需要"水浑"和"鱼惊"两个条件，因此要破解这一计，就要从打破这两个条件入手，使得水不浑，鱼不惊，让摸鱼者无从下手。具体而言，主要有以下两种方式：

一是强化对"鱼"的训练，增强"鱼"的抗干扰能力。训练有多种方式，其中最主要的是进行忠诚教育，强调忠义为本的价值观念，个人应当无限忠诚并服从于整个团队。这样即使有些许混乱动荡，"鱼"心依然凝聚不乱，而非"依违无主"，因而也就不易为外人所争取。就像《水浒传》中宋江改"聚义厅"为"忠义堂"一样，用"忠义"思想将梁山好汉团结在梁山上，围绕在宋江周围，无论对抗朝廷、接受招安，还是北伐辽邦、南征方腊，兄弟们都听大哥的。任何组织，大到一个国家，小到一个企业，都喜欢并且孜孜不倦地实践着这种方式，不断强调要做忠诚的公民，做忠诚的员工。除了忠诚教育，还包括纪律教育、理论教育、心理素质教育等等。

二是全力维持秩序，务使水波不兴。对于对方故意把水搅浑的行为，要及时制止，使己方这一汪水恢复平静。例如，针对本计按语引《六韬》所描述的“三军数惊，士卒不齐，相恐以敌强，相语以不利，耳目相属，妖言不止，众口相惑，不畏法令，不重其将”的情况，要立即严惩妖言惑众制造混乱者，稳定军心，鼓舞士气，否则若战必败。《三国演义》中杨修即便没有之前的所做所为，单凭妄自解读“鸡肋”口令、惑乱军心一条，已足够曹操杀他了。再如，针对敌国的经济渗透、文化渗透，除了提升自身的软硬实力外，要进行适当管制，并采取一定的反制措施，绝不可被经贸文化往来中不应设任何壁垒的说法忽悠。又如，要及时掌握内部舆情动向，对于已经受惊的“鱼”，要予以安抚，对于已经为敌方所用，故意在水中捣乱的“鱼”，要予以限制甚至清除。

赤壁之战前，曹操驰檄江东曰：“近者奉辞伐罪，旌麾南指，刘琮束手。今治水军八十万众，方与将军会猎于吴。”对东吴进行武力恫吓，意图使东吴人心纷乱。面对曹操强大武力，东吴众文官吓破了胆，纷纷劝孙权投降曹操（对于这些文官而言，生逢乱世，跟谁干都是干，北人不懂南事，管理江东还得靠他们，搞得好了还能从地方调到中央）。而以周瑜为首的武将历陈胜曹理由，使孙权下定决心抗曹，并以剑断案，曰：“诸官将有再言降操者，与此案同。”从而统一了思想，打破了曹操“浑水摸鱼”的企图，并最终与刘备联手击败了曹操，成鼎足三分之势。以下就《三国演义》中孙权决计破曹操一段节录之。

战例 孙权断案齐军心

次日清晨，孙权升堂。左边文官张昭、顾雍等三十余人；右边武官程普、黄盖等三十余人：衣冠济济，剑佩锵锵，分班侍立。少顷，周瑜入见。礼毕，孙权问慰罢，瑜曰：“近闻曹操引兵屯汉上，驰书至此，主公尊意若何？”权即取檄文与周瑜看。瑜看毕，笑曰：“老贼以我江东无人，敢如此相侮耶！”权曰：“君之意若何？”瑜曰：“主公曾与众文武商议否？”权曰：“连日议此事：有劝我降者，有劝我战者。吾意未定，故请公瑾一决。”瑜曰：“谁劝主公降？”权曰：“张子布等皆主其意。”瑜即问张昭曰：“愿闻先生所以主降之意。”昭曰：“曹操挟天子而征四方，动以朝廷为名；近又得荆州，威势愈大。吾江东可以拒操者，长江耳。今操艨艟战舰，何止千百？水陆并进，何可当之？不如且降，更图后计。”瑜曰：“此迂儒之论也！江东自开国以来，今历三世，安忍一旦废弃！”权曰：“若此，计将安出？”瑜曰：“操虽托名汉相，实为汉贼。将军以神武雄才，仗父兄余业，据有江东，兵精粮足，正当横行天下，为国家除残去暴，奈何降贼耶？且操今此来，多犯兵家之忌：北土未平，马腾、韩遂为其后患，而操久于南征，一忌也；北军不熟水战，操舍鞍马，仗舟楫，与东吴争衡，二忌也；又时值隆冬盛寒，马无藁草，三忌也；驱中国士卒，远涉江湖，不服水土，多生疾病，四忌也。操兵犯此数忌，虽多必败。将军擒操，正在今日。瑜请得精兵数万人，进屯夏口，为将军破之！”权矍然起曰：“老贼欲废汉自立久矣，所惧二袁、吕布、刘表与孤耳。今数雄已灭，惟孤尚存。孤与老贼，誓不两立！卿言当伐，甚合孤意。此天以卿授我也。”瑜曰：“臣为将军决一血战，万死不辞。只恐将军狐疑不定。”权拔佩剑砍面前奏案一角曰：“诸官将有再言降操者，与此案同！”言罢，便将此剑赐周瑜，即封瑜为大都督，程普为副都督，鲁肃为赞军校尉。如文武官将有不听号令者，即以此剑诛之。瑜受了剑，对众言曰：“吾奉主公之命，率众破曹。诸将官吏来日俱于江畔行营听令。如迟误者，依七禁令五十四斩施行。”言罢，辞了孙权，起身出府。众文武各无言而散。

（节选自《三国演义》第四十四回）

第二十一计　金蝉脱壳

存其形，完其势；友不疑，敌不动。巽而止，《蛊》。

解语译文：保持原有形态，摆出原有的阵势；友军不会怀疑，敌军也不敢擅动。正合易经《蛊卦》艮上巽下、山下有风（指看似不动，实际在不停地运动）、乱终治始（通过“金蝉脱壳”脱离险境获得新的开始）之意。

按语　共友击敌，坐观其势。倘另有一敌，则须去而存势。则金蝉脱壳者，非徒走也，盖为分身之法也。故大军转动，而旌旗金鼓俨然原阵，使敌不敢动，友不生疑。待己摧他敌而返，而友敌始知，或犹且不知。然则金蝉脱壳者，在对敌之际，而抽精锐以袭别阵也。如：诸葛亮病卒于军，司马懿追焉。姜维令仪反击鸣鼓，若向懿者，懿退，于是仪结营而去。檀道济被围，乃命军士悉甲，身白服乘舆徐出外围。魏惧有伏，不敢逼，乃归。

按语译文：同盟友联合攻击敌人时，要静观各方的态势。如果另外存在一股敌人，则应当表面上保持原有的阵势，率主力离开（去攻击另一股敌人）。所谓“金蝉脱壳”，并不是要一味撤退，而是一种分身之法。因此当主力转移时，使旌旗和金鼓看上去依然保持原来的阵势，使敌军不敢妄动，友军不生疑惑。等到己方的主力击破另一股敌人返回时，友军和敌军才发觉，甚至仍然没有发觉。故而“金蝉脱壳”所强调的，实际是在与敌方相持的时候，抽调精锐部队袭击别处的敌军阵地。例如，诸葛亮病逝于五丈原军中，司马懿乘机追击蜀军。姜维反而命令杨仪鸣鼓，摆出要向司马懿进军的架势。司马懿害怕中计而退兵，杨仪乘机拔营撤退。南北朝时，檀道济被北魏军包围，便命令士兵全副武装，自己身穿白衣坐着马车缓缓地走出敌军的包围圈。魏军害怕有埋伏，不敢逼近，于是檀道济安然归来。

详析 最唬人的一计

“金蝉脱壳”的字面意思，是指蝉羽化的过程，即蝉的幼虫，俗称“知了猴”破土而出后爬到树上，蜕去原来的外壳，生出翅膀振翅而走，只留下空壳还挂在枝头，比喻只留下表面的假象，实际上已经脱身而走。作为一计用于军事领域，是指表面上保持原来的阵势部署不变（存其形，完其势），实际上主力已经悄悄转移，或去执行其他任务。

正如本计按语中所言，“金蝉脱壳”“盖为分身之法也”，将形体一分为二，一为分身，一为本尊，分身负责吸引对方注意力，本尊乘机去干其他的事。我国古典神话小说中，常有类似的元神出窍的情节。例如《西游记》中，唐僧师徒在车迟国与虎力大仙、鹿力大仙、羊力大仙斗法求雨，孙悟空悄悄元神出窍，与各仙约定好信号，使虎力大仙求雨不成，唐僧求雨成功。再如，孙悟空拔撮毫毛变成N个自己，也属于“金蝉脱壳”的范畴。动漫游戏中，也可经常看到分身术的应用，比如日本连载动漫《火影忍者》中漩涡鸣人的“影分身之术”，游戏《暗黑破坏神》中亚马逊战士练到第二十四级时解锁的“诱饵”技能等。

使用“金蝉脱壳”之计，主要分进退两种情形：一是意图撤退时，通过伪装迷惑敌人，使敌人不敢轻举妄动，从而实现主力的转移。比如此计按语中所举的姜维鸣鼓退兵，檀道济白服出围，再比如三国时孙坚脱帻惑追兵，南宋将领毕再遇悬羊击鼓。二是意图进取时，假装队伍未作调动，将敌人钉在原地，暗中将主力调出分击敌人，或另有任务。比如《三国演义》中曹操命王忠、刘岱打着他的旗号到徐州城下迷惑刘备，自己则亲率大军抵御袁绍去了。但人们在平时谈到“金蝉脱壳”，或将“金蝉脱壳”作为一个成语日常使用时，更多想到的是第一种情形，第二种情形则容易被忽略。

“金蝉脱壳”之计以完存之形势，行出其不意之事，一方面，需要极强的心理素质，临危不乱，不可惊慌失措，更不可消极逃跑；另一方面，又要把假象造得逼真，使对方不起疑心，并迅速完成转移。既要稳住己方，又要稳住对方，还要稳住友军，因而是三十六计中最唬人的一计。在使用此计时，既可以假装保持原来的阵势不变，也可以进为退，在要撤之前先虚晃一枪、虚杀一阵，总之，要如本计按语中所言“去而存势”。

破解 探而速击

如上所述，“金蝉脱壳”之计能否成功，有两个重要因素，一是伪装要做得到位，主力转移时依然要旌旗招展，战鼓隆隆，好像仍然保持着原来的阵势。二是主力的转移必须要迅速而隐蔽，神不知、鬼不觉。但是，一方面，从开始伪装到实现主力完全转移，或者主力完成其他任务返回之前，总会有一段时间差，这段时间差对于正在“脱壳”的“金蝉”而言十分危险，如同蝉在羽化的几个小时里，是其身体最为柔嫩、也最缺乏抵抗力的时期。另一方面，主力行动很难不露任何行迹，而一旦行迹暴露，“金蝉脱壳”之计就失败了。因此，对于受计方而言，要充分利用“金蝉脱壳”存在的这两个先天弱点，加强对敌方一举一动的侦查和监视，发现对方长时间保持一个动作不动时，需要经常派出小部队进行骚扰试探，使对方暴露其虚实。破解“金蝉脱壳”之计的重点和难点，就在于如何发现和识破对方的表演，至于识破之后，直接迅速出击、全力掩杀即可。具体而言，破解“金蝉脱壳”之计有以下两个要点：

一是加强对敌方行为的监视和预判。《孙子兵法》有云："故明君贤将，所以动而胜人，成功出于众者，先知也。先知者，不可取于鬼神，不可象于事，不可验于度，必取于人，知敌之情者也。"孙武的孙子孙膑所著《孙膑兵法》亦有云："恒不胜有五……不用间，不胜。"历来兵家均强调掌握敌情，通过派出间谍、斥候等方式，密切关注敌人的一举一动，使对方的一切行动都逃不过自己的眼睛。同时，要善于换位思考，站在敌人的角度，对其下一步的行动进行预判，并与己方侦查到的诸多信息，哪怕是蛛丝马迹，综合进行印证判断。特别对敌人可能的行进、撤退路线方面，更要加强侦查。例如，淮海战役时，杜聿明准备弃守徐州，向西南方向撤退。撤退前，原拟仿照姜维，以进为退，发动全面攻击以迷惑解放军。然而计划甫一制定，徐州城内便乱作一团，杜聿明的撤退决定及撤退路线均被解放军知悉。解放军立即对杜聿明展开追击，于 1948 年 12 月 6 日将杜聿明集团合围在以陈官庄为中心的狭小区域内，终被全歼。

二是频繁对敌方进行骚扰试探。"敌驻我扰"不仅是游击战术，在大军作战中也可广泛应用。通过不断的骚扰试探，一方面，能够消耗对方，使对方精神始终处于高度紧张状态，从而加速陷入疲惫。另一方面，能够试探出敌人的虚实，包括敌人的哪一部分防守强、反应快，哪一部分防守弱、反应慢，为下一步主力进攻奠定基础。在此情况下，对方一般不敢轻易使出“金蝉脱壳”之计，就算使出，只要派一支小部队打它一下，也会使对方立刻暴露。特别是在态势上占据优势和主动的一方，更加不能麻痹大意，不能松懈偷懒，要密切关注对方下一步行动，并且尽量以最快的速度解决掉当面之敌（长期围困战除外），别让到手的鸭子又飞了。

《三国演义》第一百十一回“邓士载智败姜伯约”，即为受计方通过分析对方举动，识破“金蝉脱壳”之计，从而大破敌军之典例。以下引述之。

战例 邓艾智破姜维“金蝉脱壳”之计

（姜）维自领前部，令众将随后而进，于是蜀兵尽离钟提，杀奔祁山来。哨马报说魏兵已先在祁山立下九个寨栅。维不信，引数骑凭高望之，果见祁山九寨势如长蛇，首尾相顾。维回顾左右曰：“夏侯霸之言，信不诬矣。此寨形势绝妙。止吾师诸葛丞相能之；今观邓艾所为，不在吾师之下。”遂回本寨。唤诸将曰：“魏人既有准备，必知吾来矣。吾料邓艾必在此间。汝等可虚张吾旗号，据此谷口下寨；每日令百余骑出哨，每出哨一回，换一番衣甲、旗号，按青、黄、赤、白、黑五方旗帜相换。吾却提大兵偷出董亭，径袭南安去也。”遂令鲍素屯兵于祁山谷口。维尽率大兵，望南安进发。

却说邓艾知蜀兵出祁山，早与陈泰下寨准备；见蜀兵连日不来搦战，一日五番哨马出寨，或十里或十五里而回。艾凭高望毕，慌入帐与陈泰曰：“姜维不在此间，必取董亭袭南安去了。出寨哨马只是这几匹。更换衣甲，往来哨探，其马皆困乏，主将必无能者。陈将军可引一军攻之，其寨可破也。破了寨栅，便引兵袭董亭之路，先断姜维之后。吾当先引一军救南安，径取武城山。若先占此山头，姜维必取上邽。上邽有一谷，名曰段谷，地狭山险，正好埋伏。彼来争武城山时，吾先伏两军于段谷，破维必矣。”泰曰：“吾守陇西二三十年，未尝如此明察地理。公之所言，真神算也！公可速去，吾自攻此处寨栅。”于是邓艾引军星夜倍道而行，径到武城山；下寨已毕，蜀兵未到，即令子邓忠，与帐前校尉师纂，各引五千兵，先去段谷埋伏，如此如此而行。二人受计而去。艾令偃旗息鼓，以待蜀兵。

却说姜维从董亭望南安而来，至武城山前，谓夏侯霸曰：“近南安有一山，名武城山；若先得了，可夺南安之势。只恐邓艾多谋，必先提防。”正疑虑间，忽然山上一声炮响，喊声大震，鼓角齐鸣，旌旗遍竖，皆是魏兵；中央风飘起一黄旗，大书“邓艾”字样。蜀兵大惊。山上数处精兵杀下，势不可当，前军大败。维急率中军人马去救时，魏兵已退。维直来武城山下搦邓艾战，山上魏兵并不下来。维令军士辱骂，至晚，方欲退军，山上鼓角齐鸣，却又不见魏兵下来。维欲上山冲杀，山上炮石甚严，不能得进。守至三更，欲回，山上鼓角又鸣，维移兵下山屯扎。比及令军搬运木石，方欲竖立为寨，山上鼓角又鸣，魏兵骤至。蜀兵大乱，自相践踏，退回旧寨。次日，姜维令军士运粮草车仗，至武城山，穿连排定，欲立起寨栅，以为屯兵之计。是夜二更，邓艾令五百人，各执火把，分两路下山，放火烧车仗。两兵混杀了一夜，营寨又立不成。

维复引兵退，再与夏侯霸商议曰："南安未得，不如先取上邽。上邽乃南安屯粮之所；若得上邽，南安自危矣。"遂留霸屯于武城山，维尽引精兵猛将，径取上邽。行了一宿，将及天明，见山势狭峻，道路崎岖，乃问向导官曰："此处何名？"答曰："段谷。"维大惊曰："其名不美：'段谷'者，'断谷'也。倘有人断其谷口，如之奈何？"正踌躇未决，忽前军来报："山后尘头大起，必有伏兵。"维急令退兵。师纂、邓忠两军杀出，维且战且走，前面喊声大震，邓艾引兵杀到：三路夹攻，蜀兵大败。幸得夏侯霸引兵杀到，魏兵方退，救了姜维，欲再往祁山。霸曰："祁山寨已被陈泰打破，鲍素阵亡，全寨人马皆退回汉中去了。"维不敢取董亭，急投山僻小路而回。后面邓艾急追，维令诸军前进，自为断后。正行之际，忽然山中一军突出，乃魏将陈泰也。魏兵一声喊起，将姜维困在垓心。维人马困乏，左冲右突，不能得出。荡寇将军张嶷，闻姜维受困，引数百骑杀入重围。维因乘势杀出，嶷被魏兵乱箭射死。维得脱重围，复回汉中，因感张嶷忠勇，殁于王事，乃表赠其子孙。于是，蜀中将士多有阵亡者，皆归罪于姜维。维照武侯街亭旧例，乃上表自贬为后将军，行大将军事。

（节选自《三国演义》第一百一十一回）

第二十二计　关门捉贼

小敌困之。《剥》，不利有攸往。

解语译文:对于小股或弱小的敌人,要采取围困的办法。就像易经《剥卦》所讲的,直追远赶,于事不利。

按语　捉贼而必关门,非恐其逸也,恐其逸而为他人所得也。且逸者不可复追,恐其诱也。贼者,奇兵也,游兵也,所以劳我者也。《吴子》曰:“今使一死贼伏于旷野,千人追之,莫不枭视狼顾。何者?恐其暴起而害己也。是以一人投命,足惧千夫。”追贼者,贼有逃之机,势必死斗;若断其去路,则成擒矣。故小敌必困之,不能,则放之可也。

按语译文:捉贼时必须要把门关上,并不是怕他逃走,而是怕他逃走后被别人得到而利用。并且对于已经逃走的贼不能追得太远,以免中了他的诱敌之计。所谓的“贼”,就像神出鬼没、流动作战的敌兵一样,是用来消耗我的。《吴子》

里说："现在让一个亡命之徒隐藏在旷野之中，就算让一千个人去追他，追捕者没有一个不左顾右盼、精神紧张的。这是为什么呢？是害怕这个亡命之徒突然暴起伤害自己。所以，一个人敢于舍命，足以让一千人害怕。"追贼的时候，贼只要还有逃脱的机会，必然会拼死争取；如果彻底断绝其去路，贼就会束手就擒。因此，对于小股或者弱小的敌人，必须要采取围困的方法。如果做不到，将其放走也未尝不可。

评析 最从容的一计

"关门捉贼"的字面意思十分浅显，指把小贼关在屋里，让其逃不出去，然后再捉拿。用在军事上，是指对小股敌军或弱小的敌人，要采取四面包围、聚而歼之的策略。"关门捉贼"四个字虽然非常简单，但本计的按语所解释和引申的含义却十分丰富深奥。首先，"捉贼而必关门"，并不是怕他逃跑（小股敌人消灭与否无关大局），而是担心其逃跑后被别人得到并利用。一方面，入室之贼已经探明了室内虚实，别的贼可以根据相关信息继续为患；另一方面，若紧紧追赶，可能中其诱敌之计。其次，关门除了能防止小贼逃跑，还能将小贼和捉贼者隔离开，防止小贼暴起伤人，保障捉贼者的人身安全。最后，有道是"穷寇勿追"，如果追赶小贼，小贼可能返身死斗，而如果把小贼围起来，小贼一看逃不掉，有可能绝望投降。因此，对于小股敌人，要么围而歼之，如果做不到，让他逃掉也无妨。需要说明的是，"关门捉贼"与兵法中常说的“围三缺一”并不矛盾。“围三缺一”主要针对防守坚城的敌人，通过网开一面，使敌无守志，夺路出逃，从而在运动中消灭敌人，避免攻坚时遭受大的损失。“关门捉贼”主要是针对运动中的敌人，即本计按语中所说的“奇兵”“游兵”，通过围而歼之的方式，防止其逃跑。

“关门捉贼”既是一条计策，又是一种打法。说它是一条计策，是说“关门捉贼”可算作一种“攻心计”，使敌人出逃的希望破灭，从而失去抵抗的勇气，比恃强与敌人直接拼斗损失要小得多。说它是一种打法，是说我不管敌人是怎么来的，自己进来的也好，被引诱进来的也罢，只要其在兵力对比上处于绝对劣势，我又担心其逃跑，就把它围起来再打。当然，此计如果运用得当，所围所困的绝不仅限于“小贼”，也可以是敌方的主力部队。在这种意义上，“关门捉贼”与“关门打狗”的含义差不多。真实历史上、小说演义中关于“关门捉贼”的应用很多。比如诸葛亮火烧藤甲军、黄巢占长安、平型关大捷、辽沈战役等。再如，古代城防体系中的瓮城，就是专为“关门捉贼”设计的。攻城的敌人即使攻破了第一重城门冲入瓮城，由于突入兵力有限且无法展开，完全处在守军的攻击范围之内，成了守军的“活靶子”，这样不但能杀伤敌人的有生力量，还能动摇敌人攻破城门的信心。在瓮城里中招的人物和情节有很多，比如周瑜在南郡瓮城中箭；央视版水浒传中宋江征方腊时鼓上蚤时迁突入瓮城，被磨盘砸死（原著中是白面郎君郑天寿在常州城下被磨盘砸死）；电影《投名状》中李连杰饰演的庞青云命人射杀太平天国降卒，也是在瓮城进行的。

使用“关门捉贼”这一计后，相对于被关在门中的小贼，门外的人完全处在“人为鱼肉，我为刀俎”的主动局面，可以放、可以困、可以谈条件，可以现在捉，也可以过会儿捉，可以在屋里捉，也可以使用“围三缺一”的手段，把小贼放出来再捉，只要保持围困压迫的态势，妥妥搞定对方。就像电影《让子弹飞》里周润发扮演的黄四郎被捉住后，姜武扮演的武举人的那句台词：“我有九种办法弄死他！”因此，“关门捉贼”是三十六计中最从容的一计。

破解 乱中求生

“关门捉贼”既然对于使计并且得计的一方而言是最从容的一计，则对于受计者而言就是最困窘的一计。为了防止出现这种极其被动的局面，最好的办法就是事先做好准备，即医学中常说的“治未病”。比如看清形势，三思后行，不贪功冒进，以免被包围。再比如进屋之前先踩好点，谋划好撤退路线，行动时专门安排人把风，一有风吹草动赶紧撤离。如果不幸陷入了“被关门中”“十面埋伏”的不利境地，除非是个头脑简单的亡命之徒，否则不能寄希望于鱼死网破的这种拼命打法，要想全身而退，唯有制造混乱，搅乱敌方的包围圈，趁乱突围。如能收买敌方或其一部，使其网开一面，情况就更乐观了。具体而言，对于“门中之贼”，可以有以下两种应对策略。

一是不惜一切手段制造混乱，利用对方的混乱乘机突围。制造混乱的方法有很多种，比如声东击西，把敌人的注意力吸引到东边，却从西边突围。再比如弃车保帅，派小部队吸引大部分包围兵力，大部队乘机突围。隐藏自身也是制造混乱的一种方式。试想捉贼之人一拥而上冲进屋里，开门之后却没有看见小贼，必然乱哄哄地四处寻找，这时藏在暗处的小贼便可乘机混入捉贼的人中，贼喊捉贼，趁乱逃跑。侦探小说中，密室杀人凶手遁形的一种方式，就是杀手行凶后把尸体摆放在一进屋的醒目位置，自己却藏在室内门边开门方向一侧（门是关着的），故意发出声响。当屋外的人听见声响冲进查看时，注意力必然集中在屋内尸体上，杀手便可趁机从门后出来，假装自己也是进屋查看的一员（此时没人会注意他是什么时候出现的），或者乘机逃跑。此外，化整为零，分散突围，也可看作隐藏自身、制造混乱的一种方式。

二是巧妙利用对方内部的矛盾，通过挑拨或收买等方式分化对方成员，为自己谋得一线生机。在一些情况下，围困己方的敌人并非铁板一块，其围歼之志也不是非常坚决，特别是临时拼凑在一起、每部分负责一个方向的队伍，各部的想法可能并不一致，甚至彼此之间还有矛盾。有的希望拼死堵住被围之敌，有的却并不希望所部兵马与被围之敌死战，有的甚至在内心深处希望被围之敌逃走。被围的队伍如能准确把握各部敌人的利益诉求和真实意图，巧妙利用敌人之间的矛盾，便有希望借敌之手冲出重围。例如，红军长征时就充分利用了蒋介石的中央军与地方军阀之间的矛盾，最终冲破重重封锁，胜利到达陕北。此外，被围的队伍如能收买敌方一部，使其网开一面，或者更幸运的话能够直接收买敌酋或其亲信，使其主动撤围，便可逃出生天。以下所举陈平通过收买冒顿单于之阏氏，智解汉高祖刘邦白登之围的战例，便是此种方式之应用。

战例 陈平智解白登之围

汉高祖七年（公元前 200 年）冬，刘邦亲率 32 万大军出征匈奴，并镇压韩王信叛乱。汉军进入太原郡后，连连取胜，韩王信逃奔匈奴。汉军乘胜追击，在晋阳打败了韩王信与匈奴的联军，乘胜追至离石（今山西省吕梁市离石区），再次击败韩王信与匈奴的联军。匈奴再次在楼烦（今山西省娄烦县）西北集结兵力，被汉骑兵部队击溃。

由于汉军节节胜利，产生了麻痹轻敌的思想。刘邦到达晋阳后，听说匈奴驻兵于代谷（今山西省繁峙县至原平市一带），便派人侦察冒顿虚实。而冒顿将其精锐士兵、肥壮牛马等隐藏起来，只显露出年老弱小的士兵和瘦弱的牲畜，派去的使臣十余批回来都说匈奴可以攻击。刘邦派刘敬（娄敬）再去出使匈奴，他回来报告说："两国交兵，这时该炫耀显示自己的长处才是。现在我去那里，只看到瘦弱的牲畜和老弱的士兵，这一定是故意显露自己的短处，而埋伏奇兵来争取胜利。我以为匈奴是不能攻打的。”这时汉朝军队已经越过了句注山，二十万大军已经出征。刘邦听了刘敬的话非常恼怒，骂刘敬道：“齐国孬种！凭着两片嘴捞得官做，现在竟敢胡言乱语阻碍我的大军。”随即就用镣铐把刘敬拘禁起来押在广武县，准备凯旋后进行处罚。

刘邦率骑兵先到达平城（今山西省大同市），此时汉军步兵还未完全赶到。冒顿单于见汉兵蜂拥赶来，在白登山设下埋伏。刘邦带领兵马一进入包围圈，冒顿单于马上指挥40万匈奴大军，截住汉军步兵，将刘邦的兵马围困在白登山，使汉军内无粮草，外无援兵，不能相救。刘邦发现被包围后，立即组织突围，但经过几次激战，也没有突围出去。之后，冒顿单于率领骑兵从四面进行围攻，西面是清一色白马，东面是清一色青马，北面是清一色黑马，南面是清一色红马，企图将汉军冲散。汉军拼死抵抗，双方一时相持不下。此时正值隆冬季节，气候严寒，汉军士兵不习惯北方生活，很多人被冻伤，有的连手指头都被冻掉了。汉军被围困了七天七夜，粮食也快吃完了，饥寒交迫，危在旦夕。

恰在此时，随军出征的谋士陈平发现冒顿单于对新得的阏氏十分宠爱，经常一起骑马在山下营中出出进进，浅笑低语，情深意笃，朝夕不离。于是陈平向刘邦献计，想从阏氏身上打主意。刘邦采用陈平之计，派遣使臣乘雾下山，向阏氏献上了许多的金银珠宝，请阏氏帮汉军脱困。阏氏收下贿赂，便对冒顿单于说：“军中得到消息说，汉朝有几十万大军前来救援，只怕明天就会赶到了。”冒顿单于问：“有这样的事?”阏氏说：“汉、匈两族不应该互相逼迫得太厉害，现在汉朝皇帝被困在山上，汉人怎么肯就此罢休？自然会拼命相救。就算你打败了汉人，夺取了他们的城地，也可能会因水土不服，无法长住。万一灭不了汉帝，等救兵一到，内外夹攻，那样我们就不能共享安乐了。”冒顿单于问：“那怎么办呢?”阏氏说：“汉帝被围了七天，军中没有什么慌乱，想必是有神灵在相助，虽有危险但最终会平安无事的。你又何必违背天命，非得将他赶尽杀绝呢？不如放他一条生路，以免以后有什么灾难降临到咱们头上。”

冒顿单于本来与韩王信的部下王黄和赵利约定了会师的日期，但他们的军队没有按时前来，冒顿单于怀疑他们同汉军有勾结，就采纳了阏氏的建议，打开包围圈的一角，让汉军撤出。当天正值天气出现大雾，汉军拉满弓安上箭，从已经解除包围的一角慢慢地走出，才得以脱险。

此役过后，刘邦尽斩先前进言匈奴可击的十几名使臣，并赦免刘敬，封为关内侯。同时，白登之围也让刘邦看到了匈奴的真正实力，为了休养生息，刘邦采纳了刘敬的建议，与匈奴和亲，并与匈奴约定结为兄弟，各自以长城为界，两国的关系得到暂时的缓和。

第二十三计　远交近攻

形禁势格，利从近取，害以远隔。上火下泽。

解语译文：受到客观形势的限制和阻碍，攻取靠近己方的目标有利，攻取远离己方并且中间还隔着其他势力的目标有害。对待远近不同之敌，要采用截然不同的策略，就像易经《睽卦》中水火之间相互乖离一样。

按语　混战之局，纵横捭阖之中，各自取利。远不可攻，而可以利相结；近者交之，反使变生肘腋。范雎之谋，为地理之定则，其理甚明。

按语译文：在混战的局面中，各种势力频繁地联合与分裂，都是为了争夺各自的利益。对于远隔己方的势力，不要去进攻，而可以以利贿之，与之结盟。对于靠近己方的势力，如果与其交好而不设防备，对方反而有可能在身边发生变乱。战国时范雎为秦王制定“远交近攻”的战略，以地理位置的远近作为结盟或攻打的准则，其道理是非常明白的。

评析 最容易被识破的一计

“远交近攻”意为与离自己远的国家交好，而攻击自己的邻国，语出《战国策·秦策》，是战国时秦相范雎为秦国制定的一条外交策略。范雎曰：“王不如远交而近攻，得寸，则王之寸；得尺，亦王之尺也。”对为什么要“远交近攻”，我们中学时都学过一篇课文《烛之武退秦师》，说的比范雎更加透彻：

晋侯、秦伯围郑，以其无礼于晋，且贰于楚也。晋军函陵，秦军氾南。佚之狐言于郑伯曰：“国危矣，若使烛之武见秦君，师必退。”公从之。辞曰：“臣之壮也，犹不如人；今老矣，无能为也已。”公曰：“吾不能早用子，今急而求子，是寡人之过也。然郑亡，子亦有不利焉！”许之。

夜缒而出。见秦伯，曰：“秦、晋围郑，郑既知亡矣。若亡郑而有益于君，敢以烦执事。越国以鄙远，君知其难也。焉用亡郑以陪邻？邻之厚，君之薄也。若舍郑以为东道主，行李之往来，共其乏困，君亦无所害。且君尝为晋君赐矣；许君焦、瑕，朝济而夕设版焉，君之所知也。夫晋，何厌之有？既东封郑、又欲肆其西封，若不阙秦，将焉取之？阙秦以利晋，唯君图之。”秦伯说，与郑人盟。使杞子、逢孙、杨孙戍之，乃还。

子犯请击之。公曰："不可。微夫人之力不及此。因人之力而敝之，不仁；失其所与，不知；以乱易整，不武。吾其还也。"亦去之。

烛之武告诫秦伯说，秦、郑之间隔着晋国，即便灭掉了郑国，好处也会全部被晋国得去，到时候秦国白白为他人做嫁衣不说，晋国吞并郑国后实力更加强大，对秦国就越危险，还不如留着郑国作为秦国往来东方的补给站（暗含的意思是郑国愿意认秦国作大哥，并牵制晋国）。这些话句句打在了秦伯的心坎上，也明明白白说清楚了舍近求远为兵家大忌。

同时，本计按语中也说，"远不可攻，而可以利相结；近者交之，反使变生肘腋。"两个国家离得远，没有直接利益冲突，容易相互结交，而越是临近的国家，越不容易搞好关系。就像随便问一个国家的民众讨厌哪些国家，十之八九都会说自己的邻国，又好比同在一个单位工作，很多情况下与其他科室部门的人的关系都比跟自己科室部门的人的关系好。当然，所谓的"远交"也不是真要处得跟亲哥们似的，只不过是一种外交权术，当邻国被吞并后，"远交"的国家又成了自己的近邻，于是新一轮的"远交进攻"又开始了。此外，近者不但不好交，交深了（如放松防备）还有潜在危险。因为越是近的国家，越觊觎自己的土地财富，也越容易被第三国所分化拉拢，同时由于其地缘相近，一旦其暴起反水，如向本国发起突袭，或向第三国军队提供通道或军事基地，则危害甚深。正是基于以上种种原因，秦国坚决奉行“远交近攻”的策略，以“连横”大破东方六国之“合纵”，最终横扫六国、鲸吞天下。

从广义上讲，“远交近攻”并不仅仅局限为从地缘角度出发结交远邦攻打邻国，所有拉一派打一派的做法都属于“远交近攻”的范畴。两线作战甚至多线作战历来都是兵家大忌，明朝就亡于抵御清军和镇压农民起义的两线作战上，德国在两次世界大战中也因为两线作战一败再败。因此，要集中力量攻打某一方势力时，必须要稳住其他势力，最好能诱使其与自己一同出手，就像晋国约秦国夹攻郑国一般，将其诱骗或绑架到自己的战车上，避免其以围魏救赵、乘虚而入、背后捅刀、暗中资敌等种种方式找自己麻烦。

十九世纪英国首相比肯斯菲尔德伯爵说：“国与国之间没有永远的朋友，也没有永远的敌人，只有永远的利益。”这话不一定完全对，但很能说明问题。“远交近攻”之计对“远交”之国就如同一颗糖衣炮弹，虽然糖衣包得有薄有厚，但一看上去总是个炮弹的形状。因此，这一计是很容易被看穿的，可谓三十六计中最容易被识破的一计，但使计者利用“远交”之国统治者的短视、执政者的私心，以各种手段实施威逼利诱，还是能迫使一些国家就范。

破解 其次伐交

如上所述,“远交近攻”之计虽然容易识破,但要真正破解却并不容易。对于“近攻”之国,如何解除眼前的危险,对于“远交”之国,如何在破计的同时避免伸出“橄榄枝”的使计者打击报复,都需要费一番思量。《孙子兵法》曰:“上兵伐谋,其次伐交。”“远交近攻”之计既然通过外交方式施展,因此要破解此计,也要从外交方面下手,通过伐其交,破坏其外交策略。

对于“远交”之国而言,彻底打消使计一方开疆拓土、积极进取的念头恐怕很难,对此,视使计者与己方之力量对比,受计者可以采取不同的策略。当己方之实力逊于使计方时,则应联合其他势力,共同对抗使计方。使计方的实力虽然强于近、远之任何一方,但近、远诸方的力量加起来则强于使计方,若彼此联合,抱团自卫,则可保无虞,若各自为战,只能被各个击破。例如,李荃注《孙子兵法》时说:“苏秦约六国不事秦,而秦闭关十五年,不敢窥山东也。”再如,《三国演义》中吴蜀因争夺荆州而交恶后,魏国乘刘备新丧之际,约东吴等四路人马围攻蜀国。在此情况下,吴蜀两方均意识到魏强己弱,吴蜀中任何一方被消灭,则自己不能独存,于是两国迅速放下旧怨,重新结为联盟,继续与魏国保持鼎足三分之态势。以下战例部分将详录之。

当己方实力与使计方差不多,甚至强于使计方时,则应努力保持战略均势,不使对方坐大。例如,魏国进攻赵国时,未尝没跟齐国打过招呼，齐威王派田忌孙膑出兵援赵，绝不是出于国际主义精神，而是担心魏国兼并赵国后实力大增，对齐国造成威胁。保持战略均势的方法有很多，除了前述直接武装干涉外，还可以采取对被进攻国进行军事援助，联合其他国家对进攻国施加外交压力或实施经济封锁等。同时，还可以乘机使用三十六计中“假道伐虢”之计，即“两大之间，敌胁以从，我假以势”，借援助被进攻国之机实现对其控制，例如美国借朝鲜战争之机控制韩国。

对于“近攻”之国而言，可以通过外交手段打破使计方与“远交”之国间的联盟，并争取“远交”之国与自己结盟，例如上面讲的烛之武通过三寸不烂之舌，成功劝使秦国与郑国结盟；也可以“以彼之道还施彼身”，同样使出“远交进攻”之计，结交己方之远国、使计方之近邻，使其在背后对使计方形成牵制。然而如上所述，一般而言，相距于“远交”之国，使计国与其离得远，“近攻”之国与其离得近，而从地缘关系的角度看，离得越近关系越不容易搞好，关系搞不好就很难结盟。蒙古联合南宋进攻金国时（蒙古版“远交近攻”），金国曾努力试图打破蒙宋之盟，派出使者向南宋表示，蒙古为虎狼之邦，宋金应互为唇齿，留下金国尚可作为宋蒙之间的屏障，金国若亡，南宋将直接面对蒙古人的铁蹄。此言其实非常有道理，只可惜南宋上下被宋金之间百余年的仇恨蒙蔽了理智，与蒙古联手伐金，结果金国灭亡四十余年后，南宋也被蒙古所灭。因此，相对于“远交”之国，“近攻”之国处境更加尴尬，破计难度也更大。摊着个明白邻居还好说，要是摊着个糊涂邻居，只能认栽。

战例 邓芝出使东吴

却说东吴陆逊，自退魏兵之后，吴王拜逊为辅国将军，江陵侯，领荆州牧，自此军权皆归于逊。张昭、顾雍启奏吴王，请自改元。权从之，遂改为黄武元年。忽报魏主遣使至，权召入。使命陈说："蜀前使人求救于魏，魏一时不明，故发兵应之；今已大悔，欲起四路兵取川，东吴可来接应。若得蜀土，各分一半。"权闻言，不能决，乃问于张昭、顾雍等。昭曰："陆伯言极有高见，可问之。"权即召陆逊至。逊奏曰："曹丕坐镇中原，急不可图；今若不从，必为仇矣。臣料魏与吴皆无诸葛亮之敌手。今且勉强应允，整军预备，只探听四路如何。若四路兵胜，川中危急，诸葛亮首尾不能救，主上则发兵以应之，先取成都，深为上策；如四路兵败，别作商议。"权从之，乃谓魏使曰："军需未办，择日便当起程。"使者拜辞而去。

权令人探得西番兵出西平关，见了马超，不战自退；南蛮孟获起兵攻四郡，皆被魏延用疑兵计杀退回洞去了；上庸孟达兵至半路，忽然染病不能行；曹真兵出阳平关，赵子龙拒住各处险道，果然"一将守关，万夫莫开"。曹真屯兵于斜谷道，不能取胜而回。孙权知了此信，乃谓文武曰："陆伯言真神算也。孤若妄动，又结怨于西蜀矣。"

忽报西蜀遣邓芝到。张昭曰："此又是诸葛亮退兵之计，遣邓芝为说客也。"权曰："当何以答之？"昭曰："先于殿前立一大鼎，贮油数百斤，下用炭烧。待其油沸，可选身长面大武士一千人，各执刀在手，从宫门前直摆至殿上，却唤芝入见。休等此人开言下说词，责以郦食其说齐故事，效此例烹之，看其人如何对答。"

权从其言，遂立油鼎，命武士立于左右，各执军器，召邓芝入。芝整衣冠而入。行至宫门前，只见两行武士，威风凛凛，各持钢刀、大斧、长戟、短剑，直列至殿上。芝晓其意，并无惧色，昂然而行。至殿前，又见鼎镬内热油正沸。左右武士以目视之，芝但微微而笑。近臣引至帘前，邓芝长揖不拜。权令卷起珠帘，大喝曰："何不拜！"芝昂然而答曰："上国天使，不拜小邦之主。"权大怒曰："汝不自料，欲掉三寸之舌，效郦生说齐乎！可速入油鼎。"芝大笑曰："人皆言东吴多贤，谁想惧一儒生！"权转怒曰："孤何惧尔一匹夫耶？"芝曰："既不惧邓伯苗，何愁来说汝等也？"权曰："尔欲为诸葛亮作说客，来说孤绝魏向蜀，是否？"芝曰："吾乃蜀中一儒生，特为吴国利害而来。乃设兵陈鼎，以拒一使，何其局量之不能容物耶！"

权闻言惶愧，即叱退武士，命芝上殿，赐坐而问曰："吴、魏之利害若何？愿先生教我。"芝曰："大王欲与蜀和，还是欲与魏和？"权曰："孤正欲与蜀主讲和；但恐蜀主年轻识浅，不能全始全终耳。"芝曰："大王乃命世之英豪，诸葛亮亦一时之俊杰；蜀有山川之险，吴有三江之固：若二国连和，共为唇齿，进则可以兼吞天下，退则可以鼎足而立。今大王若委贽称臣于魏，魏必望大王朝觐，求太子以为内侍；如其不从，则兴兵来攻，蜀亦顺流而进取：如此则江南之地，不复为大王有矣。若大王以愚言为不然，愚将就死于大王之前，以绝说客之名也。”言讫，撩衣下殿，望油鼎中便跳。权急命止之，请入后殿，以上宾之礼相待。权曰：“先生之言，正合孤意。孤今欲与蜀主连和，先生肯为我介绍乎！”芝曰：“适欲烹小臣者，乃大王也；今欲使小臣者，亦大王也。大王犹自狐疑未定，安能取信于人？”权曰：“孤意已决，先生勿疑。”

（节选自《三国演义》第八十六回）

第二十四计　假道伐虢

两大之间，敌胁以从，我假以势。《困》，有言不信。

解语译文：对于处在敌我两个大国之间的小国，当敌方胁迫小国屈从于他时，我方应当借机去援救，以形成一种有利的态势。此时小国的处境就像易经《困卦》中说的那样，希望借我方的力量助其脱离困境（指应对“敌胁以从”），而我方当然不会顺着该小国的意思来（指“我假以势”，乘机实现己方的战略意图），该小国反而会陷入更加深重的困境中。①

按语　假地用兵之举，非巧言可诳，必其势不受一方

① 明代来知德《周易集注》：若不能实践躬行，自亨其道，惟欲以言求免其困，人必不信而益困矣。

之胁从，则将受双方之夹击。如此境况之际，敌必迫之以威，我则诳之以不害，利其幸存之心，速得全势。彼将不能自阵，故不战而灭之矣。如：晋侯假道于虞以伐虢。晋灭虢，虢公丑奔京师。师还，袭虞灭之。

按语译文：借地开展军事行动，不是仅靠花言巧语就能骗过（该地的主人）的，要想成功，要么是（该地的主人）受到另一方（指我方之敌）的胁迫，要么是（该地的主人）处于敌我两方势力的夹击之中。在这种情况下，敌方必然会用武力逼迫该地的主人屈服，我方则声称绝不会使其受到损害，利用其侥幸图存之心，迅速全面掌握局势。该地的主人必将丧失域内局势的掌控权，故而不通过战斗就能够将其灭掉。例如，晋国向虞国借道攻打虢国。晋国灭了虢国以后，虢公丑逃奔到东周王室的京城洛阳。晋国大军在回师的途中，再次借道虞国，并向虞国发起突袭，一举将其灭掉。

评析 最“霸道”的一计

“假道伐虢”是春秋时一段著名的历史典故。却说晋献公想吞并临近的虞国、虢国，但两国唇齿相依，互为犄角。于是大臣荀息向晋献公献计，以宝马和玉璧贿赂虞公，要求借道虞国攻伐虢国。虞公财迷心窍，不顾大臣劝阻，欣然同意。结果晋献公攻灭虢国后，在经虞国回师途中顺便灭了虞国。这一典故诞生了“假道伐虢”一计和“唇亡齿寒”的成语，无论对汉语言文化，还是对后世的军政谋略、国际关系，都贡献甚大。

通常情况下讲“假道伐虢”一计，或使用“假道伐虢”一词，是说以“假道”为借口，隐蔽“假道”的真正意图，也即“借此图彼，别有用心”。但从该计的解语及按语来看，实际上更多讲的是类似于国际关系方面的问题。是说夹在甲乙两个大国之间的小国丙，受到来自乙国的威胁时，便会向甲国求援。此时甲国若以一副锄强扶弱、路见不平的面目出现，便可利用丙国侥幸图存的心理，以帮助丙国抵御乙国之名，乘机向丙国进行渗透，掌控丙国局面。这样即使不经过战争，丙国也将被迫纳入甲国的势力范围。当然，从广义上来说，对于甲国而言，这也是一种“借此图彼，别有用心”。

“假道伐虢”之计中包含三方主体，即借道者（甲）、被借道者（丙）、借道者实际上或名义上的针对者（乙）。根据甲借道目的的不同，使用“假道伐虢”一计具体有三种情形。一是单纯针对乙。此时甲纯粹是为了军事行动的方便而向丙借道，以便从乙意想不到的方向发起进攻。比如蒙古借道南宋攻打金国。二是单纯针对丙。此时甲以对付乙为名，从丙境穿过，趁其不备，向丙发起突袭。比如《三国演义》中周瑜谎称打下西川来换荆州，实则为了在过境之时拿下刘备、袭取荆州。三是既针对乙，也针对丙。此时甲先借道丙境对付乙，回师途中再对付丙；或者借道丙境时先对付丙，拿下丙后再对付乙。如本计晋国“假道伐虢”之典故，再比如刘备借道西川，先对付张鲁，再对付刘璋。

在“假道伐虢”一计中，作为被借道的丙方，除了头脑发热、利令智昏主动“引狼入室”外，在甲方主动提出借道请求的情况下，内心其实是不情愿的。常言道“卧榻之侧岂容他人安睡”，被其他的队伍穿境而过，自已的门户洞开，即使是盟友，心里也不免紧张。特别是当搞不清楚所谓的“盟友”是真正的朋友还是“披着羊皮的狼”的时候，内心更加惴惴不安。丙之所以会同意甲的过境要求，更多情况下是迫于甲的压力（丙不敢得罪甲），或者来自乙的现实的、急迫的威胁。对于甲方而言，使用“假道伐虢”一计建立在丙方并不情愿，而凭借强力或利用危机局势迫使其屈服的基础上，因此“假道伐虢”是三十六计中最“霸道”的一计。

“假道伐虢”是一种发散性思维。在通常情况下，甲如要对付乙丙，应当直接面对乙丙，跟乙丙放对。但甲却通过丙，既能从乙意想不到的方向对其进行攻击，又能将丙置于自已的实际掌控之下。一方面，这是十分高明的计策，另一方面，这也需要自身强大的硬实力作为支撑。当今世界，美国特别喜欢用这种手段。许多“乙国”被阴，许多“丙国”也被迫沦为其附庸。

破解 外揖内防

“假道伐虢”的使计者为借道的甲方，受计者却为借道所针对的乙方（英文“to”），以及被借道的丙方（英文“by”）。如上所述，乙方和丙方受此计之害的情形不同，因而应对策略也不同。对于乙而言，与甲的敌对关系是确定的、明显的，不怕甲搞手段，关键要密切注视甲的动向，并做好防备，以免甲借道丙境发起突袭时手忙脚乱。对于丙而言，与甲的关系比较复杂，应对起来也比较复杂，既要防着甲，又不能得罪甲，这也是小国夹在大国之间的无奈吧。具体而言，乙、丙双方应分别采取以下策略：

作为乙方，应紧盯甲方之动向，当其假道丙境时，在与丙相邻的方向加强防范。甲军借道丙境，丙内部需要经过激烈的讨论，做出决策后，要通知到甲军所经沿途的官商士民，以免引起恐慌。因此，甲借道丙境的时间和路线信息并不难获取。乙方除了加强防范外，也可直接在丙境内与甲决战，避免战火烧到自己国内。比如中（唐、明、清三朝）日、中美在朝鲜半岛交战，日俄在中国东北交战，都是这个道理。此外，乙方还可以以此为机，通过在丙境内进行舆论引导甚至散布谣言，大肆渲染甲借道丙境对丙国的危害，以及对丙国尊严的侮辱，挑拨甲丙关系，丙政府与民众之间的关系，丙政府内部不同派别的关系，以迟滞和阻挠甲方行动，并打击丙内部亲甲势力。

作为丙方，应在外表上对甲方保持客气，但实际上时刻提防，即“外揖内防”。一是要防止甲方势力趁机渗透。丙可以借助甲的经济、军事实力对抗乙，比如向甲贷款，购买甲之先进武器装备，请甲之教官帮忙训练军队，或请甲遥为声援，尽量避免请甲入境作战，直接介入乙丙之间的纷争，以免其趁机掌控丙国政权。说得通俗一点，就是宁给“债权”，不给“股权”。关于“外债”与“外股”之分，清末主持铁路修建工作的盛宣怀有一段著名论述：“俄请筑路东三省，英请筑路滇、川、西藏，法请筑路两粤，毗连疆域，初则借路攘利，终必因路割地，后患无穷。若借款自造，债是洋债，路是华路。”在列强环伺的形势下，盛宣怀坚持宁可借钱也不能出让铁路股份，唯有这样，主权才不会外泄。同样，对于此计中的丙而言，使甲的介入越少，自己越能保持独立自主。二是在已经借道给甲的情况下，不能被甲表面的“亲善”所迷惑，要加强沿途，特别是战略要地的守备。为了避免得罪甲，或给甲以口实把柄，守备应暗中加强，不可大张旗鼓。一旦甲暴起发难，确保有准备、有能力及时应对。

当然，如何破解“假道伐虢”这一计，特别是对被借道的丙而言，能不能破解，以及破解的质量，关键还要看自己与甲乙双方的相对实力对比。当丙的力量远逊于甲乙时，夹在两个强大的邻居中间，能够勉强生存就已经很不错了，破计难度极大。如果甲丙的力量对比并不悬殊，对于甲“借道”途中的不轨行为，丙不但可以自卫，甚至可以出其不意予以反击。说到底，丙要想从根本上破解这一计，关键还要自己发奋图强，让甲乙有所忌惮，不能寄希望于“以夷制夷”那一套。就像本篇脚注中引的那句话一样，“若不能实践躬行，自亨其道，惟欲以言求免其困，人必不信而益困矣”。

《三国演义》中，周瑜声称要借道荆州攻打西川，意图乘刘备等出城劳军时袭取荆州。刘备诸葛亮将计就计，巧布埋伏，大败吴军，致周瑜三气而亡。此为丙方通过“外揖内防”破解甲方“假道伐虢”之计之典例。以下节录之。

战例 诸葛亮三气周瑜

（鲁肃）径到柴桑，见了周瑜，具言其事。周瑜顿足曰：“子敬又中诸葛亮之计也！当初刘备依刘表时，常有吞并之意，何况西川刘璋乎？似此推调，未免累及老兄矣。吾有一计，使诸葛亮不能出吾算中。子敬便当一行。”肃曰：“愿闻妙策。”瑜曰：“子敬不必去见吴侯，再去荆州对刘备说：孙、刘两家，既结为亲，便是一家；若刘氏不忍去取西川，我东吴起兵去取，取得西川时，以作嫁资，却把荆州交还东吴。”肃曰：“西川迢递，取之非易。都督此计，莫非不可？”瑜笑曰：“子敬真长者也。你道我真个去取西川与他？我只以此为名，实欲去取荆州，且教他不做准备。东吴军马收川，路过荆州，就问他索要钱粮，刘备必然出城劳军。那时乘势杀之，夺取荆州，雪吾之恨，解足下之祸。”

鲁肃大喜，便再往荆州来。玄德与孔明商议。孔明曰：“鲁肃必不曾见吴侯，只到柴桑和周瑜商量了甚计策，来诱我耳。但说的话，主公只看我点头，便满口应承。”计会已定，鲁肃入见，礼毕，曰：“吴侯甚是称赞皇叔盛德，遂与诸将商议，起兵替皇叔收川。取了西川，却换荆州，以西川权当嫁资。但军马经过，却望应些钱粮。”孔明听了，忙点头曰：“难得吴侯好心！”玄德拱手称谢曰：“此皆子敬善言之力。”孔明曰:“如雄师到日,即当远接犒劳。”鲁肃暗喜,宴罢辞回。玄德问孔明曰:“此是何意?”孔明大笑曰:“周瑜死日近矣!这等计策,小儿也瞒不过!”玄德又问如何,孔明曰:“此乃‘假途灭虢’之计也。虚名收川,实取荆州。等主公出城劳军,乘势拿下,杀入城来,‘攻其不备,出其不意’也。”玄德曰:“如之奈何?”孔明曰:“主公宽心,只顾‘准备窝弓以擒猛虎,安排香饵以钓鳌鱼’。等周瑜到来,他便不死,也九分无气。”便唤赵云听计:“如此如此,其余我自有摆布。”玄德大喜。后人有诗叹云:周瑜决策取荆州,诸葛先知第一筹。指望长江香饵稳,不知暗里钓鱼钩。

却说鲁肃回见周瑜,说玄德、孔明欢喜一节,准备出城劳军。周瑜大笑曰:“原来今番也中了吾计!”便教鲁肃禀报吴侯,并遣程普引军接应。周瑜此时箭疮已渐平愈,身躯无事,使甘宁为先锋,自与徐盛、丁奉为第二,凌统、吕蒙为后队,水陆大兵五万,望荆州而来。周瑜在船中,时复欢笑,以为孔明中计。前军至夏口,周瑜问:“荆州有人在前面接否?”人报:“刘皇叔使糜竺来见都督。”瑜唤至,问劳军如何。糜竺曰:“主公皆准备安排下了。”瑜曰:“皇叔何在?”竺曰:“在荆州城门外相等,与都督把盏。”瑜曰:“今为汝家之事,出兵远征;劳军之礼,休得轻易。”糜竺领了言语先回。

战船密密排在江上,依次而进,看看至公安,并无一只军船,又无一人远接。周瑜催船速行。离荆州十余里,只见江面上静荡荡的。哨探的回报:“荆州城上,插两面白旗,并不见一人之影。”瑜心疑，教把船傍岸，亲自上岸乘马，带了甘宁、徐盛、丁奉一班军官，引亲随精军三千人，径望荆州来。既至城下，并不见动静。瑜勒住马，令军士叫门。城上问是谁人。吴军答曰：“是东吴周都督亲自在此。”言未毕，忽一声梆子响，城上军一齐都竖起枪刀。敌楼上赵云出曰：“都督此行，端的为何？”瑜曰：“吾替汝主取西川，汝岂犹未知耶？”云曰：“孔明军师已知都督‘假途灭虢’之计，故留赵云在此。吾主公有言：‘孤与刘璋，皆汉室宗亲，安忍背义而取西川？若汝东吴端的取蜀，吾当披发入山，不失信于天下也。’”周瑜闻之，勒马便回。只见一人打着令字旗，于马前报说：“探得四路军马，一齐杀到：关某从江陵杀来，张飞从秭归杀来，黄忠从公安杀来，魏延从孱陵小路杀来，四路正不知多少军马。喊声远近震动百余里，皆言要捉周瑜。”瑜马上大叫一声，箭疮复裂，坠于马下。

（节选自《三国演义》第五十六回）

第二十五计　偷梁换柱

频更其阵，抽其劲旅，待其自败，而后乘之，曳其轮也。

解语译文：频繁地变动对方的阵容，暗中抽换对方的精锐，等待对方自趋失败，而后乘机控制或者吞并对方。就如同易经《既济卦》中说的，拖住了大车的轮子（使大车陷入我方的控制）一样。

按语　阵有纵横，天衡为梁，地轴为柱。① 梁柱以精兵为之，故观其阵，则知其精兵之所在。共战他敌时，频更其阵，暗中抽换其精兵，或竟代其为梁柱，势成阵塌，遂兼其兵。

① "纵横""天衡""地轴"都是古代阵法中的术语。如明代龙正的《八阵图合变说》："昔者汉之诸葛，大名垂于宇宙，而成于八阵者居多。诸葛之八阵。昉于黄帝、风后。而实得心法，非专推演也，故其垒石于沙，纵横皆八。其曰天衡、地轴、天前冲、后冲、地前冲、后冲。"

并此敌以击他敌之首策也。

按语译文:任何阵势都是由纵列和横列构成的,阵中的“天衡”,左右相对,是阵的“大梁”;“地轴”在阵中央,是阵的“支柱”。梁和柱的位置都是部署精兵的地方,因此察看对方的阵势,就知道其精兵之所在。与友军联合作战对付另一方敌人时,设法频繁地变动友军的阵容,暗中抽换其精兵,或者派自己的部队去代替友军阵中梁柱的位置,一旦做到了这一点,友军的阵势就会垮掉,这时就可乘势吞并友军的部队。这就是兼并一股力量后再攻击另一方敌人的首善之策。

评析 最悄无声息的一计

“梁”和“柱”都是建筑学用语。中国古代的建筑一般都是以木结构为主,多数都采用三开间的格局(代表天、地、人三才)。由于开间较大,需要中间加两道梁,再加上前梁、后梁,合计是四根梁(代表四面),每根梁的两端各有一根柱子,起到支撑的作用,这样就有八根柱子(代表八方)。靠这四根梁和八根柱子支撑着整个建筑,于是就有了“四梁八柱”之说。梁柱代表了建筑的核心结构,如果将梁柱偷换成朽木、劣木,房子很快也就要塌了。因此,作为三十六计中的一计,“偷梁换柱”是指暗中将对方倚为梁柱的部分抽换掉,从根本上削弱对方的战斗能力,甚至使对方无法自立,我方再乘势取利,控制或消灭对方。同时,作为一个成语,“偷梁换柱”也比喻暗中玩弄手法,以假代真,以劣代优。无论哪种用法，“偷梁换柱”都包含了用偷换的办法，暗中改换事物的本质和内容，以达蒙混欺骗目的的含义。

“偷梁换柱”有两种偷换方式，一种是自己亲自动手，将对方“好”的东西换掉。例如，据《吴越春秋》记载，勾践十三年（公元前 484 年），越国谎称受灾，向吴国借粟（稻谷）万石，第二年“越王粟稔，拣择精粟而蒸还于吴”，即把品相良好的稻谷蒸熟后还给吴国。吴国百姓见所还稻谷颗粒饱满，便用作种子，不料错过农时，导致吴国陷入饥荒，国力大为削弱。另一种是引诱对方自己动手，以次代好而浑然不觉。比如，通过散布谣言，使用反间计，使君主疑心前方善于指挥的良将，以庸才代之，结果“兵熊熊一个将熊熊一窝”，所换庸将葬送了整支军队甚至整个国家的前途和命运。如骑劫代乐毅，赵括代廉颇，赵葱代李牧，曹真代司马懿，皆为自毁长城之举。

“偷梁换柱”之计完全在暗中进行，甚至受计方中计后都没有丝毫察觉，直到墙倒屋塌才悔之晚矣，因此是三十六计中最悄无声息的一计。此计充分利用了对方的疏忽大意，或对“梁柱”的多疑心理，既可用在军事领域，也可用在政治、外交领域。特别在权术方面，“偷梁换柱”还有一种用法，就是将对方核心关键岗位的人暗中逐渐换成自己的人，从而架空、挟制对方，最终取代对方享受其原来的权力，即按语中所谓的“或竟代为其梁柱，势成阵塌，遂兼其兵”。古往今来的权力斗争、宫廷政变中，常有此种情形的应用。

破解 护之信之

既然“偷梁换柱”的目的是用“次”的东西替换原本倚为梁柱的“好”的东西,要破这一计,则需要反其道而行之。你不是想让我换吗,我偏不换,就算要换,我也换个比以前更好的。虽然说起来简单,但真正做到并不容易。其关键在于,受计者本身对“梁柱”要有正确的认识、足够的重视和充分的信任。如果具备这一前提,则“偷梁换柱”之计既不难防,也不难破。如果不具备这一前提,则破解此计几乎如同痴人说梦。因此,应对“偷梁换柱”之计,至少需要做到以下两个方面:

第一,要准确识别己方的核心关键部位,拣选良材精锐充之,并加意照护,避免有失。此句包括三个要点。一是要将己方作为一个机体整体,明确核心关键,分清主次。比如建筑的梁、柱,阵势中的“天横”“地轴”,刀剑的锋刃,都是这个整体的关键所在。二是要能够识别良材精锐,从千千万万看上去差不多的材料中选择质地性能最好的,并将“好钢用在刀刃上”。这说起来简单,但其实选人用人是难度很大的一项工作,所谓“千里马常有,而伯乐不常有”,说的就是这个问题。三是对所拣选的良材精锐要给予充分的爱护、关照,切不可以为将其放到梁、柱的位置上,从此就可高枕无忧。以上三点中,人们往往对前两点比较重视,也乐于投入大量财力精力,但对第三点却容易忽略。好比男人讨老婆,都知道一个家庭需要一个好老婆,追求的时候也不可谓不挖空心思,然而一旦追到手,对自己的妻子却不够关心爱护,直到妻子离自己而去,或有第三者插足(就像妻子的心被第三者“偷梁换柱”),才后悔不已。因此,“梁柱”尽管已经立在那里,但有可能朽坏,也有可能被偷换,只有时时擦拭,加意照护,才能防止别人“偷梁换柱”。

第二,对于已经选定的“梁柱”要给予充分的信任,不要妄加羁縻,不要随意更换,更不能轻信谣言。《孙子兵法》的作者孙武有着丰富的统兵经验,对这一问题有着充分认识和切身体会,故在《孙子兵法》中不惜笔墨作了专门论述。《谋攻篇》有云:“故君之所以患于军者三:不知军之不可以进而谓之进,不知军之不可以退而谓之退,是谓縻军;不知三军之事而同三军之政者,则军士惑矣;不知三军之权而同三军之任,则军士疑矣。三军既惑且疑,则诸侯之难至矣,是谓乱军引胜……将能而君不御者胜”。其中“将能而君不御”,也包含了“将能而君不换”的意思。作为君主,更换前方“梁柱”之将,主要有两种情形:一种是自负,认为前方将领的指挥不符合自己心意,不如自己高明;一种是自卑,认为前方将领能力超凡、功高震主、深得人望,威胁到自己的统治。敌方利用对方君主的以上两种心理,便可通过散布谣言的方式,使其自换“梁柱”。当然,新换的“梁柱”的素质和能力并不一定比之前的“梁柱”差,君主即便再糊涂,也不会故意派个连自己都认为是废物的人去统兵。但问题在于,新的“梁柱”为了显示自己与前任不同(显摆自己的能力或避嫌),必然会变更前任的阵势打法，而这样往往会造成不利的后果。一方面，变更阵势打法会造成底下将士的思想和行动混乱，从而给敌人以可乘之机。另一方面，敌人可能正是苦于对方前任的这套阵势打法，才以“偷梁换柱”之计诱使对方换将，换将换阵正中敌人下怀。例如，长平之战中，一开始老将廉颇坚守不出，令秦军前进不得，后来秦人散布谣言，使赵王以赵括代替廉颇，结果赵括一改廉颇的策略，主动出击，中了秦军的埋伏，四十万大军全军覆没。因此，作为“梁柱”之主，一定要充分认识到更换“梁柱”，特别是频繁更换“梁柱”可能给己方带来的损害，对于不利于“梁柱”的言辞和证据，要详加调查，判其真伪，特别要注意追查这些言辞和证据的来源，看看这些东西最初是从谁的口里传出来的。如果对“梁柱”足够信任，也可对这些言词证据不予理睬，从而稳定人心。以下所举战国时乐羊伐中山之战例，即为魏文侯不信谣言，从而破解“偷梁换柱”之计的典例。

战例 乐羊伐中山

战国时期，魏文侯派大将乐羊讨伐中山国，由于中山国都城城防坚固，乐羊又想争取中山国民心，便对中山国采取了长期围困的策略，打起了消耗战。时间一久，魏国士兵能够得到来自魏国源源不断的给养，而中山国都城的粮草却越来越少，渐呈不支之象。正巧乐羊之子乐舒在中山国做官，中山国便据此大做文章，声称乐羊暗通中山国。消息传到魏国，一些官员纷纷向魏文侯告状，称乐羊之所以围而不攻，是为了保护儿子，要求撤换乐羊并治其之罪。魏文侯听了之后，并没有相信，而是派人到前线慰问部队，并为乐羊修建新的住宅。

被围困已久的中山国国君眼看已无破敌之计，便威胁杀死乐舒，逼迫乐羊退兵。但乐羊不为所动，中山国国君命人杀死了乐舒，煮成肉羹，送给乐羊。乐羊说："乐舒帮昏君做事，死如粪土。"此时中山国都城内已困顿不堪，魏军全军上下又为乐舒之死悲愤不已，乐羊乘机鼓舞士气，下令攻城，中山城破国灭，国君被迫自杀。

乐羊得胜回朝后，自认为指挥得当，立有大功，不禁沾沾自喜。魏文侯命人拿来了两只箱子，让乐羊看。乐羊打开之后，发现全是朝臣攻击他围城不攻、私通中山国的奏章。乐羊登时汗流浃背，向魏文侯叩拜道："若是没有大王的明察和气度，排除各种杂音，彻底相信我，不但破不了中山国，我乐羊早成为刀下之鬼了。攻下中山国并非我的功劳，而是大王您的功劳啊。"

魏文侯道："我既然派你去攻打中山国，就必须支持你、相信你，否则将来谁肯为我出力呢？不管怎么说，这次攻下中山国，你的功劳无人能比。"随后便重赏了乐羊。

第二十六计　指桑骂槐

大凌小者，警以诱之。刚中而应，行险而顺。

解语译文：强大者控制弱小者，要通过警告的方式来引导对方，使其服从己方的命令。此计正合易经《师卦》“刚中而应，行险而顺”①之象。

按语　率数未服者以对敌，若策之不行，而利诱之，又反启其疑。于是故为自误，责他人之失，以暗警之。警之者，反诱之也，此盖以刚险驱之也。或曰：此遣将之法也。

① 刚中而应，行险而顺：语出易经《师卦》。本卦为异卦相叠，下卦为坎为水，上卦为坤为地，水流地下，随势而行。这正如军旅之象，故名为“师”。本卦象辞说：“刚中而应，行险而顺，以此毒天下，而民从之。”“刚中而应”是说九二以阳爻居于下坎的中信，叫“刚中”，又上应上坤的六五，此为此应。下卦为坎，坎表示险，上卦为坤，坤表示顺，故又有“行险而顺”之象。以此卦象的道理督治天下，百姓就会服从。“毒”，“督”音，治理的意思。

按语译文：率领还没有完全服从自己的队伍与敌人作战，如果自己的策略得不到执行，这时若用利益来引诱自己的队伍，反而会引起他们的怀疑。在这种情况下，可以故意制造失误，引发事端，并责罚别人的过错，借以暗示和警告那些不服从命令的人。所谓的警告，其实是用另一种方式引导对方，这是一种以刚猛险诈的手段驱使部下服从命令的方法。有人说，这是一种差遣将领的方法。

评析 最直白的一计

“指桑骂槐”的字面意思是指着桑树骂槐树，听上去好像是泼妇骂街的一种方式，作为三十六计中的一计，指用委婉、间接的方式使对方知晓自己的意图，从而使对方敬服或畏服，是很高明的一项策略。一方面，使对方搞清楚状况后主动去干某件事，要比强迫对方去做某件事成本小得多。另一方面，通过间接的方式能够避免直接冲突，容易被对方接受，效果也比较好。总体来看，“指桑骂槐”可以分为温和与霸道两种方式。

一是温和的方式，即“托物言志”。古人讲道理时非常喜欢用托物言志、旁敲侧击的方式。例如，《邹忌讽齐王纳谏》中，邹忌以自己明明不如徐公美，身边的人出于种种原因却异口同声称自己比徐公美的例子，劝诫齐王要广开言路，兼听则明。再如，《触龙说赵太后》中，老臣触龙以向赵太后恳求自己的小儿子担任王宫宿卫之名，劝诫赵太后不要溺爱长安君，使其出质于齐，以有功于国。又如，成语“危如累卵”的出典中，为了劝阻晋灵公修筑九层琼台，大臣荀息在晋灵公面前表演了一出棋子上面垒鸡蛋的杂技，待到晋灵公大呼危险时，再乘机说修筑高台比卵更危险（虚耗人力、田事荒废、国库空虚、外敌窥伺），从而打消了晋灵公修筑高台的念头。

二是霸道的方式，即“杀鸡儆猴”，通过惩戒一个以警告其余。例如，孙武为吴王阖闾训练宫女时，杀掉不顾其三令五申的两名吴王爱姬，使其他宫女乖乖服从指挥。再如，曹操在行军途中发布了军士不得践踏麦田命令，结果自己的马受惊后跃入麦田，踏坏了几棵麦苗，为严肃军纪，曹操以割发代首的方式，向全军传达了违令必究的要求。正是在如此严明的军纪下，曹操才从各路诸侯中脱颖而出。又如，周瑜打黄盖，固然是为了使用“苦肉计”，但与此同时，也起到了震慑投降派，使全军上下统一思想全意抗曹的作用，毕竟东吴内部此前有相当一部分人劝孙权降操，打起仗来未免不会开小差。

使用“指桑骂槐”之计，目的就是要让对方知悉自己的意图，因而是三十六计中最直白的一计。需要强调的是，使用此计的前提是“以大凌小”，即确保自己的力量远强于对方，或者自己的道理要盖过对方的道理，唯有如此，才能使对方敬服或畏服，发挥“指桑骂槐”的效果。否则自己的力量明明不如对方，却主动暴露战略意图，那就是蠢。

破解 虚与委蛇

如上所述,使用“指桑骂槐”之计的前提是“以大凌小”,对于受计者而言,如果使计者所要达到的目的同时也符合受计者自身的切身利益,比如邹忌讽齐王纳谏,或者使计者的力量足以达到“顺之者昌,逆之者亡”的程度,那就谈不上破解的问题,乖乖顺从就是了,这样他好我也好。反之,如果使计者的意图不符合受计者的切身利益,同时受计者与使计者的力量对比并未达到拂逆必亡的程度,或者使计者并无精力继续把控受计者是否真正遵从了自己的意图,就给了受计者破计的必要性和可能性。此时受计者不能无动于衷我行我素,甚至明目张胆地与使计者作对,否则自己很有可能成为下一只被用来儆猴的鸡,而要以虚与委蛇的方式与使计者周旋,伺机而动。具体而言,虚与委蛇有以下几种方式:

一是消极应付。杀只鸡,抖一抖;推一推,动一动,只要上面不杀不推,就一动不动,或者即便有所行动,也是出工不出力。例如,东周桓王在位时,郑庄公打着周天子的旗号讨伐宋国。周桓王极为震怒,便纠集了蔡、卫、陈等几个诸侯国共同讨伐郑国,打算以“指桑骂槐”“杀鸡儆猴”的方式震慑所有胆敢挑战周天子权威的诸侯国。然而蔡、卫、陈与郑同属诸侯国,在摆脱周天子的控制上与郑国利益是一致的,因而在伐郑之战中出工不出力,导致周桓王的王师被郑国军队杀得大败,连周桓王的肩膀上都中了一箭。这一箭,彻底射穿了周天子最后的遮羞布,从此周王室在诸侯国中再无威信可言。

二是弄虚作假。如果说以上消极应付是不作为，那弄虚作假就是假作为。在“指桑骂槐”的使计者看来，受计者似乎是有所触动，按照使计者的意愿忙个不亦乐乎，而实际上使计者看到的全是假象，受计者背地里依然我行我素。例如，电视剧《宰相刘罗锅》中，乾隆皇帝表彰了衣着破旧的浙江巡抚孙有道，原意是以孙有道为榜样，倡导廉洁朴素之风，然而官员们却纷纷以穿破衣烂衫为“时尚”，到处争抢旧官服，甚至故意把新官服磨破再打上补丁，搞得政府会议就像丐帮大会，而同样是这些官员，回家之后却依然贪污受贿、花天酒地，置朝廷法度于不顾。此一情节虽是以极度夸张的方式讽刺这一社会现象，但用来解释面对“指桑骂槐”如何弄虚作假，却十分形象。

三是韬光养晦或守时待变。即“指桑骂槐”的受计者假装完全臣服于使计者，实际上依然心怀异志，暗中积蓄力量、等待时机。例如，安史之乱后，唐朝中央政府与藩镇，便是“指桑骂槐”与“守时待变”的关系。中央政府希望自上而下政令畅通，而藩镇希望父子相继，形成事实上的独立王国，两者利益相冲突。于是，当中央政府强大时，便通过敲打个别藩镇，使其他藩镇暂时收敛；而藩镇并不甘心受朝廷摆布，一旦中央政府势力衰弱，便马上气焰复炽。安史之乱后，朝廷与藩镇进行了三个阶段的较量，而唐王朝也在这种零和博弈中逐渐走向了灭亡。以下战例部分将详述之。

需要再次强调的是，面对“指桑骂槐”之计，受计者一定要学会算账，当“指桑骂槐”者的意图与自己的短期利益相冲突，但符合自己的长远利益时，一定要把眼光放得长远一些，否则就是大账不算算小账，说的再直白一点就是傻。例如，明朝末年，崇祯皇帝苦苦哀求群臣捐钱助国家渡过难关，结果衮衮诸公谁也不动，直到李自成的起义军打破北京，把他们的万贯家财全部搜罗一空才一个个后悔不迭。就凭这么一帮蠹虫蠢蛋，这样的朝廷不亡奈何。

战例 唐政府VS藩镇

安史之乱后，唐政府中央集权削弱，出现了藩镇割据的局面。为了维护各自的利益，朝廷与藩镇之间进行了数轮较量，大致可分为三个阶段。

第一阶段：从唐代宗李豫初年到唐德宗李适末年（公元762—805年），是割据形成发展时期。唐代宗广德元年（公元763年），安史之乱以史朝义自缢，其党羽纷纷投降唐朝而告结束。但朝廷无力彻底消灭这些残余势力，便以赏功为名，授以节度使称号，由其分统原来安史所占之地。计有李怀仙为卢龙节度使，统治今河北东北部；李宝臣为成德节度使，统治今河北中部；田承嗣为魏博节度使，统治今河北南部、山东北部；薛嵩为相卫节度使，统治今河北西南部及山西、河南各一部，共四镇。其后相卫为田承嗣所并，则成为三镇，即河朔三镇，又称河北三镇。这三镇名虽服从朝廷，实则独立，军中主帅，或父子相承，或由大将代立，朝廷无法过问。与此同时，淄青镇大将李正已逐节度使侯希逸，唐亦授以节度使称号，统治今山东地区。建中三年（公元 782 年），淮西节度使李希烈据镇反叛，自称建兴王，并联合淄青、魏博、成德、卢龙四镇节度使抗拒中央。唐德宗前后调集淮西邻道兵和泾原兵镇压叛乱。然而在此过程中，入援朝廷的前卢龙节度使朱泚、朔方节度使李怀光先后叛乱，唐德宗被迫出奔奉天（今陕西乾县），又奔梁州（今陕西汉中）。在郭子仪旧将浑瑊的坚持抵抗下，兴元元年（公元 784 年）六月，唐军平定了朱泚，贞元元年（公元 785 年）八月平定李怀光，二年四月，李希烈为部将所杀，河北、山东四镇也表示重新服从中央，表面上又归统一。唐德宗经过这场恐慌之后，转为执行姑息政策，求得暂时安定。但也做了一些削藩的准备工作，一是加强禁军（神策军），二是充实府库。不过，这两方面都造成了另一后果，即宦官进一步控制中央政权。

第二阶段：从唐宪宗李纯永贞元年至元和末年（公元 805—820 年），是讨伐叛镇的时期。永贞元年（公元 805 年）八月，唐宪宗即位，在其祖、父十多年努力之后，中央军力和财力都有了一定基础，他开始执行削藩政策。自元和元年（公元 806 年）起，先后平定了剑南西川节度使刘辟、夏绥节度使杨惠琳、镇海节度使李锜。元和七年（公元 812 年），魏博节度使田季安死，子从谏年幼继位，军中推立大将田兴（后改名弘正），田兴表示服从中央，请朝廷任命管内地方官,送从谏入京。河朔三镇中已有一镇归顺朝廷。淮西镇自李希烈被部将陈仙奇所杀后,军务辗转为吴元济所得。为打通江淮至长安的税赋通道,唐宪宗征集邻道军队围攻淮西。淄青、成德两镇暗中支持淮西,企图阻止朝廷进攻。但唐宪宗没有动摇,以裴度为相,坚持平叛。由于平叛军队中有不少将领迁延观望,作战不力,战争拖了四年。元和十二年(公元817年)十月,唐邓节度使李愬雪夜袭克蔡州,擒吴元济,取得最后胜利。十三年(公元818年)唐宪宗又发兵攻淄青,十四年(公元819年)二月,淄青将刘悟杀节度使李师道降唐。在此形势下,成德镇王承宗、卢龙镇刘总相继自请离镇入朝,请朝廷另委节度使,长期割据的局面在唐宪宗一朝得以暂时解决。

第三阶段:从唐穆宗初至唐懿宗末(公元821—874年),是藩镇复活并延续的时期。唐宪宗伐叛所创下的新局面没有维持多久。由于长期战争,中央府库的积蓄已经枯竭,宪宗晚年任用聚敛之臣,遭到百姓怨恨;新的统一局面,也使大臣们思想麻痹。元和十五年(公元820年),宪宗死,穆宗即位后,“销兵”(即裁减兵员)的主张盛行一时。销兵虽可以节省财政开支,但被裁的士卒无可靠生计,成为一个乱源。河北三镇的将士几十年不识中央委派的官吏,如今看到的却是一些趾高气扬把河北士兵视为降虏的昏庸骄奢的人物。长庆元年(公元821年)卢龙发生兵乱,将士囚禁朝廷派去的新节度使张弘靖,尽杀其幕僚。接着,成德军将又杀自魏博移镇成德的节度使田弘正(即田兴),朝廷命裴度统兵讨伐,又命魏博节度使田布(田弘正之子)出兵助讨成德,但将士不肯出力,要求田布行河朔故事(即恢复独立状态),后田布自杀。于是河朔三镇又脱离了中央控制,被裁的士卒,纷纷投奔其下。新的割据者朱克融、王廷凑、史宪诚还是实行原先的旧传统。裴度的讨伐军无功而还。朝廷因为军费浩大,无法支撑长期作战,只好承认现实。经此,唐朝中央再也没有恢复河北的打算。除河北外,在唐政府尚能控制的区域内,也新出现了一些较小的割据者,朝廷也无可奈何。

至此,朝廷与藩镇的势力基本保持均势。此后中央政府不再试图削藩,藩镇也不再公然反叛中央政府。而朝廷内部宦官与朝臣之间的争斗,即南北司之争则成为唐王朝后期的主要矛盾。藩镇不再与中央为难后,进入了相互兼并的时期。到黄巢起义后,唐中央政府的势力瓦解,藩镇之间的争夺愈演愈烈。公元907年,朱温灭唐,建立后梁,中国历史进入了残酷黑暗的五代十国时期。

第二十七计　假痴不癫

宁伪作不知不为，不伪作假知妄为。静不露机，云雷屯也。

解语译文：宁可假装不知道而不采取任何行动，也不要假装假知而轻举妄动。要沉着冷静，藏而不露。这是从易经《屯卦》云势压住雷动的卦象中悟出的道理。

按语　假作不知而实知，假作不为而实不可为，或将有所为。司马懿之假病昏以诛曹爽，受巾帼、假请命以老蜀兵，所以成功；姜维九伐中原，明知不可为而妄为之，则似痴矣，所以破灭。兵书曰：“故善战者之胜也，无智名，无勇功。”当其机未发时，静屯似痴；若假癫，则不但露机，且乱动而群疑。故假痴者胜，假癫者败。或曰：“假痴可以对敌，并可以用兵。”宋代，南俗尚鬼。狄青征侬智高时，大兵始出桂林之南,因佯祝曰:“胜负无以为据。”乃取百钱自持,与神约:“果大捷,则投此钱尽钱面也。”左右谏止:“倘不如意,恐沮师。”青不听。万众方耸视,已而挥手一掷,百钱皆面。于是举兵欢呼,声震林野,青亦大喜;顾左右,取百钉来,即随钱疏密,布地而贴钉之,加以青纱笼护,手自封焉。曰:“俟凯旋,当酬神取钱。”其后平邕州还师,如言取钱,幕府士大夫共祝视,乃两面钱也。

按语译文:装作不知道而实际上知道,或者装作不去做而实际上是做不到,或许将来能够有所作为。司马懿假装病重昏聩而诛灭了曹爽;收到诸葛亮送来的妇女的衣服(诸葛亮用来羞辱司马懿,以诱使其出战),并不为之所动,而是一面上表假意请战,一面坚壁不出,使蜀军师老兵疲,因而获得成功。姜维九伐中原,明知不可为而执意为之,那就是真的痴傻,所以最终都遭到了失败。《孙子兵法》说:“真正善于用兵的人取得的胜利,并不以智慧闻名,也不通过勇猛作战立功。”①当时机未到时,要像个傻子一样待着不动;要是假装疯癫,则不但会泄露自己的意图,并且胡乱行动会引起周围人的猜疑。因此,装傻的能够获胜,装疯的将会失败。有人说:“装傻不但可以用来对付敌人,又可以用来治军。”宋

① 《孙子兵法》一直强调以最小的损失换取最大的胜利,能通过谋略和外交手段解决的,就不要通过战争方式解决,“杀人一万,自损八千”式的胜利是最不可取的。然而历史上,著名的谋臣武将所发挥的才智、建立的功勋,却往往都是在“杀人一万,自损八千”这种大家都看得到的胜利中。

朝时，南方少数民族有迷信鬼神的风俗。狄青征伐侬智高时，大军刚到桂林以南，便假装向上天祷告说："这场仗胜负难料。"接着取出一百枚铜钱自己拿着，与天神立约道："如果这场仗能胜，那么把这些钱扔出去后都是正面朝上。"左右的人劝谏道："如果不是全都正面朝上，恐怕会影响士气。"狄青不听劝阻，军士们都伸着头争着看，狄青已经把钱挥手一扔，结果一百枚钱都是正面朝上。于是全军欢呼雷动，声震林野，狄青也很高兴，回过头来吩咐左右的人取一百枚钉子，根据铜钱散落的疏密，将铜钱全部用钉子钉在地上，再用青纱盖上来保护，并亲手贴上封条。狄青说："等到得胜凯旋时，再来酬谢神灵，取回铜钱。"后来，狄青平定了邕州凯旋时，按照原先说的去取那些钱，他的幕僚都围在旁边观看，结果发现这些钱两面都是正面。

评析 最富哲理的一计

"假痴不癫"一计可以拆为两个词"假痴"和"不癫"，实际上讲了两方面意思。"假痴"即"伪作不知不为"，明明知道装不知道，明明能办到装办不到。"不癫"应为"不假癫"之缩称（为了与"假痴"凑成四字），即"不伪作假知妄为"，不要用轻举妄动、胡作非为的方式向敌人证明自己已陷入癫狂的状态。

从本计按语看，实际围绕"痴""癫"讲了四种情形，即"假痴""真痴""假癫""真癫"，四种情形中，只有"假痴"可以取胜。“真痴”者，明知不可为而为之，如姜维九伐中原，靡费国力，无功而返；明知不可言而言之，如杨修恃才卖弄，多嘴多舌，招来杀身之祸。“假癫”者，需要一系列乍看不合逻辑的举动来证明自己的癫狂，然而既然是假癫，其一系列看似癫狂的举动既点到为止、有边有界、有时有晌，又暗合逻辑，难免露出破绽，并且假癫越多，破绽越多，越容易引起对方的怀疑。就像正常人无法理解疯子的内心世界，其装疯与真正的疯子毕竟是不一样的，否则人人皆可通过装疯逃避法律的制裁。“真癫”者，已经陷入癫狂和悖乱，无药可救，例如二战时的希特勒和日本军国主义，等待他们的唯有失败和死亡。因此，作为一计使用，“假痴不癫”更多的含义是强调“假痴”。用在军事上，是指故意隐藏自己的实力和战略意图，使敌人麻痹大意放松警惕，再乘机打敌人个措手不及，即《孙子兵法》所言：“兵者，诡道也。故能而示之不能，用而示之不用。”

故事里或生活中有很多使用“假痴不癫”之计的著名案例。概括起来，主要包括三种情形：装傻、装病、装疯。装傻者，如刘备在曹操控制下时，每日只是喝酒种菜，不问世事，跟曹操一起青梅煮酒论英雄，还假装被雷吓掉了筷子。再如电视剧《宰相刘罗锅》中的六王爷，就是装聋作哑，装傻充愣的官场老手。装病者，如按语中司马懿装帕金森综合征赚曹爽，再如五代十国中吴国的奠基人杨行密假装眼疾，除掉了意图谋叛的小舅子朱延寿。装疯者，如孙膑受膑刑后以装疯保命,笑闹不停,满身猪粪。再如朱棣为使建文帝放松警惕,当街抢酒,伏天烤火。如上所述,装疯其实有点像上文所说的“假癫”,其破绽太多,成功率并不高。孙膑得保性命并不是因为“疯”,而是庞涓认为孙膑受膑刑后已成废人,真疯也好,假疯也罢,再无法与自己较量,留着落魄的孙膑随时看看或羞辱一番还能满足一下自己的变态心理,并且专门派人看管万无一失,这才留孙膑一命,没想到孙膑在齐国使者的帮助下逃离魏国。而朱棣的装疯根本没有骗过建文帝,在黄子澄、齐泰的建议下,建文帝派人褫夺朱棣兵权,在这种情况下,朱棣只得被迫宣布起兵。

本计按语中还有一句话很有意思,即“假作不为而实不可为,或将有所为”,是说明明实力不济做不到,就假装故意不去做,其他人不清楚底细,还以为此人是不屑于做,于是此人还可以继续忽悠人(或将有所为)。好比一些武林耆宿,说是自重身份不屑与后起小辈交手,实际是怕打不过后起小辈,一世英名付之流水,还不如揣手坐那儿继续当他的“泰山北斗”。总之,“假痴不癫”就是要藏而不露,静不露机,如雷屯云中一般。由于此计既深合兵法易理,又颇合谦退藏拙之人生智慧,因而是三十六计中最富哲理的一计。

破解 逼其露机

既然“假痴不癫”计成的关键是“静不露机”,因而要破解这一计,就要通过种种方式逼其露机,让狐狸的尾巴露出来。按照逼迫程度的不同，可以分为观察、试探和紧逼三种方式。

一是观察。由于“假痴不癫”毕竟是营造假象、不合自然，必然“盈不可久”，时间一长，破绽就会渐渐露出来。只要对疑似“假痴不癫”者进行长期观察，便可窥见端倪。比如在其周围安插眼线，收买其左右近侍等。当然这对于影帝级的人物，比如刘备、王莽等是没用的。刘备寄居曹操之下，里里外外全是曹操的人，依然能够装傻成功，其演技可见一斑。王莽篡汉之前一直以圣人的面目出现在世人面前，连大诗人白居易也感慨：“向使当初身便死，一生真伪复谁知?”同时，如果眼线被对方收买，尽传回些假信息，情况则更加糟糕。因此，仅仅通过观察还远远不够。

二是试探。对于单凭观察一时看不出来的演技派，就需要采用试探的方式一试真假。比如司马昭问刘禅“思蜀否”，曹操对刘备讲“天下英雄唯使君与操耳”。试探要想挖出有价值的东西，必须频繁的、长时间的试探，不能试一次就算了。历史上凡是试探不成、被“假痴不癫”蒙混过关的，都是试探的还不够。当然，有时试探不够，是因为受到种种客观条件的限制，毕竟试探一下也需要创造机会，不像观察可以静悄悄地随时进行，并且试探得多了反而会引起对方的警觉，同时也显得自己过于气量狭小，猜忌刻薄。此外，对于超级实力派影帝，即便是一遍遍的试探，对方依然能紧咬牙关坚持到底，泛泛的、仅仅停留在表面未及灵魂深处的试探还是不够。

三是紧逼。直接把对方顶到悬崖边上，看其如何反应。如果就此臣服，那就乘机将其架空。如果对方忍不住反抗，暴露其真正的实力和意图，就消灭之。比如，针对朱棣的装疯，建文帝直接派人接管兵权，并擒拿燕王，其想法是，要么你乖乖就范，要么将你逼反后我顺理成章地消灭你。从策略上看，建文帝当时的决策是正确的，只不过后来事情的发展超出了自己的预料。再如，面对病榻上的司马懿，曹爽如果通过逐步削弱司马家势力的方式，不断对司马氏施加压力，令其反抗速死、不反抗慢死，则未必会有后来的晋朝。又如，如果在两方对战之时，针对韬光养晦、暗中发展势力的一方，另一方可以通过挑衅或蚕食的方式，逼其反击，从而暴露真正实力。

由于"假痴不癫"既有欺骗性又有戏剧性，因而无论在正史中还是小说演义中，都有频繁的应用。《水浒传》中，宋江在浔阳楼题反诗后，本想通过装疯蒙混过关，结果因其演技不佳，被黄文炳一顿暴打试探了出来。此即为"假痴不癫"之计被识破的典例，以下试节录之。

战例 宋江装疯被识破

戴宗即自作起神行法，先来到牢城营里，径入抄事房，推开门看时，宋江正在房里。见是戴宗入来，慌忙迎接，便道："我前日入城来，那里不寻遍。因贤弟不在，独自无聊，自去浔阳楼上饮了一瓶酒。这两日迷迷不好，正在这里害酒。”戴宗道：“哥哥，你前日却写下甚言语在楼上？”宋江道：“醉后狂言，忘记了，谁人记得！”戴宗道：“却才知府唤我当厅发落，叫多带从人，拿捉浔阳楼上题反诗的犯人郓城县宋江正身赴官。兄弟吃了一惊，先去稳住众做公的，在城隍庙等候。如今我特来先报知哥哥，却是怎地好！如何解救？”宋江听罢，挠头不知痒处，只叫得苦：“我今番必是死也！”诗曰：

一首新诗写壮怀，谁知销骨更招灾。戴宗特地传消息，明炳机先早去来。

戴宗道：“我教仁兄一着解手，未知如何？如今小弟不敢担阁，回去便和人来捉你。你可披乱了头发，把尿屎泼在地上，就倒在里面，诈作风魔。我和众人来时，你便口里胡言乱语，只做失心风便好。我自去替你回复知府。”宋江道：“感谢贤弟指教，万望维持则个。”

戴宗慌忙别了宋江，回到城里，径来城隍庙，唤了众人做公的，一直奔入牢城营里来。径喝问了：“那个是新配来的宋江？”牌头引众人到抄事房里，只见宋江披散头发，倒在尿屎坑里滚。见了戴宗和做公的人来，便说道：“你们是甚么鸟人？”戴宗假意大喝一声：“捉拿这厮！”宋江白着眼，却乱打将来，口里乱道：“我是玉皇大帝的女婿，丈人教我领十万天兵，来杀你江州人。阎罗大王做先锋，五道将军做合后。与我一颗金印，重八百余斤。杀你这般鸟人！”众做公的道：“原来是个失心风的汉子，我们拿他去何用？”戴宗道：“说得是。我们且去回话，要拿时再来。”

众人跟了戴宗，回到州衙里，蔡九知府在厅上专等回报。戴宗和众做公的在厅下回复知府道：“原来这宋江是个失心风的人，尿屎秽污全不顾，口里胡言乱语，全无正性。浑身臭粪不可当，因此不敢拿来。”蔡九知府正待要问缘故时，黄文炳早在屏风背后转将出来，对知府道：“休信这话！本人作的诗词，写的笔迹，不是有风症的人，其中有诈。好歹只顾拿来，便走不动，扛也扛将来。”蔡九知府道：“通判说得是。”便发落戴宗：“你们不拣怎地，只与我拿得来，在此专等！”戴宗领了钧旨，只叫得苦。再将带了众人，下牢城营里来，对宋江道：“仁兄，事不谐矣！兄长只得去走一遭。”便把一个大竹箩，扛了宋江，直抬到江州府里，当厅歇下。知府道：“拿过这厮来！”众做公的把宋江押于阶下。宋江那里肯跪，睁着眼，见了蔡九知府道：“你是甚么鸟人，敢来问我！我是玉皇大帝的女婿，丈人教我引十万天兵，来杀你江州人。阎罗大王做先锋，五道将军做合后。有一颗金印，重八百余斤。你也快躲了我。不时，教你们都死。”蔡九知府看了，没做理会处。

黄文炳又对知府道：“且唤本营差拨并牌头来问，这人来时有风，近日却才风？若是来时风，便是真症候；若是近日才风，必是诈风。”知府道：“言之极当。”便差人唤到管营、差拨，问他两个时，那里敢隐瞒，只得直说道：“这人来时不见有风病，敢只是近日举发此症。”知府听了大怒，唤过牢子狱卒,把宋江捆翻,一连打上五十下,打得宋江一佛出世,二佛涅槃,皮开肉绽,鲜血淋漓。戴宗看了,只叫得苦,又没做道理救他处。宋江初时也胡言乱语,次后吃拷打不过,只得招道:“自不合一时酒后,误写反诗,别无主意。”蔡九知府明取了招状,将一面二十五斤死囚枷枷了,推放大牢里收禁。宋江吃打得两腿走不动。当厅钉了,直押赴死囚牢里来。

(节选自《水浒传》第三十九回)

第二十八计　上屋抽梯

假之以便，唆之使前，断其援应，陷之死地。遇毒，位不当也。

解语译文:假装给对方方便,唆使其前进,然后切断其后援和接应,使之陷于死地。如同易经《噬嗑卦》所讲的,抢吃腊肉,结果吃到了陈久太肥厚味之肉,是由于居位不当的缘故。

按语　唆者,利使之也。利使之而不先为之便,或犹且不行。故抽梯之局,须先置梯,或示之以梯。如:慕容垂、姚苌诸人怂秦苻坚侵晋,以乘机自起。

按语译文:所谓唆使,就是用利益去驱使引诱敌人。如果仅仅用利益去驱使引诱敌人,而不同时给予对方获取利益的方便,有的敌人就会犹豫不前。因此,要使用“上屋抽梯”

之计，必须先给敌人设置好梯子，或者让敌人知道上屋时有梯子可用。例如，南北朝时，慕容垂、姚苌等人怂恿前秦皇帝苻坚南下攻打东晋，乘苻坚大败于淝水之机，背叛苻坚，立国称帝。

评析 最知进退的一计

“上屋抽梯”的字面意思，是引诱对方用梯子爬上屋顶，然后将梯子抽走，使其陷入进退两难的地步，最终被迫屈服。用于军事领域，是指通过利益诱敌深入，并切断敌人退路，使其陷入困境，再予以消灭。“去梯”之说最早见于《孙子兵法·九地篇》：“帅与之期，如登高而去其梯。”原指将帅与士卒一同如期去作战，有进无退，决死向前，但在逐渐的发展演变中，渐渐变成了诱敌深入、断敌后路的一条计策。

“上屋抽梯”之计在战略层面和战术层面有两种不同的用法，或者说表现形式。在战略层面，“上屋抽梯”类似于克劳塞维茨在《战争论》中所言的大纵深防御（向本国腹地退却）：“我们把主动向本国腹地的退却看作是一种特殊的间接的抵抗方式，采用这种抵抗方式时与其说是用我们的剑消灭敌人，还不如说是让敌人通过自己的劳累拖垮。因此，在向本国腹地退却的情况下，防御者或者根本不准备进行主力会战，或者把主力会战推迟到敌军的兵力已经大大削弱以后才进行。”毛泽东在《论持久战》中也指出：“我们历来主张‘诱敌深入’，就是因为这是战略防御中弱军对强军作战的最有效的军事政策。”在此种情况下，作为深入敌境的进攻一方，每前进一步都要付出鲜血和汗水，并且随着战线不断拉长，兵力不足、交通线脆弱、给养运输困难的问题将越来越突出地暴露出来。而作为防御一方，兵力、物资越来越集中，与逐步陷入困境的进攻一方相比，兵力对比状况对自己越来越有利，能够比在边境附近决战时更有把握获得胜利。例如，1812 年拿破仑远征俄国，推进 1000 多公里，最终被俄军拖垮，直接导致了帝国的覆灭。再如，抗战时我国采用自东向西有序退却（诱敌上屋），并不断袭扰敌军后方（抽梯）的战略，终将日军拖成强弩之末。

在战术层面，“上屋抽梯”的应用主要是诱敌深入，围而歼之。即根据具体情况，巧妙地安放“梯子”，故意给敌人方便，引其“上屋”，也就是进入已经布好的“口袋”之中后，立即撤掉“梯子”，扎紧袋口，包抄或围歼敌人。这样的战例历史上有很多，例如诞生了成语“退避三舍”的晋楚城濮之战，1805 年拿破仑对阵俄奥联军的奥斯特里茨会战，薛岳指挥长沙保卫战时，所用的“天炉战法”，也是“上屋抽梯”之计的变形。

“上屋抽梯”之计的应用除了可分为战略、战术层面外，还可以按照使计人的不同分成两种情形：一种毫无疑问是敌方使出，这是最常见的情形，无需多作解释；还有一种是自己人或自己的盟友使出，比如本计按语中所讲的慕容垂、姚苌等人怂恿前秦皇帝苻坚出兵攻打东晋，结果淝水一战，秦军全面崩溃，前秦帝国旋踵而亡，慕容垂、姚苌却趁机分别建立了后燕、后秦。再如三国时陆逊以一封措辞卑谨的信函狂拍关羽马屁，趁关羽率军攻打樊城之机，乘虚袭取荆州。后一种情形与汉语中的“捧杀”十分类似。关于“捧杀”，典出《风俗通》：“长吏马肥，观者快之，乘者喜其言，驰驱不已，至于死。”《现代汉语词典》释义为：“过分地夸奖或吹捧，使被吹捧者骄傲自满、停滞退步甚至导致堕落、失败。”近年来作为一个网络流行词汇，也指过分地赞扬和吹捧，来达到被赞扬者变得虚荣自负或招致他人反感的目的。总之，是一种“高级黑”的手段。

使用“上屋抽梯”之计，一方面，需要敢于舍弃，敢于退却，不计较一城一地的得失，“舍不得孩子套不着狼”。另一方面，不论舍弃也好，忍耐也好，赔笑也罢，根本目的都是要让对方在志得意满中不自觉地陷入不利的境地，再全面出击，“不怕他上得高，就怕他摔不狠”。这一计既知何时当退，又知何时当进，因此是三十六计中最知进退的一计。使用这一计的关键，在于如何安放“梯子”，引对方“上屋”。对于莽撞急躁之敌，则“怒而挠之”；对于谨慎畏葸之敌，则“卑而骄之”；对于贪婪短视之敌，则以利诱之；对于骄纵狂傲之敌，则以弱惑之。一旦对方“上屋”，要快速“抽梯”，不给其以反应的时间。

破解 未进思退

“上屋抽梯”可以分解为“上屋”和“抽梯”两个动作。

对于攻击一方而言，既然目的就在于进取，则“上屋”不可避免，关键是需要看好“梯子”，或者谋划好其他退路（比如自备绳索），即古人所说的“未思进，先思退”。这句话不仅可以用于行军打仗，也是很高明的人生哲学。此外，如果中了“上屋抽梯”之计，倘若屋顶不高，从屋顶跳下并不至于骨断筋折，也可径直从屋顶跳下，再找“抽梯”之人算账。据此，破解“上屋抽梯”之计，有以下三种方式：

第一，稳扎稳打、步步蚕食。对于在战略层面应对使用“上屋抽梯”之计的纵深防御而言，要将消灭敌人有生力量作为军事行动的首要目的。克劳塞维茨在《战争论》中指出：“由此可见，保存自己的军队和消灭敌人的军队永远比占有国土重要，也就是说，前者是统帅应该首先努力做到的。只有用这一手段不能完全达到目的时，占有国土才可以作为目的而居于首要地位。”如果对方拥有广大的战略纵深，以及强有力的政府和有序的抵抗，则不能急躁冒进，痴望一口吃成胖子，否则很容易将自己拖入持久战、消耗战的泥潭。在难以消灭敌人主力的情况下意图占领敌国领土，应当通过步步蚕食的方式，如对所占之地进行奴化教育，进行大规模移民，改变当地民族的主体结构，建立永久的战略支撑点，以期实现永久、稳固之占领（此种情形主要针对异国异族之间的战争，如为同文同种，占领军仅需实行“善政”，即可取得当地民众的支持）。一方面，在削弱敌人的同时壮大自身；另一方面，通过这种方式逼迫敌方早日进行战略决战。对于在战役、战斗层面应对“上屋抽梯”之计，则应当全力保持交通线的畅通。交通线既是补给军队的通道，也是军队的退却路线，必须给予足够重视，避免被敌方切断。若守备交通线的兵力不够，或沿线要塞有失，交通线有被随时切断的危险时，大军应迅速撤退，避免陷入包围。例如，诸葛亮六出祁山，均十分注重汉中往渭北、陇右的通道，一旦发生危险，全军马上退回汉中，绝不恋战，蜀军主力因此从未遭受大的损失。

第二，专意蓄力，为不可测。《孙子兵法·九地篇》有云：“凡为客之道：深入则专，主人不克；掠于饶野，三军足食；谨养而勿劳，并气积力；运兵计谋，为不可测。”这段话专门讲了深入敌境作战的方法，有四层意思：一是深入敌境后，全军心专（空前团结，便于指挥），要抓住这一有利条件，善为谋划，使敌人不能胜我。二是要在敌国掠取粮草，因粮于敌，保障全军军需供应（如此在短时间内便不怕敌人切断补给线）。三是要积蓄精力，不被敌人轻易调动，避免陷入疲惫。四是巧用谋略，使敌军难以判断我方意图和下一步行动方向，伺敌可击，一举而克。也就是说，“上屋”之后，除了要往下看，往后看，每上一层，都要用心打理。看到这一层有什么可吃可用的，顺手捎走，除了上楼和杀敌，不干其他不相干的事情。如果能把“上屋”的过程和“上屋”之后经营好了，即使对方“抽梯”，也不至慌乱无措。

第三，能退则退，能打则打。一旦深入敌境，陷入敌人包围，则应视实际情况迅速做出反应，绝不可犹豫不决，瞻前顾后，浪费宝贵时间，使自己陷于更不利的境地，直至坐以待毙（当然，附近如有援兵，能够固守待援除外）。如果除了“梯子”，还有其他的下楼工具，则应用其尽快下楼。例如，宋金著名的黄天荡之战，金将完颜宗弼（即金兀术）被围黄天荡，形势十分危急。后来完颜宗弼采纳当地乡民建策，命金军利用老鹳河故道，一夜开渠30余里，连通长江口，于次日冲出黄天荡，驶至建康附近江面。宋军“上屋抽梯”之计功亏一篑。如果没有其他退路，或并不惧怕敌人的包围，则应以破釜沉舟的勇气，并力一战，力争打破敌人的“口袋”。《孙子兵法·九地篇》云：“兵士甚陷则不惧，无所往则固，深入则拘，不得已则斗。”历史上陷入包围而绝地反击取得胜利的例子不胜枚举，比如成语“破釜沉舟”的出典钜鹿之战，明朝万历年间抗倭援朝战争中的碧蹄馆之役等。再如抗战时国民党军队多次使用诱敌深入、围而歼之的战术，但日军自恃兵强马壮，根本不害怕国民党军队的包围，照样一个劲地往前冲，而国民党军队的包围圈也一次次不给力地被打穿。

“上屋抽梯”有点类似于“开门揖盗”，把敌人放进来打，搞好了固然能取得消灭敌人有生力量的辉煌战果，如果搞砸了，也会给自己带来很大的祸患。比如等敌人已经上了高屋，当去抽梯子时，却发现根本抽不动，或者即使把梯子抽走，对方也根本不当回事，反而白白让其占据了有利态势。三国时，姜维一改魏延、王平在汉中外围凭险据守、御敌于国门之外的策略，主张弃守汉中险关，以汉、乐二城为炉底，以西安、建威、武卫、石门、武城、建昌、临远等城为炉壁，把魏军放进来打，拖疲拖垮后再予以消灭，烧死在炉中。这其实就是薛岳的“天炉战法”。然而，魏军丝毫不惧姜维版“天炉战法”，钟会攻围汉、乐二城，击穿炉底，邓艾出奇兵度阴平，突破炉壁，刘禅被迫投降。姜维的国防策略，间接导致了蜀汉亡国。这就是魏军通过打破“口袋”，破解蜀军“上屋抽梯”之计的典型战例。以下引《三国志》相关部分详述之。

战例 姜维弃守汉中险关

初，先主留魏延镇汉中，皆实兵诸围以御外敌。敌若来攻，使不得入。及兴势之役，王平捍拒曹爽，皆承此制。维建议，以为错守诸围，虽合周易“重门”之义，然适可御敌，不获大利。不若使闻敌至，诸围皆敛兵聚谷，退就汉、乐二城，使敌不得入平，且重关镇守以捍之。有事之日，令游军并进以伺其虚。敌攻关不克，野无散谷，千里献粮，自然疲乏。引退之日，然后诸城并出，与游军并力搏之，此殄敌之术也。于是令督汉中胡济却住汉寿，监军王含守乐城，护军蒋斌守汉城，又于西安、建威、武卫、石门、武城、建昌、临远皆立围守。

五年，维率众出汉、侯和，为邓艾所破，还住沓中。维本羁旅托国，累年攻战，功绩不立，而宦官黄皓等弄权于内，右大将军阎宇与皓协比，而皓阴欲废维树宇。维亦疑之，故自危惧，不复还成都。六年，维表后主：“闻钟会治兵关中，欲规进取，宜并遣张翼、廖化诣督诸军分护阳安关口、阴平桥头以防未然。”皓征信鬼巫，谓敌终不自致，启后主寝其事，而群臣不知。及钟会将向骆谷，邓艾将入沓中，然后乃遣右车骑廖化诣沓中为维援，左车骑张翼、辅国大将军董厥等诣阳安关口以为诸围外助。比至阴平，闻魏将诸葛绪向建威，故住待之。月余，维为邓艾所摧，还住阴平。钟会攻围汉、乐二城，遣别将进攻关口，蒋舒开城出降，傅佥格斗而死。会攻乐城，不能克，闻关口已下，长驱而前。翼、厥甫至汉寿，维、化亦舍阴平而退，适与翼、厥合，皆退保剑阁以拒会。

……而邓艾自阴平由景谷道傍入，遂破诸葛瞻于绵竹。后主请降于艾，艾前据成都。

（引自《三国志·蒋琬费祎姜维传》）

第二十九计　树上开花

借局布势，力小势大。鸿渐于阿，其羽可用为仪也。

解语译文：借助某种局面（或手段）布成有利的阵势，虽然兵力弱小但可使阵势显示出强大的样子。就像易经《渐卦》所说的，鸿雁飞到山头，它的羽毛可以作为文舞①的道具。

按语　此树本无花，而树则可以有花，剪彩贴之，不细察者不易觉。使花与树交相辉映，而成玲珑全局也。此盖布精兵于友军之阵，完其势以威敌也。

按语译文：这棵树上本来没有生长花朵，然而可以人为

① 文舞：古代宫廷雅乐舞蹈之一，与武舞相对，用于宫廷典礼与郊庙祭祀，因歌颂帝王以文德治天下，故称作文舞。

地使之有花。把彩色的绸绢剪成花朵的样子粘在枝上,不仔细察看的话就不会发觉。让假花与树交相辉映,就可以造就一株精巧美丽的花木。这就是将少量精兵布置到友军的阵地上,两者结合起来形成一个完整而强大的阵势,以威慑敌人。

评析 最巧的一计

"树上开花"由"铁树开花"转化而来,从字面意思上讲,是指本来不可能开花的树(无花之木),与本来不可能开在树上的花(无木之花)结合到了一起,使花与树交相辉映,如果不仔细去看,真假难辨。此计对于树和花各有不同的效果,但历来讲三十六计,更多偏重在花的方面,主要是说弱小的一方通过借助各种因素,使自己显得充实强大,就像鸿雁身上长了丰满的羽毛一样,从而震慑住敌人,使之不敢轻举妄动,即所谓"倚得东风势便狂"。"树上开花"之计如运用得当,便可以小力而成大势,取得数倍于自己真实力量的功效,故而是三十六计中最巧的一计。

"树上开花"之计在军事上有广泛的应用。例如,东汉时虞诩和三国时诸葛亮,都曾用增灶法营造出兵力越来越多的假象,以迷惑敌军。再如,战国时齐将田单大摆火牛阵,并让士兵装神弄鬼,使少量齐军借助"牛鬼蛇神"之力而声势大振,大破燕军。在日常生活中,也经常可以看到"树上开花"之计的应用。例如,两拨人打架时,都喜欢各自拉一些人来为自己撑场面、壮声势,以震慑对方,实际真正要动手的没几个人。再如,商家搞活动时,经常邀请名人、高官帮自己站台,以抬高自己。再如,影视剧中经常有这样的桥段:贪官污吏为了掩饰亏空,便将粮食覆盖于沙土之上,就如同本计按语说的“布精兵于友军之阵”,装作粮食充足的样子,以应付上级检查。当然,在影视作品中凡是这么干的,最后都被拆穿了,否则就没有戏剧效果了。

在这一计中,树是被借来虚张声势的因素,是花的依傍,树的选择是否正确精当,不但关系到此计能否应用成功,更关系到花将来的命运。因为树的力量要远远强于花,花向树借势,一方面树对花必定亦有所求,另一方面花在将自己完全交到树手上的同时,对树的行为却无力把控。如果借势之树是个贪心之徒,花就非常危险了,搞不好就成了“引狼入室”“才出狼窝又进虎口”的局面。历史上这样的例子比比皆是。三国时刘璋为对付张鲁,请刘备入川以壮声势,结果刘备顺手夺了西川。唐肃宗借回纥兵对抗安史叛军,结果回纥纵兵大掠长安洛阳,不但造成惨重的人口和财产损失,还为后来回纥数次南侵埋下了伏笔。后晋石敬瑭为对抗后唐军队,认契丹皇帝耶律德光作父,割幽云十六州事契丹,使得中原边屏尽失,不但自己的国家十数年后轻易被灭,也给后来的中原王朝留下了无尽的祸患。明末吴三桂为对抗李自成,引清兵入关,结果断送了汉家二百余年江山。因此,对此计的运用一定要慎之又慎。对花而言,只有在自己确信,并使树充分相信花的存在和完整对树最为有利的情况下，才能使用这一计。同时，作为弱小的一方，应将更多的精力放在发展壮大自身实力和充分发掘运用自身力量上，不能迷失在高杠杆率带来的一时成绩中，避免将取巧变成习惯，否则早晚有后悔的一天。战场如是，商场如是，人生亦如是。

破解 忍而后发

面对借局布势的树上之花，决不可急于进攻。此刻花乘树势，树与花如同一体，攻击花必然会冒犯树，将不得不同时面对树与花两个敌人，何况树一方的力量还很强大，故此时应暂且忍耐。花毕竟不是真正生长在树上的，不过是暂借树势，时间一久，两者必然要分开，当树花分离后，便可乘机取花。即便花树和谐共处，然而树木荣枯有常，若攻击一方有足够耐心，待树木凋零衰朽，无力护花之时，也可强行取花。总之，破解“树上开花”之计，核心是暂且忍耐，再寻找合适的机会。但机会如何得来，却有积极和消极两种方式，因此破解“树上开花”，也有两种方法：

一是挑拨树与花的关系，推动花树联盟的瓦解，甚至借树之手除掉花。例如，《三国演义》中吕布从刘备手中夺得徐州后，刘备暂居小沛，反托庇在吕布之下。袁术欲攻灭刘备，又担心吕布增援，帐下长史杨大将献计曰：“刘备军屯小沛，虽然易取，奈吕布虎踞徐州，前次许他金帛粮马，至今未与，恐其助备；今当令人送与粮食，以结齐心，使其按兵不动，则刘备可擒。先擒刘备，后图吕布，徐州可得也。”此为瓦解树花联盟。再举个关于刘备的例子。曹操在徐州大败刘备后，刘备投奔袁绍，关羽暂依曹操。曹操非常敬重关羽，担心其离自己而去。恰逢袁绍派颜良率军攻打曹操，连斩二将。曹操心中忧闷，程昱乘机谏曰：“某举一人可敌颜良。”曹操问是谁。程昱曰：“非关公不可。”曹操曰：“吾恐他立了功便去。”程昱曰：“刘备若在，必投袁绍。今若使云长破袁绍之兵，绍必疑刘备而杀之矣。备既死，云长又安往乎？”此为借树之手除掉花。当然后来上面讲的两条计策都没有成功，但这对解释此种方法，却是十分合适的。

二是耐心等待树花之盟自行瓦解，或者等待树木逐渐衰朽，待花树分离或者己方力量足以与弱花老树相抗衡时，再出手取花。对于取花一方来说，一方面要将取花奉为长策，长期坚持下去，即使一时难以得手，也要以此为目标，不懈努力。另一方面要趁花树自认无虞、放松警惕之时加快发展壮大自己的力量，以自己之生力对花树之暮气。自唐迄清，朝鲜向为中国之藩属，与中国的关系犹如花与树。日本因生存空间狭小，向来将先征服朝鲜，再征服中国奉为国策。当中国强盛之时，便摆出一副好学生的样子，强抑贪欲。当中国衰弱，而自己武力强盛之时，便向朝鲜和中国伸出魔掌。下面列举历史上三次中国抗日援朝之战，以示日本之狼子野心，及对此种方法之应用。

战例 三次抗日援朝之战

一、唐朝抗日援朝之战(白江口之战)

唐朝初年,朝鲜半岛上有高句丽、新罗、百济三国。三国中,高句丽素与中原王朝交恶,与日本交好;新罗因与日本结怨,故和唐王朝亲近;百济与日本的关系较为密切,因此朝鲜半岛上呈现出在日本支持下的高句丽、百济,与在唐朝支持下的新罗双方对峙的局面。

公元660年,百济进攻新罗,新罗向唐王朝求救。唐高宗遂以苏定方为神丘道行军大总管,率领水陆大军10万余,从成山(今山东荣成)渡海击百济。百济迅速溃败,不数月即为唐军所灭。原百济王残部据守周留城,一面抗击唐军,一面向日本求救。为了保住在朝鲜半岛上的势力,并乘机缓和国内的政治危机,日本迅速做出了出兵援助百济的决定。公元663年8月,日本援军在周留城附近的白江河口与大唐水师遭遇。当时双方的兵力对比是:大唐水军7000余人,170艘战船;日本水兵万余,1000多艘战船。日本虽然在人、船数量上多于唐军,但大唐水军船坚器利,武器装备优于日本。此役日军惨败。据《旧唐书·刘仁轨传》记载:"仁轨遇倭兵于白江之口,四战捷,焚其舟四百艘,烟焰涨天,海水皆赤,贼众大溃。"日本水军惨败的消息传至周留城,守城的百济王子扶余忠胜见大势已去,遂于9月7日率百济守军及日本援军向唐军投降,残余日军乘船逃回日本。中国历史上的第一次抗日援朝战争胜利结束,日本势力退出了朝鲜半岛,其掌控朝鲜，进而入侵中国的野心也随之破灭。

日本在朝鲜惨败后，认识到朝鲜处在唐朝的势力范围掌控之下，犹如树上之花，而此时的日本远远不是大唐王朝的对手，根本无力撼动唐朝这棵大树。于是赶紧向唐朝求和，对大唐天子毕恭毕敬，连连派“遣唐使”赴华，学习中国的先进文化和工艺，以此改造日本，同时将并吞朝鲜、进攻中国的念头深埋心底，这一埋就是几百年。

二、明朝抗日援朝之战（万历三大征之朝鲜之役）

十六世纪末，日本幕府将军丰臣秀吉统一日本，结束了日本战国以来延续百年的分裂局面。此时的丰臣秀吉极度膨胀，自认为统帅精兵、天下无敌，并从小道消息得知当时的明王朝已极度衰朽，行将就木，而且非常害怕日本（唐畏日如大水崩沙，利刀破竹，何城不摧），于是便将日本压抑了几百年的贪念翻了出来，不但想摘了朝鲜这朵花，还想砍了明朝这棵树，奉日本天皇定都北京。

万历二十年（1592 年），丰臣秀吉命加藤清正、小西行长率军从对马海峡攻占朝鲜釜山，又渡临津江，进逼王京（今首尔）。朝鲜国王李昖沉湎酒色、弛于武备、政治腐败，军队望风而溃。李昖逃奔平壤，后又奔义州，朝鲜八道沦陷七道。在这种形势下，明朝应朝鲜之请，出兵援朝。但援军因兵少力弱，地理不熟，作战失利。明政府得到败讯后，以宋应昌为经略、李如松为东征提督，集四万兵马赴朝。次年正月进攻平壤，击败小西行长部，获平壤大捷，此后又复开城，扭转战局。明军扼临津、宝山等处，并断日军粮道，日军缺粮，不得不放弃王京，退缩至釜山等地，开始与明军谈判。为争取时间，明兵部尚书石星力主和议。但因日本提出以大同江为界等无理要求，谈判破裂。

万历二十五年(1597年)日军再次发动进攻，万历皇帝以邢玠为蓟辽总督，任命麻贵为备倭大将军，调蓟辽、宣府、大同、山西、陕西兵及福建、吴淞水兵援朝，又募川、汉兵等往援。次年二月，明军兵分四路，水陆分道向釜山挺进，其中明朝水军将领陈璘与朝鲜水军将领李舜臣紧密配合，在海上打败日军最精锐的小西行长所部，取得“露梁海大捷”。八月，丰臣秀吉病死，日军仓皇撤兵，中朝联军乘势进击，日军大败。第二次抗日援朝胜利结束。

此役之后，德川家取代丰臣家成为了日本新一代幕府将军，并认识到日本与中国之间依然存在巨大的差距，只好再次收起对中朝的觊觎之心，着力与明朝恢复友好关系，并奉行闭关锁国的政策，直至明治维新。

三、清朝抗日援朝之战(甲午战争)

19世纪60年代以来，迫于西方列强的步步紧逼，清政府和日本分别开展了“洋务运动”和“明治维新”，同时走上了自强之路。但由于清政府的腐败和“洋务运动”的局限，中国的经济、文化、军力均逐渐落后于日本。日本野心复萌，炮制了一个征服中国和世界的“大陆政策”，并将其奉为最高国策。即一是征服中国台湾，二要征服朝鲜，三是征服中国的东北满洲和蒙古地区，四要征服中国其他地区，最后征服南洋、亚洲乃至全世界。

至十九世纪八九十年代，日本认为自己“树上摘花”，即从清政府手中夺取朝鲜的力量已经基本具备。1894 年（干支纪年甲午年），朝鲜爆发东学党起义，日本终于得以保护侨民为由出兵朝鲜。东学党起义被镇压后，日军赖在朝鲜不走，并不断向同在朝鲜的清军挑衅，制造摩擦。7 月 25 日，日本海军不宣而战，在朝鲜丰岛海面袭击清政府北洋水师运兵船，中日甲午战争爆发。

关于这场战争的经过，历史课本上已经写得非常详细，在此不再展开。总之在这场互赌国运的战争中，清廷完败于日本，并拉开了此后 50 多年中国惨遭日本凌辱的序幕。

日本从唐代便有并吞朝鲜乃至中国之野心，延绵千年而不绝，直至今日，在一些日本人中也未尝不存此念。因此，国人一定要常怀警惕之心，发奋自强，切不可稍有懈怠，更不可心存幻想。

第三十计　反客为主

乘隙插足，扼其主机，渐之进也。

解语译文：乘着有空隙就赶紧插足进去，一步步扼住其关键要害部位，就像易经《渐卦》所讲的，循序渐进地达到自己的目的。

按语　为人驱使者为奴，为人尊处者为客，不能立足者为暂客，能立足者为久客，客久而不能主事者为贱客，能主事则可渐握机要，而为主矣。故反客为主之局：第一步须争客位，第二步须乘隙，第三步须插足，第四步须握机，第五步乃成为主。为主，则并人之军矣，此渐进之阴谋也。如李渊书尊李密，密卒以败；汉高视势未敌项羽之先，卑事项羽，使其见信，而渐以侵其势，至垓下一役，一举亡之。

按语译文：被他人所驱使的，是奴仆；受他人尊重对待的，是客人；不能在主人家立足的，是暂时的客人；能够在主人家立足的，是久住的客人；久住却不能参与主人家事务的，地位会越来越低；能够参与主人家事务的，便可渐渐掌握核心要害的事务，从而变成主人。因此，要形成“反客为主”的局面：第一步要先取得客人的地位；第二步要发现并把握主人家的可乘之机；第三步要插足进去（指参与主人家的事务）；第四步要渐渐掌握主人家的机要；第五步才是由客人变为主人。做了主人，便可以兼并别人的军队为自己所有，这就是步步推进的计谋。例如，隋朝末年，当李密的瓦岗军强大时，李渊曾致书李密，尊李密为主，而李密最终兵败于王世充后，率残部归降李唐。汉高祖刘邦在估量自己的势力还敌不过项羽之前，一直谦卑地尊奉项羽，取得项羽的信任，然后渐渐侵吞项羽的力量，发展壮大自己，到了垓下一战，一举消灭了项羽。

详析 最需要个人素质的一计

“反客为主”的字面意思是客人反过来变成主人，用在军事方面有两层意思：一是针对敌人的，指变被动为主动，掌握战场主动权。在此种意义上的“反客为主”有点类似于三十六计中的另一计“以逸待劳”，“以逸待劳”就是专门讲如何掌握主动，包括在被动的情况下如何转变为主动，具体可参见本书“以逸待劳”一篇，在此不再详述，“破解”部分也不再讨论。二是针对盟友的，指入客友方后，步步为营，掌握友方之主导权。从本计按语来看，也是强调这层意思，本篇主要围绕针对盟友意义上的“反客为主”进行讨论。

说到“反客为主”，历史上将此计用到登峰造极、前无古人后无来者的人当属刘备。想当年，刘关张初次相遇后一起到张飞的园子喝酒，明明张飞是主人，结果一结拜刘备成了大哥，关羽张飞两大猛人一辈子对刘备俯首帖耳。刘备投奔陶谦，结果陶谦临终前三让徐州，哭着喊着要把徐州塞给刘备。在新野时，要不是蔡瑁手快，差一点就从刘表手中接下了荆州。到江东当娇客，结果把烈女孙尚香收得服服帖帖，口口声声“任君所之，妾当相随”，绝对一家之主。受刘璋之邀入客西川后，在绝大多数西川军民的热烈欢迎下，取刘璋而代之，成三分之天下。可以说刘备的一生，就是不断“反客为主”的一生，刘备的经历，就是对“反客为主”最好的诠释。因此，分析清楚刘备何以能够不断“反客为主”，也就能够掌握如何用好“反客为主”之计。

本计按语主要从步骤和程序方面，讲了如何使用“反客为主”之计，即“第一步须争客位，第二步须乘隙，第三步须插足，第四步须握机，第五步乃成为主”。例如，董卓篡汉的步骤就是，先为西凉刺史、方镇大员（争客位）；再利用何进与十常侍之间的矛盾（乘隙）；再提兵进京（插足）；再独揽大权、诛锄异己（握机）；最后则是受禅（为主）。尽管董卓在最后一步被吕布杀了，但这五个步骤却是完完全全地走了一遍。

除了上述步骤和程序，用好“反客为主”之计，还需要有相应的实体条件，结合刘备的成功经验，主要有四个方面：第一，仁德。刘备在汉末所有的军阀中素以仁德著称，待部下没的说。不但旧部倾心追随，连其他军阀手下的人也觉得此人要是当了自己的领导后也绝不会亏待自己。第二，名正言顺。刘备乃是汉献帝亲自认下的大汉皇叔，天下本来就是人家刘家的，现在刘家人给你当领导，你有什么不服气的。第三，有真本事。刘备绝不是一些人认识中只会一哭二跑顶着一顶皇叔帽子到处招摇撞骗的窝囊废，而是胸怀大志、知人善任、腹有韬略，被曹操评价为天下前二的英雄豪杰，使真正想有所作为的人觉得跟着这样的领导确实能干出一番事业。第四，对方上下存在嫌隙。比如对方领导太过窝囊或太过严厉，手下的人对其心怀不满，不愿意跟着其虚度光阴混吃等死，或战战兢兢过日子。概括起来，使用“反客为主”之计要想成功，除了节奏上要循序渐进，关键要取得对方内部广大干部群众的认可。

除了刘备，历史上还有很多“反客为主”的经典案例，如刘邦代项羽、袁绍代韩馥、李密代翟让、李渊代李密、朱元璋代郭子兴，以及小说《水浒传》中的宋江代晁盖等等。但无论哪一出“反客为主”，其主人公都具有类似刘备的上述四项条件。也正是因为使用“反客为主”需要这么多的步骤条件，不是谁都随随便便可以使用的，因此可谓三十六计中最需要个人素质的一计。

破解 拒客送客

如本计按语所言,使用“反客为主”之计包括五个步骤,因而对于此计的受计方,即“主人”而言,在任何一个步骤阻止住“客人”的脚步,都能防止其“反客为主”成功。根据阻止住“客人”阶段的不同,破解“反客为主”之计可包括三种方式:

第一,拒之。常言道:“请神容易送神难。”因此防止“反客为主”最彻底、最根本的方式就是将其拒之门外,压根不给其争客位的机会。历史上主人因拒客而得保主位的例子不多,原因是如果拒客成功,就不会发生后来的事,就像《孙子兵法》说的“故善战者之胜也,无智名,无勇功”,尽管这样做避免了大的祸患,但不会被历史记住。历史记住的都是该拒而没拒的,比如何进不顾陈琳劝阻,召董卓率军入朝,结果酿成了董卓之乱。梁武帝不听大臣反对执意接受侯景投降,结果导致了后来的侯景之乱,自己被活活饿死。《水浒传》中王伦拒绝林冲、晁盖等入伙,并非心胸狭窄,而是担心其本事太大,将来取自己而代之。从防止“反客为主”的角度看,王伦的做法是正确的,只不过拒客太晚。假使王伦压根不让晁盖等人上山,也不会被杀。

第二,送之。送客主要针对按语五个步骤中的“乘隙”“插足”,如果客人已经表现出了过分关心甚至干预主人家事务的苗头,应当立即将其送走,避免其进一步掌握权力。例如,当武则天表现出过人的权力欲、控制欲后,立即被敏锐的唐太宗冷落,并在其死后送至感业寺出家。事情到此本该结束,但没想到贪恋美色的李治又把武则天弄了回来,结果李唐江山险些断送。再如,红军长征经过地方军阀的地盘时,很多地方军阀都是“礼送出境”,巴不得把红军赶紧送走,避免蒋介石以“剿匪”为名趁机把脚伸进自己的地盘。而红军一旦想要在自己的地盘建立根据地,则立马跟红军拼命。红军正是充分利用了地方军阀的这一微妙心理及其与蒋介石中央军之间的矛盾,胜利到达陕北。

第三,杀之。如果拒也拒不掉,送也送不走,而客人对主人的威胁又日甚一日,已进入到按语所说的第四个、第五个步骤时,则主人只能杀死客人,以保护和巩固自己的地位。尽管这样可能会招来“杀客”的不义之名,但事情紧急,只能出此下策,再不动手就晚了。历史上有的杀成了,有的没杀成。杀成的比如王允挑唆吕布杀董卓,否则董卓眼看就篡汉称帝了。没杀成的比如项羽请刘邦的“鸿门宴”,刘邦最终被放走了。

以上三种方式中,主人动手越早,动静越小,效果越好。就像《扁鹊见蔡桓公》说的:“疾在腠理,汤熨之所及也;在肌肤,针石之所及也;在肠胃,火齐之所及也;在骨髓,司命之所属,无奈何也。”要是拖到“杀之”那一步,自己手下的人已经被客人分化拉拢的差不多了,如果真动起手来很可能被客人反杀,就像刘璋最终被刘备打败。

如果说使用“反客为主”之计最典型的要数刘备,则破解“反客为主”最坚决的当数蔡瑁。为了防止刘备“反客为主”执掌荆州,蔡瑁把上述三种方式全部用了个遍,一开始就力劝刘表不要接纳刘备（拒之），后来又把刘备安置在新野，以免其在荆州招揽人心发展势力（送之），最后又安排“鸿门宴”（杀之）。在蔡瑁的不懈努力下，刘备尽管得保性命，最终也没能从刘表手上接下荆州。以下试从《三国演义》中编录之。

战例 蔡瑁死磕刘备

第一回合

刘备在汝南被曹操打败后，欲往荆州投奔刘表，便派孙乾先往说之。刘表听罢大喜曰：“玄德，吾弟也。久欲相会，而不可得。今肯惠顾，实为幸甚！”蔡瑁谮曰：“不可。刘备先从吕布，后事曹操，近投袁绍，皆不克终，足可见其为人。今若纳之，曹操必加兵于我，枉动干戈。不如斩孙乾之首，以献曹操，操必重待主公也。”孙乾正色曰：“乾非惧死之人也。刘使君忠心为国，非曹操、袁绍、吕布等比。前此相从，不得已也。今闻刘将军汉朝苗裔，谊切同宗，故千里相投。尔何献谗而妒贤如此耶？”刘表闻言，乃叱蔡瑁曰：“吾主意已定，汝勿多言。”蔡瑁惭恨而出，刘表遂命孙乾先往报刘备，一面亲自出郭三十里迎接。刘备见刘表执礼甚恭。刘表亦相待甚厚，在荆州为刘备一行分拨院宅居住。此为蔡瑁一磕刘备，防止其入客荆州，此回合刘备胜。

第二回合

刘备平定江夏张武、陈孙叛乱后，班师而回。刘表出郭迎接入城,设宴庆功。酒至半酣,刘表曰:“吾弟如此雄才,荆州有倚赖也。但忧南越不时来寇,张鲁、孙权皆足为虑。”刘备曰:“弟有三将,足可委用:使张飞巡南越之境;云长拒固子城,以镇张鲁;赵云拒三江,以当孙权。何足虑哉!”表喜,欲从其言。蔡瑁告其姊蔡夫人曰:“刘备遣三将居外,而自居荆州,久必为患。”蔡夫人乃夜对刘表曰:“我闻荆州人多与刘备往来,不可不防之。今容其居住城中,无益,不如遣使他往。”刘表曰:“玄德仁人也。”蔡氏曰:“只恐他人不似汝心。”刘表沉吟不答,考虑再三,于二日后宴请刘备,曰:“贤弟久居此间,恐废武事。襄阳属邑新野县,颇有钱粮。弟可引本部军马于本县屯扎,何如?”刘备领诺,只得与关张赵前往新野。此为蔡瑁二磕刘备,防止其扩张势力,此回合蔡瑁胜。

第三回合

至是年冬,刘表请刘备赴荆州相会,言及立嗣之事。刘备多嘴曰:“自古废长立幼,取乱之道。若忧蔡氏权重,可徐徐削之,不可溺爱而立少子也。”不料此语被躲在屏风之后的蔡夫人听去,心甚恨之。少顷,刘备又失口曰:“备若有基本,天下碌碌之辈,诚不足虑也。”刘表闻言默然。刘备自知语失,托醉而起,归馆舍安歇。刘表退入内宅后,蔡夫人曰:“适间我于屏后听得玄德之言,甚轻觑人,足见其有吞并荆州之意。今若不除,必为后患。”刘表不答,但摇头而已。蔡氏乃密召蔡瑁入,商议此事。蔡瑁曰:“请先就馆舍杀之,然后告知主公。”蔡氏然其言。蔡瑁出，便连夜点军。刘备幸得伊籍告密，连夜逃奔新野。蔡瑁扑空后，悔恨无及，乃写诗一首于壁间，曰：“数年徒守困，空对旧山川。龙岂池中物，乘雷欲上天！”诬为刘备所作，并向刘表报告。刘表见诗大怒，拔剑言曰：“誓杀此无义之徒！”行数步，猛省曰：“吾与玄德相处许多时，不曾见他作诗——此必外人离间之计也。”遂回步入馆舍，用剑尖削去此诗，弃剑上马。蔡瑁请曰：“军士已点齐，可就往新野擒刘备。”刘表曰：“未可造次，容徐图之。”蔡瑁只得作罢。此为蔡瑁三磕刘备，尽管刘表未中蔡瑁栽赃嫁祸之计，但对刘备嫌隙愈深，此回合蔡瑁胜。

第四回合

蔡瑁见刘表迟疑不决，便与蔡夫人商议以“鸿门宴”诱杀刘备。次日，蔡瑁禀刘表曰：“近年丰熟，合聚众官于襄阳，以示抚劝之意。请主公一行。”刘表曰：“吾近日气疾作，实不能行。可令二子为主待客。”蔡瑁曰：“公子年幼，恐失于礼节。”刘表曰：“可往新野请玄德待客。”蔡瑁暗喜正中其计，便差人请刘备赴襄阳。刘备一番权衡后，在赵云的保护下前往襄阳主持筵席。酒至三巡，刘备假托如厕，伊籍跟入后园，附耳报曰：“蔡瑁设计害君，城外东、南、北三处，皆有军马守把。惟西门可走，公宜速逃！”刘备大惊，急解的卢马，开后园门牵出，飞身上马，不顾从者，匹马望西门而走。蔡瑁得报，立刻引五百军随后追赶。刘备逃至檀溪，眼见无路可去，叹曰：“今番死矣！”幸得的卢马神骏，一跃三丈，飞上对岸，逃过了蔡瑁的追杀。此为蔡瑁四磕刘备，若非有神马相助，刘备险些死在蔡瑁手中，此回合刘备险胜。

在蔡瑁的一次次阻挠下，刘备终于没能像以往一样“反客为主”，后来还是凭借真刀真枪，打下了荆益两州的地盘。

（节选并串联改写自《三国演义》第三十一回、第三十四回）

第三十一计　美人计

兵强者，攻其将；将智者，伐其情。将弱兵颓，其势自萎。利用御寇，顺相保也。

解语译文:如果敌方兵力强大,就要从对付敌方的主将入手;如果敌方主将富于韬略,就要从打击其情感上的弱点入手。主将受到打击而指挥能力变弱后,士兵的斗志和战斗力也会跟着减弱,其兵势就会渐渐委顿。此计正合易经《渐卦》所含“有利于抵御敌人,能顺利地保卫自己”之意。

按语　兵强将智,不可以敌,势必事之。事之以土地,以增其势,如六国之事秦,策之最下者也。事之以币帛,以增其富,如宋之事辽金,策之下者也。惟事之以美人,以佚其志,以弱其体,以增其下之怨。如勾践以西施、重宝取悦夫差，乃可转败为胜。

按语译文：对于兵力强大而主将又善于指挥的敌人，不能与之为敌（打不过对方），势必要暂时侍奉、讨好他们。用割让土地的办法来侍奉、讨好对方，会使其势力更加强大，如同战国时东方六国以地赂秦一样，是最下等的策略。用送金钱和布帛等财物的办法来侍奉、讨好对方，会使其财富增加，如同北宋、南宋分别向辽国、金国缴纳“岁币”一样，也是非常下等的策略。唯有用送美人的办法来侍奉、讨好对方（主将），来消磨其意志，搞垮其身体，并增加其下属的抱怨，就像勾践用西施和重宝来取悦夫差一样，这样才能转败为胜。

评析 成本最低的一计

“美人计”是指用美色诱惑对方首领，使其沉湎于享乐，丧失进取精神和战斗意志，从而战胜敌人的策略。“美人计”最早见于《六韬·文伐》：“厚赂珠玉，娱以美人”，“进美女淫声以惑之”。当然，美人并不仅仅指美女，有时美男也可以执行这一计策。

关于何种情形下使用“美人计”，为什么要使用“美人计”，本计按语中说得十分清楚。首先，“兵强将智，不可以敌，势必事之”，打不过别人就只能讨好人家，以换取自身的安全。但在讨好的手段上，就相当有讲究了。土地是一个国家最重要的战略资源，有了土地，就能生产更多粮食和财富，养活更多人口，提供更多兵源，国家就越强大。如果以割让土地的方式侍奉对方，则对方得到土地后力量更加强大，而己方的力量更加衰弱。彼愈强而我愈弱，实力对比更加悬殊，从长远来看自己更危险。如苏洵在其名篇《六国论》中所言：

秦以攻取之外，小则获邑，大则得城。较秦之所得，与战胜而得者，其实百倍；诸侯之所亡，与战败而亡者，其实亦百倍。则秦之所大欲，诸侯之所大患，固不在战矣。思厥先祖父，暴霜露，斩荆棘，以有尺寸之地。子孙视之不甚惜，举以予人，如弃草芥。今日割五城，明日割十城，然后得一夕安寝。起视四境，而秦兵又至矣。然则诸侯之地有限，暴秦之欲无厌，奉之弥繁，侵之愈急。故不战而强弱胜负已判矣。至于颠覆，理固宜然。古人云："以地事秦，犹抱薪救火，薪不尽，火不灭。"此言得之。

再如石敬瑭向契丹割让燕云十六州后，不但自己的后晋旋踵为契丹所灭，中原王朝数百年间再无宁日。因此，事之以土地，为策之最下者也。

事之以币帛，会增加对方的财富，减少自己的财富，不但会直接拉大双方之间的经济实力差距，更会因为己方财富转移到敌方之后所形成的负担，最终会转嫁到自己的百姓身上，使百姓贫苦不堪，加剧内部矛盾。例如，甲午战争后，日本利用清政府2.2亿两白银的巨额赔款，完成了自己的资本积累，此后中日两国差距越来越大，清政府也在愈加深重的外患和更加激烈的国内矛盾中走向了灭亡。但由于币帛与土地相比，属于可再生资源，通过此后的生产还可以再创造出来，因此祸害较事之以土地为轻。

而事之以美人与以上两者截然不同，对己方没有任何损害，对敌方却有极大坏处。对己方而言，送去若干美人，便如《三国演义》中诸葛亮拿大乔小乔智激周瑜时所说的“江东去此两人，如大木飘一叶，太仓减一粟耳”，于国力丝毫无损。然而对敌方而言，若中了“美人计”，一方面，从自身来看，消磨了意志，掏空了身体，比如古代帝王多短命，很大程度上就与身体被掏空有关。另一方面，从其与旁人的关系来看，沉湎于酒色，就会疏远下属，如周瑜设计招刘备入赘弄假成真后，便顺水推舟以声色迷惑刘备，使分开关张之情，隔远诸葛之契。同时，美色还会影响家庭关系。由于政治首领的婚姻多是政治婚姻，即《礼记》所云“娶于异姓，所以附远厚别也”，因此正妻的娘家往往非常厉害，一旦得罪了正妻继而得罪其父兄，不但会影响政治联盟的稳固，对方甚至会兴师问罪。例如，周幽王宠幸褒姒冷落申王后，结果老丈人申侯一怒之下引犬戎兵杀了周幽王。

作为三十六计中的一计，“美人计”蕴含的道理并不仅仅局限在使用“美色”上。“兵强者，攻其将；将智者，伐其情。”有时候手下的人太难对付，可以直接试着去搞定其首领。首领是个糊涂人，就忽悠他；首领要是明白事，就投其所好。只要首领被搞定，手下的一帮喽啰就是首领一句话的事。就好比刘禅都投降了，姜维再厉害也不得不降（因为他已经丧失了继续抵抗的法理基础)。而搞定首领一个人所花费的成本,比搞定其众多手下所花费要小得多。这与俗话“阎王好见,小鬼难缠”是一个道理。这也是为什么社会上有这么多人喜欢攀龙附凤、背靠大树的原因之一。使用“美人计”,以“大木飘一叶,太仓减一粟”之小成本谋求大事,因而是三十六计中成本最低的一计。

破解 德道有术

《孟子》曰“食色,性也”,“美人计”正是利用了人的这一天性。克服人类天性的办法,要么是加强道德修养,使其自我约束,要么是通过制度,从外部予以约束。对于破解“美人计”,同样要靠这两种方式。此外,如果受计者手段高明,还可以对对方的“美人计”加以利用。具体而言,可概括为“德”“道”“术”三个字。

“德”是指加强自我道德修养,坚定远大理想抱负,固守人生信条准则,如坐怀不乱的柳下惠般,不被美色所迷惑。例如,关羽被迫暂居曹营后,曹操赠送了大量美女财宝以拉拢关羽,而关羽顾念兴汉大业兄弟情义,丝毫不为之所动,将美女财宝原封不动还给了曹操。再如,南宋高宗赵构为选择后继之君,给两位准继承人赵昚、赵琢分别赏赐了十名美女。过了一阵,赵构将二十名美女全部召回,经过检查,发现给赵琢的那十个都已经不是处女,而给赵昚的却依旧都是完璧。赵构认为赵琢贪色好玩,便把皇位传给了赵昚。赵昚凭借自己的道德操守当上了日后的孝宗皇帝。而后来的事实也证明，具有较高道德操守的宋孝宗是南宋时期相对最贤明，也最有雄心的皇帝。

“道”是指从制度上防止首领，特别是君王沉湎于酒色。如果制度的笼子能够扎紧，即便是有了美人，君王也不能随心所欲、因美耽政。对于防止君王沉湎于美色，历朝历代都想了一些办法，犹以明清两朝为甚。以清朝为例，清朝皇室制定了严格的后妃制度，后妃之间等级森严，并赋予皇后较大的管理后宫的权力，因而《还珠格格》中皇后管教紫薇小燕子，是名正言顺且有充分的制度依据的。皇帝不但没有选择自己的配偶的权力（别人帮皇帝选秀女），连晚上跟谁睡觉自己说了都不算（翻牌子），就算是行房，如果时间过久，候在房外的太监就会高喊“是时候了”，要是皇帝尚有余勇，太监就会三番五次地喊，直到把皇帝喊得兴致全无把妃子送走才罢休。此外，即便没有明文制度，只要形成了事实上的制约，也算是一种“制度”约束。如隋文帝杨坚的独孤皇后仗着娘家厉害，把老公管得服服帖帖，不敢再纳其他的嫔妃，更谈不上中“美人计”的问题。

“术”是指在成功抵御美色诱惑的基础上，通过权谋计策，对“美人计”或“美人”加以利用。例如，《三国演义》中王允巧使连环计，董卓大闹凤仪亭后，李儒向董卓进谏曰：“昔楚庄王‘绝缨’之会，不究戏爱姬之蒋雄，后为秦兵所困，得其死力相救。今貂蝉不过一女子，而吕布乃太师心腹猛将也。太师若就此机会，以蝉赐布，布感大恩，必以死报太师。太师请三思！”李儒一番话可谓入木三分，从“术”的角度来看，破解“美人计”最简单的方式就是将美色转赠下属，不但一举多得，还会让使计者搬石砸脚。只可惜董卓没有听从，终招致杀身之祸。再如，杨广反用“美人计”，利用其母独孤皇后的女权主义思想，扮演了一副只爱发妻一人，不近其他女色的形象，博得了独孤皇后的欢心，并成功夺得太子之位。又如，有道是“美女爱英雄”，如果受计者魅力难挡，还可以把美人争取过来为自己所用。《三国演义》中刘备入赘江东后，就把孙小妹收得服服帖帖，并借助孙小妹之力摆脱了吴兵的追杀，以下战例部分将详述之。

战例 刘备娶亲

诸葛亮一气周瑜之后，周瑜设计让孙权以招刘备入赘为名，骗其来江东杀害。诸葛亮识破了周瑜的计策，便准备了三个锦囊交给赵云，嘱咐他陪同刘备前往江东，依时依次打开。

到南徐后，赵云打开第一个锦囊，结果是让刘备先去拜见乔国老，并将刘备入赘之事闹得满城皆知。到乔国老向吴国太贺喜，吴国太方知此事，大骂周瑜之余，只好答应先见刘备再说。结果次日甘露寺中，吴国太一眼便相中了刘备，于是亲事便定了下来。数日之后，孙小妹与刘备完婚。

周瑜眼见弄假成真，便又生一计，建议孙权以声色犬马迷惑刘备，使其沉迷其中，不思荆州。不得不说诸葛亮和周瑜都非常了解刘备。刘备一介草根出身，东奔西走，屡败屡战，几十年间从没过过一天安稳日子，到了江南温柔乡，果然沉迷其中。而诸葛亮毕竟智高一筹，且离刘备更近，相比周瑜还是更了解刘备一些。一方面，刘备虽然难抵美色诱惑，但毕竟是一世枭雄，兴汉大业在其心中还是占据更重要的位置。另一方面，刘备虽然年纪大了些，但考虑到曹操曾言“天下英雄唯使君与操耳”，刘备年纪比曹操小，故而已是当今天下最年轻的英雄，在涉世未深、充满了英雄情结的孙小妹眼中，极富男人魅力，随便讲讲自己年轻时的英雄事迹，就会把小姑娘唬得一愣一愣的，满脸崇拜的神色。更何况孙小妹自幼丧父丧兄，从小缺乏年长男性的关爱，在感情上很容易对刘备产生依赖。因此，孙小妹必然会被刘备“拿下”。

正是基于上述考虑，诸葛亮的第二个锦囊让赵云诈称“曹操要报赤壁鏖兵之恨，起精兵五十万，杀奔荆州，甚是危急”，让刘备尽快返回荆州。同时，诸葛亮料到刘备舍不得孙小妹，自会施展手段让孙小妹跟自己走。刘备果然没有让诸葛亮失望，在孙小妹面前大秀演技，先是装作十分苦恼，直到孙小妹问起，兜了一大圈才跪而告曰：“夫人既知，备安敢相瞒。备欲不去，使荆州有失，被天下人耻笑；欲去，又舍不得夫人，因此烦恼。”刘备之言让孙小妹颇为感动，为了不让自己心爱的夫君为难，孙小妹毅然道：“妾已事君，任君所之，妾当相随。”于是，两人谎称到江边祭祖，瞒着孙权辞别吴国太,于大年初一这一天匆匆出城,趱程而行。

行到半路,孙权追兵杀来,刘备事急,便拆开第三个锦囊,结果是让孙小妹退敌。刘备心领神会,马上又到孙小妹面前施展演技口才,哭着对孙小妹说:“昔日吴侯与周瑜同谋,将夫人招嫁刘备,实非为夫人计,乃欲幽困刘备而夺荆州耳。夺了荆州,必将杀备。是以夫人为香饵而钓备也。备不惧万死而来,盖知夫人有男子之胸襟,必能怜备。昨闻吴侯将欲杀害,故托荆州有难,以图归计。幸得夫人不弃,同至于此。今吴侯又令人在后追赶,周瑜又使人于前截住,非夫人莫解此祸。如夫人不允,备请死于车前,以报夫人之德。”这番话以退为进,既表明了自己的真心,又给孙小妹带上了高帽,同时挑拨了其兄妹关系,充分显示了刘备这根老油条的水平。孙小妹果然怒道:“吾兄既不以我为亲骨肉,我有何面目重相见乎!今日之危,我当自解。”于是,孙小妹出马,连续骂退徐盛、丁奉、陈武、潘璋,助刘备脱险。

此段故事中,孙权周瑜本想用“美人计”幽困刘备,结果刘备反把吴国太、孙小妹两个女人争取过来成为自己佐助,让周瑜赔了夫人又折兵,倒也真是没有辜负曹操对他的评价——“天下英雄唯使君与操耳”。

第三十二计　空城计

虚者虚之，疑中生疑；刚柔之际，奇而复奇。

解语译文：对于本来就空虚的，就让它显得更加空虚，使对方在疑惑中更增添疑惑。正合易经《解卦》刚与柔相互交会，没有灾难之意。① 这是奇计中的奇计。

按语　虚虚实实，兵无常势。虚而示虚，诸葛而后，不乏其人。如吐蕃陷瓜州，王君焕②死，河西汹惧。以张守珪为瓜州刺史，领余众，方复筑州城。版干裁立，敌又暴至。略无守御之具，城中相顾失色，莫有斗志。守珪曰："彼众我

① 易经《解卦》初六象曰："刚柔之际，义无咎也。"

② 王君焕，唐开元名将，按语中"焕"当为"涣"字，此处疑为《三十六计》原书误。

寡，又疮痍之后，不可以矢石相持，须以权道制之。”乃于城上置酒作乐，以会将士。敌疑城中有备，不敢攻而退。又如齐祖珽为北徐州刺史，至州，会有陈寇，百姓多反。珽不关城门，守陴者，皆令下城，静坐街巷，禁断行人，鸡犬不乱鸣吠。贼无所见闻，不测所以，或疑人走城空，不设警备。珽复令大叫，鼓噪聒天，贼大惊，顿时走散。

按语译文：虚虚实实，用兵没有固定不变的模式。本来力量就空虚，却故意把空虚的样子展示给敌人看，自从诸葛亮以后，运用此计的人为数不少。例如，唐玄宗时，吐蕃人攻陷了瓜州，守将王君涣战死，河西地区的军民十分惊慌。朝廷任命张守珪为瓜州刺史，率领残余部众，重新修筑瓜州城墙。筑城墙用的夹板和立柱刚刚立好，敌人又突然杀到。此时唐军几乎没有城防工事，城里的人面面相觑，惊慌失色，都没有斗志。张守珪说：“敌众我寡，并且上次城破之后城防尚未修复，不能用弓箭、雷石等与敌人硬拼，必须用计谋来制服敌人。”于是便在城墙上摆起酒席，奏起音乐，与众将士宴饮。吐蕃人怀疑城中有埋伏，不敢进攻，便退兵了。又如，北齐的祖珽被任命为北徐州刺史，刚刚到任，就遇到陈朝军队进犯，当地的百姓有不少也跟着造反。祖珽下令不关城门，并让城墙上守备的士兵全部都撤下城来，静坐于城内街巷之中，禁止行人通行，城内一片寂静，连鸡犬也不乱鸣乱吠。陈军到了之后什么人也看不到，搞不清楚城中情况，怀疑北徐州已人走城空，于是便不再戒备。此时祖珽命令城中军民突然大喊大叫，声势喧天，陈军大惊之下，顿时纷纷溃散而去。

评析 最险的一计

说起“空城计”，人们恐怕首先想到的是诸葛亮摆空城计智退司马懿。《三国演义》第九十五回《马谡拒谏失街亭，武侯弹琴退仲达》中，由于街亭意外失守，其他部队又已派出，诸葛亮北伐军指挥部所在的阳平城仅有少数老弱残兵留守。此时司马懿率十五万大军突然杀到。诸葛亮临危不乱，命令大开城门，并派人去城门口洒水扫地，自己则亲自登上城楼，端坐弹琴。司马懿来到城前，见此情形，心生疑惑，担心城中有伏兵，于是不敢贸然进攻，最终下令退兵。根据这一典故，“空城计”是指处于弱势的一方故意以弱示人，使敌方对这种不合常理的行为产生迟疑，从而迷惑敌人。

“空城计”是典型的败中求胜的计策，当面临处于绝对优势的敌人时，无论是战是逃，皆会被敌人擒杀，唯有强装镇定虚张声势，使对方自行退去，尚有一线生机。就像书上说的在野外遇到老虎时，不可转身就跑，而要龇牙咧嘴地盯着老虎，老虎害怕了就会自己跑开。历史上使用“空城计”的战例很多，除了《三国演义》版“空城计”和本计按语所举的两个例子外，还有正史上的郑国叔詹版“空城计”（情节与诸葛亮的“空城计”几乎一模一样）、赵云版“空城计”、李广下马解鞍退匈奴兵等等。

“空城计”实际上是一种心理战术，是在敌我双方信息不对称、实力不对称情况下的一次对赌。既然是对赌，就既有可能赌赢,也有可能赌输。赌赢了当然可以全身而退,一旦赌输了则再无回旋余地。因此“空城计”是三十六计中最险的一计,不到万不得已,或者对敌方主帅的心理状况和性格特点没有充分的了解,则不可轻易使用,以身犯险。同时,此计即便得手,也必须立即调整部署,将“空城”变为“满城”,以防敌人回过味卷土重来。说到底,要想与敌人对抗,最终还要靠真正的实力,光唬是唬不败的。

除了上述“虚而示虚”这种真正意义上的“空城计”外,还有一种“实而示虚”的“空城计”,即以“空城”示人,实际上却在城内或附近埋有伏兵,当敌人进入“空城”后再予以打击或围歼。例如《三国演义》中,诸葛亮给曹仁留下一座新野空城,却在城中堆放大量引火之物,当曹仁率军进入新野暂驻后,诸葛亮火烧新野,将曹军杀得大败。再如赤壁之战后,周瑜率军攻打南郡。这回的主人公还是曹仁。曹仁吸取上次被诸葛亮火烧新野的经验教训,根据曹操留下的锦囊妙计,将南郡摆成一副空城模样,却在城内埋伏兵马,引周瑜率军突入瓮城后,两边箭如雨下,将周瑜射伤。此种情形的“空城计”并不是三十六计中讲的“空城计”,但实战中正是有了这种“实而示虚”的“空城计”存在,才能使敌方有所顾虑,从而帮助“虚而示虚”的“空城计”获得成功。

破解 杀进城去

由于“空城计”是建立在信息不对称、实力不对称的情况下，因此破解“空城计”的难点在于识破，而不在识破之后的应对。一旦看穿“空城”，面对处于绝对劣势，又自绝了退路的敌人，直接杀进城去即可。识破“空城计”，主要有三种方法：

一是广泛收集其他信息，帮助判断该城是“空城”还是“满城”。例如，据媒体报道，一些家庭全家外出旅游时，会开盏长明灯制造家中有人的假象，用以防盗。但有的小偷专挑这种开长明灯的家庭下手。小偷被抓获后供称：“这些‘长明灯’简直就是给干我们这行的指路，房主还自以为聪明。我在踩点时，就专门留意哪家开长明灯唱‘空城计’。你大白天家里还开着灯，不明摆着这几天家里没人吗？为了更加有把握，我还会观察这些人家的信箱、阳台。如果信箱里塞满了报纸、信件，或者阳台上的衣服没人收，奶箱里积了几瓶牛奶，那十拿九稳这家人就是出远门了。”

二是试探对方，看其反应。在拿不准城内虚实的情况下，可以先派小股部队试探一下对方，进行一下火力侦察，看看对方有何反应，即使用三十六计中的“打草惊蛇”之计。如果对方立刻呈现出慌乱之象，则基本上可以判断对方是故意虚张声势，实际虚弱不堪，无力与自己对抗。假使司马懿能够派点兵稍微打上一打，诸葛亮的“空城计”就被识破了。在这里要多说一句，诸葛亮的“空城计”当然是后人编的，将历史上赵云摆空城退文聘的故事搬到了诸葛亮身上，但即使是编的也不太合逻辑。因为阳平城不过是一座西北小城，周围多少，最多可以容纳多少部队，一下子就能算出来，以司马懿十五万之众，就算有些许伏兵，又有什么用呢？

三是对可能存在的“伏兵”做好充分的应对准备。当不确定是否为“空城”时，先站在敌方的角度，假定“空城”只是个诱饵，而在“空城”内外另有伏兵、援兵。这时，需要对敌方可能的伏兵、援兵进行估计预判，并做好相应的准备，若有把握战胜伏兵、援兵，或者在伏兵、援兵反应过来之前就能占得城池、结束战斗，便可大胆取城。如果确为“空城”，则取城不在话下。如果真有伏兵、援兵，由于已有准备，挡住伏兵、援兵后，仍可占得敌城。抗战时粟裕将军指挥的“车桥战役”，即为此种方法之应用，以下详述之。

战例 车桥战役①

日伪失算　车桥一出“空城计”要唱砸

车桥，淮安东南20公里的一座大镇，是连接苏中和苏北的枢纽。车桥坐落在涧河两岸，东西2华里，南北1.5华里，河道上有5座桥梁，俯瞰全镇，形如“車”字。

车桥一带日伪的兵力部署很有“特点”：虽然地处咽喉，却仅有日军1个小队40余人和伪军1个大队500余人驻守。反观车桥附近淮阴、淮安、泗阳、涟水的日伪据点却驻有重兵。后世人们分析此战时，认为可能是日伪故意布下陷阱，吸引新四军小股部队前来袭扰，再实施包围歼灭，以消耗

① 转引自中国新闻网 http://www.chinanews.com/cul/2015/09-26/7545712.shtml，原标题为《毛泽东赞粟裕：将来可以指挥四五十万军队》。

新四军有生力量；又或是故意以空虚示人，使新四军疑心有诈，不敢来取。

再看我军的部署，就知道日伪这出“空城计”注定要唱砸。新四军不仅来攻，更是集中了罕见的5个团兵力。此战由粟裕统筹全局，第1师副师长叶飞、参谋长刘先胜组成野战司令部，现场指挥。他们决定采取围点打援的战法——你布口袋阵，那我干脆就进来，但你援兵会被挡在路上，根本收不紧口袋！

兵分四路　一路机动，一路围点，两路打援

粟裕等指挥官将兵力分为四路。第一路——围点：第3旅第7团担任主攻车桥日伪军据点的任务。第二路、第三路——打援：第1旅第1团、第3军分区特务营及泰州独立团第1营，在车桥西北之芦家滩、石桥头、杨家庄一带占领阵地，担任对淮阴、淮安方向的警戒，负责歼灭或击退援敌的任务；第18旅第52团、第1军分区江都和高邮独立团各1个营，在车桥南下之官田、大施河、瓦屋庄一带占领阵地，担任对曹甸、宝应方向的警戒，负责歼灭援敌的任务。第四路——机动：师教导团第1营及第4军分区特务团2个营，为总预备队，集结于车桥北之赵杨庄附近地区待命。

由此我们可以看出，车桥战役的重心落在“打援”上。原因很简单：截击一支急行军的部队，比攻坚中消灭敌人容易得多。

战前准备也在紧锣密鼓地展开。新四军统一弹药、器材、粮秣、野战医疗、运输等后方勤务工作，还制作了“攻城器”，如连环云梯、单梯三角钩、爬城钩、麻绳、煤油、棉花、竹竿、土坦克、炸药、烟幕弹、沙包等。与此同时，江苏的抗日群众也动员起来支援前线，为新四军提供了大批船工和船只，时刻准备配合战时勤务以及战后平毁敌人据点工事的工作。

敌人增援　前3批被围几乎被我军全歼

1944年3月5日凌晨1时50分，车桥战役打响。攻城部队进展顺利。战士们在夜色掩护下，从四面八方越过外壕，架起云梯，爬上围墙，很快攻占了围墙上的所有碉堡并迅速攻入镇内，到中午，残敌被压缩在镇内工事中，仅剩残喘之力。午后时分，从曹甸、塔儿头向车桥增援的伪军，被52团阻于大施河以南。紧接着，淮阴、淮安、泗阳、涟水等地日军第65师团一部900余人，先后分5批乘汽车和装甲车奔向车桥。

晚8时，新四军实施“反冲击”，向集中在韩庄的日伪增援部队进攻。在间杂着白刃肉搏的激烈战斗中，日伪军遭到重大伤亡，开始溃逃，并旋即遭到我军包围。此时，日伪增援车桥的企图已经宣告失败——增援部队反而遭到包围。到了6日凌晨前3批增援部队已被歼灭大部，这时日伪军第4、第5批增援姗姗赶来，而他们能做的仅是接应前批增援部队的残兵撤退了。

新四军打退日伪援军后，没有占领车桥。6日，镇中残余的日军也趁此时机逃回淮安城。不过新四军没有停下脚步，从7日到13日，战士们进一步向车桥周围出击，拔掉据点12处，进一步扩大战果。车桥战役宣告全面胜利。

第三十三计　反间计

疑中之疑。比之自内，不自失也。

解语译文:在疑阵中再布疑阵。如同易经《比卦》中所说的,通过结交对方内部的人与对方处理关系,自己的举措便不会失当。

按语　间者,使敌自相疑忌也;反间者,因敌之间而间之也。如燕昭王薨,惠王自为太子时,不快于乐毅。田单乃纵反间曰:“乐毅与燕王有隙,畏诛,欲连兵王齐。齐人未附,故且缓攻即墨,以待其事。齐人唯恐他将来,即墨残矣。”惠王闻之,即使骑劫代将,毅遂奔赵。又如周瑜利用曹操间谍,以间其将,亦疑中之疑之局也。

按语译文:所谓的离间,就是使敌方内部自相怀疑和猜忌;所谓的反间,就是利用敌人派来的间谍转而离间敌人。例如,燕昭王死后,继位的燕惠王在做太子时就与乐毅有矛盾。齐将田单便使用“反间计”，散布谣言说：“乐毅与燕惠王有嫌隙，害怕被诛杀，因此长期统兵在外，打算在齐地自立为王。因为齐人还没有归附他，所以他才命令暂缓攻打即墨，以等待时机，成就大事。齐人唯恐燕国派别的将领来，否则即墨早就守不住了。”燕惠王听到之后，便命令骑劫代替了乐毅，乐毅被迫逃亡到赵国。又如，周瑜利用曹操派来的间谍（蒋干），离间曹操与其将领（蔡瑁、张允）的关系，这也是疑局之中再设疑局的谋略。

评析 最秘密的一计

关于何为“间”，何为“反间”，本计按语给出了明确解释。“间者，使敌自相疑忌也”，即通过间谍不但可以传递敌方情报，还可使敌人内部相互怀疑和猜忌；“反间者，因敌之间而间之也”，即利用敌方间谍转而离间敌人。《孙子兵法》最后一篇为《用间篇》，专门阐述了使用间谍的重要意义，以及间谍的五种类型，并将反间作为五间之本。

孙子曰：凡兴师十万，出征千里，百姓之费，公家之奉，日费千金；内外骚动，怠于道路，不得操事者，七十万家。相守数年，以争一日之胜，而爱爵禄百金，不知敌之情者，不仁之至也，非民之将也，非主之佐也，非胜之主也。故明君贤将所以动而胜人，成功出于众者，先知也。先知者，不可取于鬼神，不可象于事，不可验于度，必取于人，知敌之情者也。

故用间有五：有因间，有内间，有反间，有死间，有生间。

五间俱起，莫知其道，是谓神纪，人君之宝也。因间者，因其乡人而用之。内间者，因其官人而用之。反间者，因其敌间而用之。死间者，为诳事于外，令吾闻知之而传于敌间也。生间者，反报也。

必索敌间之来间我者，因而利之，导而舍之，故反间可得而用也；因是而知之，故乡间、内间可得而使也；因是而知之，故死间为诳事，可使告敌；因是而知之，故生间可使如期。五间之事，主必知之，知之必在于反间，故反间不可不厚也。

在孙子看来，舍得花那么多钱打仗，却不舍得花钱利用间谍，是极其愚蠢且不仁（对自己军民的生命财产不负责任）的行为。打仗靠的就是情报，谁的情报多、情报准，谁就占据主动，胜算就大，反之胜算就小。己方可以利用的间谍有五种类型，简单来讲，“因间”就是找当地人；“内奸”就是找知悉敌人内部情况的人员，比如失意官员、落魄文人；“反间”就是利用对方间谍传递假情报；“死间”就是利用己方的间谍，故意向对方传递假情报，对方上当后，往往会迁怒于该间谍，故而“死间”是五间中下场最惨的；“生间”就是能够把对方情报带回来的人，比如往来使者、商人。五种间谍中，最重要的就是反间，一方面，只要能搞定对方间谍，则对方的整个情报网（五间）尽在己方掌握之中；另一方面，基于对方对其间谍的信任，可以利用对方间谍传递假情报。因此，对待间谍，一定要亲厚，尤其对反间，要给予更高的待遇。

唐代诗人兼军事专家杜牧在注《孙子兵法》时说：“敌有

间来窥我，我必先知之，或厚赂诱之，反为我用；或佯为不觉，示以伪情而纵之，则敌人之间，反为我用也。”杜牧说的这两点，点明了使用“反间计”的两种具体情形。一种是收买对方间谍为己所用。例如收买他国使者，让其回国之后说某某人的坏话，使彼方君臣自相猜忌，如本计按语第一个例子，田单纵反间，使燕惠王怀疑乐毅，以骑劫代之。再如使对方间谍成为“双面间谍”，帮助己方收集情报。另一种是通过对方间谍（或使者）传递假情报。例如本计按语第二个例子，周瑜利用蒋干，使曹操杀掉蔡瑁、张允。再如，陈平使项羽怀疑范增，皇太极使崇祯杀袁崇焕，用的也是这个套路。

使用间谍，需要在秘密的情况下进行，使用“反间计”，更要密上加密，否则一旦秘密泄露，极有可能反过来被对方利用，因此，“反间计”是三十六计中最秘密的一计。值得一提的是，此计解语引用易经《比卦》中的“比之自内，不自失也”，说得十分直白，也十分到位，不但可用于军事，也可以用于与人打交道的各个方面。比如臣下摸不清皇帝的心思，就会问皇帝的贴身太监（当然前提是自己必须与该太监保持良好的关系），这样自己的言语行为就不会失当。

破解 去伪存真

“反间”无论是被对方收买（有意），还是被对方欺骗（无意），带回的情报都是假情报。到了战场上，更多的情况不是搞不到情报，而是各种情报满天飞，真的假的混在一起，让人晕头转向。例如，纳粹德国进攻苏联前，苏联方面已经得到了大量的情报，但斯大林始终坚信这些都是英国意图将祸水东引而搞的假情报，由于判断失误，导致苏军在战争初期损失惨重。因此，相比于情报的获取，准确判断情报的真假更加重要、难度也更大。而破解“反间计”，就涉及如何判断及使用情报的问题。

情报工作中有一个原则叫做“相互印证”，即通过多条情报线同时收集情报，再把收集来的情报进行系统的分析、比较，进而得出更接近真实情况的结论，单纯一个孤立情报并不能轻易采信（证据学也与此类似，讲究形成完整的证据链，孤证的证明力并不强）。在接到间谍带回的情报时，不论来人是否为“反间”，其情报是否为虚假，只要坚持了“相互印证”原则，不轻易相信，不偏听偏信，就能极大程度上压缩“反间计”发挥作用的空间。例如，被誉为“日本情报战之父”的福岛安正（著名间谍川岛芳子养父的老师）在日俄战争期间主管情报工作，建立了一套完整的情报网。在福岛的指挥下，日军的战场情报（对俄国的电报分析）、文书情报（由驻世界各地的武官收集，主要为欧美报纸杂志的相关分析）以及内线情报（谍报人员获取的情报）开展得井井有条，相互印证，帮助日军取得了日俄战争的胜利。

历史上所有成功的“反间计”，很大程度上并不是因为使计者的计策有多么高明，而是因为对方君臣之间本就已有嫌隙猜忌，“反间”所带来的情报，只不过成为了“压垮骆驼的最后一根稻草”，甚或根本就是对方君主乘机发难的借口。例如，乐毅倾燕国之兵，拿下齐国七十余城，完全有了与燕惠王叫板的资本，试想哪个君主不害怕？万一灭掉一个田氏齐国，出来一个乐氏齐国，对燕国有什么好处？七十余城都拿下了，唯独留下莒城和即墨，使大军长期在外不归，在乐毅看来自有道理，在燕惠王看来就是图谋不轨，更何况乐毅与燕惠王本来就有矛盾，即使田单不派反间散布谣言，难道燕国内部就没有这样的声音？因此，田单的“反间计”正好给了燕惠王一个理由。项羽逐范增，曹操杀蔡、张，崇祯杀袁崇焕，也并非仅仅是因为一条“反间计”，而是前者早就对后者不满。因此，说“反间计”挑起了对方内部的矛盾，倒不如说“反间计”利用了对方内部的矛盾。

除了相互印证以去伪存真外，如果借此识破了对方的“反间计”，还可以对此加以利用。例如，将对方“反间”再收买过来，利用其再向对方送去假情报，或收集对方真情报，来个“反反间计”。再如，基于对方的真正战略意图，来个将计就计，布下圈套等对方上钩，等等。

此外，作为“反间计”的直接目标，即角色身份如乐毅、范增、袁崇焕等，也不应坐以待毙，而是应当主动剖白自己，在破解对方“反间计”同时，增进君臣、上下之间的信任，切不能无动于衷，更不能负气顶撞，这样刚好坐实了“反间”所诬之辞。例如，靖难之役时，明惠帝朱允炆给留守北京的朱棣之子朱高炽写劝降信，意图离间朱棣父子，结果朱高炽将信原封不动交给朱棣,从而打消了朱棣的疑虑,高智商的朱高炽也成为日后的仁宗皇帝。再如,南唐李璟派使者向赵匡胤送礼,意图离间柴荣与赵匡胤。而赵匡胤同样将李璟的书信和贿礼交给柴荣,使柴荣对其更加信任。以下战例部分将详述之。当然,从后来的历史看,柴荣还真不如信了李璟。穿越千年,我仿佛听到李璟在对柴荣说:“兄弟,我只能帮你到这里了。”

战例 赵匡胤收贿上缴破离间①

五代末年,赵匡胤在后周世宗柴荣手下任殿前都点检,掌握禁军,兵权在握,势力很大。加之赵匡胤有勇有谋,又会笼络部下,所以引起了南唐国主李璟的注意。李璟觉得,赵匡胤终究会成为自己的克星,与其日后麻烦,倒不如乘现今事情才初见端倪时就设法除掉他。思来想去,他想出一条离间计。他马上修书一封,派使者带上三千两白银前去后周汴梁(今河南开封)活动。

南唐使者来到汴梁,先去见后周世宗柴荣,说了些照例祝贺的话,然后装作有意无意地问起赵将军。柴荣见使者问得蹊跷,便起了疑心,问使者找赵将军有何事。使者见目的达到,心中大喜,但仍旧装作支支吾吾地说:“没事,随便问问。”果然不出李璟所料,柴荣见状起了疑心,派人暗中盯上

① 转引自中国历史故事网 http://www.gs5000.cn/gs/huangdi/songchao/1828.htm。

了使者,看他有什么活动,特别是与赵匡胤有什么勾搭。当天夜深人静,果然见使者偷偷离开驿馆,向赵匡胤之宅溜去,后面随从们肩抬手提,带了不少东西。暗探见状,忙跟踪过去。

赵匡胤听说有南唐使者深夜来访,心想:自己与他们素无交往,怎么这么晚了来拜访呢?有心不见,但自恃心地坦然,也没有什么好怕的,故传令接见。使者进来,呈上李璟书信,无非说些敬仰的话,没有实际内容。赵匡胤心中更加疑惑不解,不知南唐想干什么。等使者献上白银后,赵匡胤明白了:他们是想制造我与南唐私通的假象,以便嫁祸于我,对我不利。既来之,则安之,就这么办!赵匡胤心中有了主意,便淡然一笑,说:"留下吧!回去代我谢谢你们国主。"使者见目的达到,忙起身告辞,心中琢磨着如何完成李璟交代的第二步任务——为赵匡胤制造私通南唐的舆论去了。

暗探连夜回宫将这一切报告柴荣,柴荣听后大惊,若赵匡胤真与南唐暗中交往,那可太危险了。但原先从没听说过他与南唐有来往。怎么会有这么一段事情呢?会不会是南唐搞得什么鬼?思来想去,不得其解。最后打算还是看赵匡胤有什么行动再说。

第二天天刚亮,赵匡胤便来朝见柴荣,把李璟的亲笔信呈上,并让手下人抬来南唐贿赂的三千两白银。柴荣见赵匡胤此举,心中猜疑顿消,自此君臣二人更加互相信任了。南唐使者听到这一消息,心中凉了半截,也顾不上再造什么舆论，忙告辞回国汇报去了。李璟听说了赵匡胤此举，大叫："此人果然厉害！亡我者必赵匡胤也！"

就这样，由于赵匡胤及时识破了敌人的阴谋，不为金钱利益所动，顺势为制，使南唐不但没有达到离间柴荣与赵匡胤关系的目的，反而还赔上了三千两白银。

第三十四计　苦肉计

人不自害，受害必真。假真真假，间以得行。童蒙之吉，顺以巽也。

解语译文：不自我伤害是人的天性和本能，如果某人受到了伤害，人们会认为导致其伤害的事件是真实的。利用这种常理，以假为真，以真为假，（受到"皮肉之苦"的人）就可以执行间谍任务了。此计正合易经《蒙卦》之象，利用了敌人的"幼稚蒙昧"，顺着对方的错误认识达到自己的目的。

按语　间者，使敌人相疑也；反间者，因敌人之疑，而实其疑也。苦肉计者，盖假作自间以间人也。凡遣与己有隙者以诱敌，约为响应，或约为共力者，皆苦肉之类也。如郑武公伐胡而先以女妻胡君，并戮关其思；韩信下齐而郦生遭烹。

按语译文：所谓离间，就是使敌人内部相互猜疑；所谓反间，就是利用敌人的怀疑，帮助其坐实自己的怀疑。所谓的“苦肉计”，就是假装自己内部有矛盾，并故意让敌人“利用”己方的内部矛盾，乘机离间诱骗敌方。凡是派遣与自己有嫌隙的人去诱骗敌人，约定作为内应，或协同行动的，都属于“苦肉计”的范畴。例如，郑武公想征伐胡人，就先把自己的女儿嫁给胡人首领，并杀了力主征伐胡人的大臣关其思（使胡人放松警惕后再一举发难）。刘邦派郦食其出使齐国，劝齐王田广归汉，齐王相信了郦食其遂放弃了战备，而韩信乘机攻打齐国，齐王一怒之下便烹杀了郦食其。①

评析 最惨的一计

“苦肉计”是指故意损害自己以换取敌方的信任，再利用敌方的信任达到自己最终目的的策略。趋利避害是万物本能，人类作为万物灵长，更懂得趋利避害的道理。因此，“苦肉计”正是利用了“人不自害”的常理（即其苦厄必定是别人强加在其身上的），通过作出必要的牺牲，以博得他人信任。

正是因为“苦肉计”有违人之常理，因此能够使用“苦肉计”的都不是常人，要么是大义之士，要么是大奸之人。大义之士如要离、黄盖。要离为给吴王阖闾除去心头之患，不

① 据《史记·郦生陆贾列传》载，韩信听说郦食其凭借一番言辞便劝服齐王后，非常不服气，便率军突袭齐国，导致郦食其被齐王所杀。实际上，无论刘邦还是郦食其，原本都没有想用“苦肉计”欺骗齐王。

惜断臂舍妻以接近庆忌，趁其不备用矛刺死了庆忌，之后自刎而死。黄盖不惜老迈之躯，被周瑜打得皮开肉绽，终于得到曹操信任，拔得赤壁首功。当然，要离刺杀庆忌历史上确有其事，周瑜打黄盖是小说演义中的故事，但其中包含的忠义精神都是实实在在的。

大奸之人如易牙、开方、竖刁。易牙是齐桓公的厨师，只因齐桓公一句“不知人肉什么味道”，便把自己儿子杀了烹制成菜肴献给齐桓公。开方是卫国公子，自愿留在齐国侍奉齐桓公，尽管齐卫相隔不远，开方十几年间从未回卫国探望过自己的母亲。竖刁为了进宫服侍齐桓公，挥刀自宫。三人各以不同的“苦肉”方式博得了齐桓公的信任。齐国名相管仲临终前曾告诫齐桓公说，易牙、开方、竖刁三人所为之事不合人情，十分危险，重用必定乱国。在管仲的眼里，从人性的角度来看，有与常人一致的行为，必有与常人一致的品质，若有与常人不同的行为，则必有与常人不同的品质。爱子女胜于爱别人，爱父母胜于爱别人，爱自己胜于爱别人，这都是人之常情。而易牙、开方和竖刁三个人为了取悦齐桓公，所作所为皆大违人情伦常，背后必然有不可告人的目的。可惜的是，齐桓公不但没有看出这一点，也没有听从管仲的忠告，最终被易牙等人害死。

不管大义之士还是大奸之人，“苦肉计”都是代价和风险及其高昂的一计，即便赢得了对方的信任，自己也付出了惨痛的损失，更何况对方有可能并不信任自己，那就是白白的牺牲。但也正是因为如此,“苦肉计”的效果往往很不错。如果对方不信,很大程度上是“苦”得还不够,比如让原来的老大骂了一句就转投别的老大,搁谁那儿看都不靠谱。如果“苦”到份儿上,如同要离一般,确实很难让人产生怀疑。因此,“苦肉计”的欺骗效果与“苦”的程度成正比,故而是三十六计中最惨的一计。

当然,“苦肉”并不仅指伤害自己及至亲,本计按语已经对“苦肉计”作了扩大解释,即“凡遣与己有隙者以诱敌,约为响应,或约为共力者,皆苦肉之类也”。只要是有嫌隙、有矛盾,或者没有矛盾故意制造矛盾,就能在此基础上,让看上去吃了亏的那一方承担使用“苦肉计”的任务。例如,《大明英烈传》中丁普郎等三十六人假装不愿屈居朱元璋帐下,复归陈友谅,结果在康郎山之战中作为内应,助朱军大破陈友谅。

破解 知面知心

有道是“画虎画皮难画骨,知人知面不知心”,“人生如戏全靠演技”,“向使当初身便死,一生真伪复谁知”,破解“苦肉计”难就难在如何识别对方之真伪,至于识别之后的应对,那都是小事了。总体来看,“苦肉”可以分为“主动苦肉”与“被动苦肉”两类。“主动苦肉”是指在没有外力强迫的情况下主动做出自我损害,如易牙、开方、竖刁。“被动苦肉”则是其所受苦痛看上去是由外人强加,如要离、黄盖。

按照“苦肉”主动被动之分，在识别“苦肉计”时，也要把握不同的原则。

遇到“主动苦肉”时，主要看自己所处的地位和环境。当自己权柄在握、春风得意时，所遇牺牲切身利益以亲近自己者，一般都是使的“苦肉计”。按照管仲的上述观点，连自己及其至亲都可以舍弃背叛的人，背后一定有支撑其做出这一疯狂举动的不可告人的目的，决不能指望其对自己忠诚。而常言道“患难见真情”，自己在失意时，身边的人仅仅不离不弃就足以表明忠心，没有必要再通过“苦肉”的方式进行表演，而对方若真有“苦肉”行为，一定是出于一片赤诚。例如，晋国公子重耳在各国之间颠沛流离，几个月不知肉味，同行的介子推便从自己的大腿上割肉给重耳吃。重耳当上晋文公后想要报答介子推，介子推却跑到深山之中。晋文公想以烧山的方式逼介子推出来，结果介子推和他的母亲宁愿烧死也不出来。后人为了纪念这位无双国士，便有了寒食节。

遇到“被动苦肉”时，主要看对方来到自己身边的方式。如果是己方主动请来的，一般情况下是真的。如上所述，使用“苦肉计”的成本代价极其高昂，谁也不敢随便拿自己开玩笑。就像自宫之后，万一没人招其进宫，岂不白当了废人（比如周星驰电影《九品芝麻官》中的来福）。《孙子兵法·用间篇》所讲“五间”中的“内奸”，即“因其官人而用之”，就是说对敌方内部遭受了不公正待遇的人员，或者落魄失意的人员，可以主动延揽为己所用。例如，孙膑在魏国遭受膑刑后，由齐国使者带至齐国，结果助齐威王成就一代霸业。如果对方是主动跑到自己这边来的，就要多留个心眼，不可轻易相信并托付要事，而要结合其他情况进行综合判断，或对其做进一步试探。纳投名状就是验证对方真伪的一种常用方式。例如，伍子胥自楚国投奔吴国后，吴王阖闾让其带兵伐楚，就可以证明其不是楚国间谍。同时，还可以通过各种方式，使其与原来所在一方彻底决裂，再无为“间”之可能。例如金庸武侠小说《鹿鼎记》中，康熙逼韦小宝杀天地会的人，以迫使其与天地会一刀两断。

至于识破“苦肉计”后下一步如何应对，那就非常简单了。可以把使计者直接杀掉，也可以将计就计，利用其传递假消息，或者迷惑敌方。《三国演义》中，曹操杀掉蔡瑁后，顺势使出“苦肉计”，派蔡中、蔡和假装投降周瑜，以作为内应。这一计策被周瑜一眼识破。周瑜不动声色，利用蔡中蔡和传递假消息，助成了黄盖版“苦肉计”，并麻痹了曹操。双方互飚“苦肉计”，最后还是周瑜技高一筹。以下战例部分将详述之。

战例 周瑜利用蔡中蔡和

赤壁对峙中，周瑜用“反间计”除掉蔡瑁，诸葛亮用“草船借箭”赚取曹军十五六万枝箭后，曹操心中十分气闷。随后《三国演义》第四十六回写道：

荀攸进计曰：“江东有周瑜、诸葛亮二人用计，急切难破。可差人去东吴诈降，为奸细内应，以通消息，方可图也。”操曰：“此言正合吾意。汝料军中谁可行此计？”攸曰：“蔡瑁被诛，蔡氏宗族，皆在军中。瑁之族弟蔡中、蔡和现为副将。丞相可以恩结之，差往诈降东吴，必不见疑。”操从之，当夜密唤二人入帐嘱付曰：“汝二人可引些少军士，去东吴诈降。但有动静，使人密报。事成之后，重加封赏。休怀二心！”二人曰：“吾等妻子俱在荆州，安敢怀二心，丞相勿疑。某二人必取周瑜、诸葛亮之首，献于麾下。”操厚赏之。次日，二人带五百军士，驾船数只，顺风望着南岸来。

且说周瑜正理会进兵之事，忽报江北有船来到江口，称是蔡瑁之弟蔡和、蔡中，特来投降。瑜唤入。二人哭拜曰：“吾兄无罪，被操贼所杀。吾二人欲报兄仇，特来投降。望赐收录，愿为前部。”瑜大喜，重赏二人，即命与甘宁引军为前部。二人拜谢，以为中计。瑜密唤甘宁分付曰：“此二人不带家小，非真投降，乃曹操使来为奸细者。吾今欲将计就计，教他通报消息。汝可殷勤相待，就里提防。至出兵之日，先要杀他两个祭旗。汝切须小心，不可有误。”甘宁领命而去。鲁肃入见周瑜曰：“蔡中、蔡和之降，多应是诈，不可收用。”瑜叱曰：“彼因曹操杀其兄，欲报仇而来降，何诈之有！你若如此多疑，安能容天下之士乎！”鲁肃默然而退，乃往告孔明。孔明笑而不言。肃曰：“孔明何故哂笑？”孔明曰：“吾笑子敬不识公瑾用计耳。大江隔远，细作极难往来。操使蔡中、蔡和诈降，刺探我军中事，公瑾将计就计，正要他通报消息。‘兵不厌诈’，公瑾之谋是也。”肃方才省悟。

后来周瑜当众杖责黄盖，故意让蔡中、蔡和看在眼中。阚泽为黄盖向曹操送诈降书时，蔡中、蔡和亦同时报来黄盖受刑消息。阚泽回到江东后，又与甘宁在蔡中、蔡和面前演了一出不忿周瑜之专横、意图背吴投曹之双簧，引得二蔡急忙表明身份，并向曹操送去甘宁诈降的消息。蔡中、蔡和两次三番传递假消息，不但让曹操中了“苦肉计”，更使曹操误以为东吴内部人心浮动，败在旦夕，从而放松了警惕，为赤壁之战的失败埋下了伏笔。而悲催的蔡氏兄弟，在完成了传递假消息的使命后，被周瑜出兵前杀死祭旗。

第三十五计　连环计

将多兵众，不可以敌，使其自累，以杀其势。在师中吉，承天宠也。

解语译文：敌方兵多将广，不可以与之硬拼，而应当设法使对方自己削弱、束缚自己，以减弱其兵势。此计正合易经《师卦》之象，主帅在军中指挥得当，如同有上天相助一样。

按语　庞统使曹操战舰勾连，而后纵火焚之，使不得脱。则连环计者，其结在使敌自累，而后图之。盖一计累敌，一计攻敌，两计扣用，以摧强势也。如宋毕再遇尝引敌与战，且前且却，至于数四。视日已晚，乃以香料煮黑豆，布地上。复前博战，佯败走。敌乘胜追逐。其马已饥，闻豆香，乃就食，鞭之不前。遇率师反攻，遂大胜。皆连环之计也。

按语译文：庞统献计让曹操用铁链把战船连在一起，而后吴军放火焚烧连环战船，战船无法逃散。所谓“连环计”，其关键是先使对方自己削弱、束缚自己，然后再进攻敌人。前一计是使敌人削弱、束缚自己，后一计是进攻敌人，前后两计一环扣一环使用，可以打败力量强大的敌人。例如，宋朝将领毕再遇曾设计引诱敌兵前来与之交战，宋军时进时退，数番引诱敌人。毕再遇见天色已晚，便下令用香料煮黑豆，然后撒在地上。之后再上前与敌军交战，并佯装败退。敌军乘胜追击，但战马已又饿又累，嗅到遍地豆香，便只顾低头吃豆，任凭鞭打也不肯往前跑。这时，毕再遇率军回身反攻，大败敌军。这都是“连环计”的应用。

评析 最灵活的一计

“连环计”的字面意思就是一计连一计，一计套一计，通常由前后两计组成，即本计按语所言“一计累敌，一计攻敌，两计扣用，以摧强势也”，面对实力强于自己的对手，先通过第一计累敌，为使用第二计创造条件，再通过第二计战胜敌人。

说到“连环计”，人们首先想到的例子就是《三国演义》中庞统为曹操献的“连环计”：针对北方士兵不惯风浪颠簸的问题，庞统建议曹操将战船用铁索连在一起。曹操初试之后，发现战船既稳，战斗力且强，遂命将全部大船以铁索相连，结果受到火攻时，彼此无法逃散，被烧了个一干二净。除了庞统的“连环计”和按语中毕再遇“撒豆成兵”外，历史上、演义中“连环计”的例子还有很多。例如同在《三国演义》中，诸葛亮制造木牛流马，故意让司马懿抢去几匹仿制，待魏军开始用木牛流马批量运粮后，又派人利用木牛流马舌部机关的诀窍，将魏军粮草悉数抢回。再如，慕容垂已经看出前秦败象，便怂恿并支持苻坚南下攻晋，以便乘乱复国，苻坚在淝水之战大败于晋军后，前秦内部一片大乱，慕容垂趁机建立后燕（在金庸小说《天龙八部》中，慕容垂的后人慕容博、慕容复走的也是挑动战争、趁乱复国的老套路）。又如，日本战国末期，德川家康为取代丰臣家，便怂恿丰臣秀赖的母亲淀姬重修京城大金佛以耗尽丰臣家的财力。数年后，德川家康在大阪彻底打败丰臣秀赖，德川家取代丰臣家成为日本新一代、也是最后一姓幕府将军。

“连环计”的精髓，其一在于使敌先甜后苦，自累而不觉，即通过第一计先使对方尝到甜头，自以为得计，却不自觉落入使计者彀中。其二在于第二计与第一计之间要紧密相连，第一计是第二计的条件，第二计是第一计的目的，否则如果第二计没有及时跟上，第一计反倒白白成了助敌之计。

“连环计”与三十六计中的“抛砖引玉”非常相似，其原理都源自道家的“将欲取之，必先予之”，只不过“抛砖引玉”抛出的是实实在在的物质成本，且出自自身，而“连环计”付出的更多只是智力成本，且对方一开始的获益来自第三方，并不出自使计者。因此，使用“连环计”的成本比“抛砖引玉”要小得多，即便对方不上当，使计一方也不会遭受太大损失，特别是当第一计成功而第二计没有跟上的时候，受计方可能还会将使计者当作献计功臣。试想若是“东风不与周郎便”，曹操凭借连环战船平定了江东，“铜雀春深锁二乔”，届时论功行赏，庞统岂不位列于前？而庞统恐怕也只能苦笑受领吧。

在“连环计”中，使计者充分利用了受计者对自己的信任，将炮弹包藏在糖衣之下，并视形势发展而决定下一步的进退：如果第一计没有成功，就不再使第二计；如果第一计成功了，则跟着使出第二计，若第二计成功则万事大吉，若第二计没成功，第一计便成了助敌之计，此时使计者也可表献第一计之功。因此，“连环计”具有成本小、风险低、灵活多变的特点，故而是三十六计中最灵活的一计。

破解 断其连环

如上所述，“连环计”的精髓其一在于使敌方先甜后苦，其二在于两计紧密相连。因此，作为受计一方，应当把眼光放长远一些，从大处着眼。如果眼前的小利背后隐藏着大的祸患，就应当坚决不为小利所动。如果有把握采取避险措施，则可在受领第一计后，斩断第一计与第二计之间的连环，使第二计无法使出，由是便可独得第一计之利。具体而言，有以下两种方式：

一是权衡利弊，不为小利而冒大险。当第一计所带来的收益远不及其背后隐藏的巨大风险时，则应果断放弃按第一计行事。例如，前秦名相王猛临死前曾告诫苻坚说：“晋室现在虽然立于偏远的江南地区，但承继正统。现在国家最宝贵的就是亲近仁德之人以及与邻国友好。臣死以后，希望不要对东晋有所图谋。鲜卑、羌虏都是我们的仇敌，终会成为祸患，应该将他们除去，以利社稷。”王猛希望苻坚先解决国内的民族问题，巩固现有政权，再考虑统一大业。而苻坚被近些年来一系列的胜利冲昏了头脑，被统一中国的幻想所迷惑，加上慕容垂等人的怂恿，没有认识到前秦最大的危机其实来自国内，招致兵败身死。倘若王猛尚在，慕容垂等人的计策绝不会得逞。

二是管控风险，切断两计间的连环。在深入分析第一计所带来好处及其可能引发的风险基础上，如果好处大于风险，而且己方有把握把风险保持在可控的范围内，则可以在做好风险预判及管控的前提下，大胆采用第一计。例如，金庸武侠《笑傲江湖》中，很多人对任我行何以将《葵花宝典》传于东方不败心存疑惑。其实，传付《葵花宝典》正是任我行对东方不败使的“连环计”。如书中所言，像《葵花宝典》这样的武功秘籍，任何高手得到，便会陷溺其中，而任我行习练“吸星大法”，体内数十股正邪高手的内力相互冲撞，当务之急是如何将不同功力融合化一，并不需要《葵花宝典》。其时任我行已经发觉东方不败的不臣之心，便希望通过《葵花宝典》让其沉迷武学，拖延东方不败篡位的时间，然后再将其自宫练功的丑闻公之于世，使其威信扫地，无法在日月神教中立足，之后再一举除去。然而东方不败技高一筹，识破了任我行的“连环计”，在接受了第一计后（接受《葵花宝典》），率先发难，使任我行的第二计无法使出，从而夺得了日月神教教主之位。

战国末期，韩国为延缓秦国的进攻，便意图使用疲秦之计，派水利专家郑国前往秦国建议秦王修建水利工程。然而秦国很快识破了韩国这一拙劣的“连环计”，水利工程照修，韩国及其他东方五国照灭。在六国方面，首先疲秦之计使得不好，不是让秦国营建宫室，徒耗钱粮，而是修建水利设施如此重要的基础设施，不但没有拖垮秦国，反而助其进一步夯实了吞并六国的经济基础；其次第二计没有及时跟上，即趁秦国全力修渠之机举兵伐秦。在秦国方面，则充分享受了第一计之利，免除了第二计之害。以下战例部分将详述之。

战例 郑国渠

韩国是秦国的东邻。战国末期，在秦、齐、楚、燕、赵、魏、韩七国中，当秦国国力蒸蒸日上，虎视眈眈，欲有事于东方时，首当其冲的韩国，却孱弱到不堪一击的地步，随时都有可能被秦并吞。公元前 246 年，韩桓王在走投无路的情况下，采取了一个非常拙劣的所谓“疲秦”的策略。他以著名的水利专家郑国为间谍，派其入秦，游说秦国在泾水和洛水（北洛水，渭水支流）间，穿凿一条大型灌溉渠道，表面上说是可以发展秦国农业，真实目的是要耗竭秦国实力。

本来就想发展水利的秦国，很快采纳了这一诱人的建议，并立即征集大量的人力和物力，任命郑国主持兴建这一工程。在施工过程中，韩国"疲秦"的阴谋败露，秦王大怒，要杀郑国。郑国说："始臣为间，然渠成亦秦之利也。臣为韩延数岁之命，而为秦建万世之功。"(《汉书·沟洫志》)秦王政是位很有远见卓识的政治家，认为郑国说得很有道理，同时，秦国的水工技术还比较落后，在技术上也需要郑国，所以一如既往，仍然加以重用。经过十多年的努力，全渠完工，人称"郑国渠"。

郑国渠工程，西起仲山西麓谷口(今陕西泾阳西北王桥乡船头村西北)，郑国在谷作石堰坝，抬高水位，拦截泾水入渠。利用西北微高，东南略低的地形，渠的主干线沿北山南麓自西向东伸展，流经今泾阳、三原、富平、蒲城等县，最后在蒲城县晋城村南注入洛河。干渠总长近300华里，沿途拦腰截断沿山河流，将冶水、清水、浊水、石川水等收入渠中，以加大水量。在关中平原北部，泾、洛、渭之间构成密如蛛网的灌溉系统，使高旱缺雨的关中平原得到灌溉。

郑国渠修成后，大大改变了关中的农业生产面貌，用注填淤之水，溉泽卤之地，就是用含泥沙量较大的泾水进行灌溉，增加土质肥力，改造了盐碱地4万余顷(相当于现在280万亩)。一向落后的关中农业，迅速发达起来，雨量稀少，土地贫瘠的关中，变得富庶甲天下。"于是关中为沃野，无凶年，秦以富强，卒并诸侯。"(《史记·河渠书》)

第三十六计　走为上

全师避敌。左次①无咎，未失常也。

解语译文：保全部队，避开强敌。正如易经《师卦》所言，知难而退，没有过错，当退则退，符合用兵的常理。

按语　敌势全胜，我不能战，则必降、必和、必走。降则全败，和则半败，走则未败。未败者，胜之转机也。如宋毕再遇与金人对垒，度金兵至者日众，难与争锋。一夕拔营去，留旗帜于营，豫缚生羊悬之，置其前二足于鼓上，羊不堪倒悬，则足击鼓有声，金人不觉为空营。相持数日，乃觉，欲追之，则已远矣。可谓善走者矣！

按语译文：从战局来看，敌人势必要取得全面胜利，我方

① 左次：明代来知德集注周易曰，“左次为退舍也”，即退避三舍，知难而退的意思。

无法战胜敌人,则摆在我方面前有投降、媾和与撤退三条道路。其中,如果投降就是彻底的失败,如果媾和就相当于失败了一半,而撤退则不等于失败。只要没有失败,就有胜利的转机。例如,宋朝将领毕再遇与金兵对垒,考虑到金兵援兵日至,兵力渐强,己方无法与之抗衡,于是便在一天傍晚将队伍全部撤走,只在军营中虚插旗帜,并把一只活羊倒吊起来,把羊的两条前腿放在鼓面上,羊不堪倒悬之苦,两条腿把鼓击得咚咚作响,金兵没有发现面前是一座空营。相持数日之后,金兵才发觉上当,想要追击,但宋军已经走远了。这就是善于撤退的典型战例。

评析 最负责任的一计

"走为上"是指在敌我力量对比悬殊的情况下,为保存自身实力而采取的暂时避让的策略,简单说就是"打不过就走"。此计语出《南齐书·王敬则传》:"檀公三十六策,走是上计"。正是因为这句话,后世有人认为"三十六计"是南朝名将檀道济所作。"走为上"的理论基础,往高深里说,是《孙子兵法·谋攻篇》里说的"用兵之法,十则围之,五则攻之,倍则分之,敌则能战之,少则能逃之,不若则能避之"中的后两句,即如果力量不如对方,就要给自己留好退路,如果力量相差悬殊,就要避免主力决战。往通俗里说,则是民间常说的那句话:"留得青山在,不怕没柴烧。"

为什么打不过就要走,本计按语里已解释得非常清楚:

“敌势全胜，我不能战，则必降、必和、必走。降则全败，和则半败，走则未败。未败者，胜之转机也。”打不过敌人，只有三种方式，要么投降，要么媾和，要么撤退。如果选择投降，将己方一切拱手让人，那就是彻底失败，再无转胜的可能，所以在任何情况下，投降主义都最不可取。如二战中百万法军轻易向德国投降，成为法国战史上最大的耻辱。如果选择媾和，可以在损失一定利益的情况下暂时求得安稳，此时，若对方内部发生变故，或者己方通过自身发展或他方援助重新获得力量，则或可趁机翻盘。例如，苏联刚刚建立时，与列强签订了一系列不平等条约，换得了生存发展的空间，并通过战争与建设，使自己逐渐强大起来。反之，要是没有这些条件，己方则会在双方实力差距的逐步拉大中走向败亡。例如，战国时东方六国一味向秦国妥协退让，以求得一时的苟安，最终全部被秦国所灭。所以说“和则半败”。如果选择撤退，胜负未分，己方战斗力尚在，一旦有机会，随时可以再打回来，握有取胜的可能性，则会让敌方始终高度紧张，“食之不得下咽”。例如抗战中国民党军队的“以空间换时间”，解放战争中解放军的“不计较一城一地得失”等。

“走为上”与“亮剑精神”看上去有一点矛盾，实则不然，两者只不过是适用情形和实现方式上有差别，最终目的都是战胜敌人。“走为上”是在双方实力差距过于悬殊，正面硬拼无异于送死的情况下，以退为进，等待合适时机再战胜敌人。“亮剑精神”是指在双方真实实力差距不大，各方均有一拼的情况下,“狭路相逢勇者胜”,谁更勇猛,谁就能获胜。两种方式依据战场上实际情况皆可取之,唯独那种明明不可能取胜,还高喊“亮剑精神”猛打硬冲的人,要么是头脑简单,要么是别有用心。如红军第五次反“围剿”中,执行王明的“左倾主义”路线,结果损失惨重,被迫长征。

需要强调的是,“走为上”只是一种策略,而不可当作“逃跑主义”的托词和借口。如果不思战胜敌人,仅仅是因为胆怯,或因私心保存实力就“脚底抹油”,如韩复榘之流,则是国家之罪人。“走为上”不如“血战到底”“宁死不屈”这些口号听上去激发斗志、振奋人心,有时选择“走为上”需要承担一些舆论压力,但正是这种审时度势、坚忍不拔,才是一种真正负责任的态度。使用“走为上”看似简单,实则对使计者要求非常高,既需要智慧,又需要坚忍,还需要定力,不但是对手下将士的生命负责任,更是对整个战局乃至国家负责任,因而是三十六计中最负责任的一计。

破解 围之追之

关于“走为上”的破解之法,同样写在上文引用的《孙子兵法·谋攻篇》的那句话中,即“十则围之”。既然实力占绝对劣势的一方想尽力避免决战,则作为实力占绝对优势的一方,就要通过包围的方式,使对方避无可避,被迫进行决战,务求全歼。克劳塞维茨在《战争论》中也有相似的论述:“凡是希望和能够逃避战斗的人,是不会被迫进行战斗的。然而进攻者往往不满足于从敌人逃避中得到的利益，而迫切要求获得一次真正的胜利，因此他有时就会通过特别巧妙的办法去寻找和运用为数不多的、但是可能的手段，迫使这样的敌人也进行战斗。迫使这样的敌人进行战斗的最主要的手段有两种：第一是包围。使敌人不能退却，或者退却十分困难，因而宁愿接受战斗。第二是奇袭。第二种手段在各种运动都不方便的时代是适用的，但是现在已经很不起作用了。”据此，破解“走为上”，有包围和奇袭两种方式，以下详述之。

第一，包围。根据字典的解释，“包围”指四面围住，使其无法逃跑。在军事中，除了直观上的四面围住外，所有向心压缩敌方活动空间的行动，都属于“包围”的范畴。这一破计方式很好理解，你不是想躲吗，把你围起来，看你往哪躲。一方面，使敌方避无可避，被迫接受决战。另一方面，将敌方与其外部联系切断，以为困敌之计。例如，明末兵部尚书杨嗣昌针对起义军流动作战的特点，提出了四正六隅镇剿策略，即“以陕西、河南、湖广、江北为四正，四巡抚分剿，而专防延绥、山西、山东、江南、江西、四川，为六隅，六巡抚分防而协剿，是谓十面之网，而总督、总理二臣随贼所向，专征讨”。其中心思想是将流动作战的农民军堵截并包围，然后加以消灭，这一策略取得一定成效。二百多年后，曾国藩、李鸿章、左宗棠在镇压捻军时，沿用了杨嗣昌的策略，实行重点设防、坚壁清野，画黄、运、淮、颍四河圈围的战略。1867 年，东捻军被李鸿章围困于黄河南岸、运河东岸、胶莱河西岸和六塘河北岸的地区内剿灭。1868 年,西捻军被李鸿章、左宗棠军包围于山东黄河以北、运河以东地区内剿灭。

第二,奇袭。“奇袭”即出其不意攻其不备,在对方逃避不及之际发起进攻。在广义上,除了突然袭击外,追歼敌军也属于“奇袭”的范畴。这一方式也不难理解,你想跑,我动作比你还快,跑到哪我都跟得上。例如明代土木堡之变中,宦官王振听说前线失利,便挟持明英宗指挥五十万明军匆忙撤退,结果在土木堡被瓦剌军追上,明军几乎被全歼,英宗也成了瓦剌的俘虏。再如金庸武侠小说《笑傲江湖》中,已经练成了辟邪剑法的林平之为报青城派灭门之仇,一路跟随青城派诸人,如猫玩弄老鼠般,将其一个个杀尽。

楚汉之争末期,刘邦项羽划鸿沟为界。结果刘邦趁项羽东归之际,约集韩信、英布、彭越等四面围攻项羽,几路大军完成对项羽的合围后,韩信又摆出了一个“五军阵”,这就相当于一个大的战略合围里面又套了一个战术上的“十面埋伏”。项羽十万大军在这两重“十面埋伏”之下全军覆没,项羽也被迫自刎乌江。此为以“十则围之”破“走为上”之典例。以下战例部分详述之。

战例 韩信十面埋伏破项羽

公元前 202 年 8 月,经过了四年的楚汉之争后,双方均陷入疲态。楚地兵员近于枯竭,粮草辎重也无以为继。而刘邦在战后分封的问题上没能与韩信、彭越等诸侯达成一致,故也没能调来韩信、彭越等人对楚军进行合围。因此,楚、汉双方只得罢兵言和,签订“鸿沟之盟”,以战国时魏国所修建的运河鸿沟为界,重新划分天下,鸿沟以东归项羽,以西归汉王。

9 月,项羽率所部十万楚军绕南路、经固陵向楚地迂回撤退,刘邦也欲西返关中。正当刘邦打算回军之时,谋士张良、陈平却认为,汉有天下大半,且诸侯亲附,楚兵已经疲敝乏食,正是亡楚的大好时机,断不能放虎归山,建议刘邦撕毁“鸿沟和议”,趁楚军疲师东返之机,在其背后发动偷袭,一战而定天下。刘邦遂背盟约,命令向楚军突然发起战略追击。大军追至夏南时,刘邦遣使约集韩信、彭越南下,共同合围楚军。10 月,刘邦亲率汉军主力追击楚军至固陵(今河南太康),而韩、彭二人却没有一人出兵配合刘邦。项羽得知后,借机突然发动反击,斩杀汉军两万余人,再次将汉军击败。刘邦被迫率军退入陈下,坚守不出。此时,张良再次进谏刘邦,劝其承诺分封自陈以东至海与韩信,睢阳以北至谷城与彭越,利用政治手段,使二将尽快出兵,与汉军合力灭楚。刘邦依计而行,韩、彭二人果然尽起麾下精锐南下。

齐王韩信亲率大军从齐地南下,占领包括彭城等在内的广大西楚北部地区,兵锋直指楚军侧背,自东向西夹击项羽;梁王彭越率军数万从梁地出发,先南下后西进,与刘邦的汉军主力会师,共同逼迫楚军后退。与此同时,汉将刘贾率军数万会同九江王英布,自淮北出发,从西南方发动对楚地的进攻,先克寿春,再下城父,并将此城军民全部屠尽;而镇守南线的楚将大司马周殷也在此时叛楚,先屠灭六县,再与英布、刘贾会师,随后北上合击项羽;刘邦则得到萧何征募的关中兵员补充,率汉军主力二十多万出固陵东进。刘邦集团共有五路大军、合计近七十万之众,形成从西、北、西南、东北四面合围楚军之势,项羽被迫率十万楚军向垓下(今安徽灵璧南,一说今河南淮阳、鹿邑间)后撤。

12 月,刘邦、韩信、刘贾、彭越、英布等五路大军于垓下完成了对十万楚军的合围。刘邦任命韩信为全军统帅,统一指挥大军作战。韩信遂命刘贾、英布军自南将楚军外围出路全部封闭,命彭越军抑制楚军北去的通路,自己则亲率自军主力与刘邦本部军共计五十万人向困守垓下的十万楚军发起进攻。为了防止楚军的困兽之斗,韩信将主力大军排成了一个非常厚实的"五军阵",即韩信亲率三十万大军居中,为前锋主力;将军孔熙率军数万在韩信军左方;陈贺率军数万在韩信军右方;刘邦率本部主力尾随韩信军跟进;将军周勃率军断后。安排停当后,韩信率本部军先行向楚军发动挑衅性进攻,项羽立刻亲自率领十万楚军发动其标志性的中央突破作战,矛头直指韩信本部,试图通过凌厉的冲锋将韩信军击溃。然而,韩信只是与楚军稍作简单的接触,便立刻命令汉军后撤,避其锋芒。汉军一路依照计划、且战且退,而楚军则是继续孤注一掷地疯狂突击。由于汉军坚实的纵深和充分的准备,使得项羽的锋矢根本不能接触到韩信的指挥系统，反而使得自身的阵形出现散乱，造成前后两军间的脱节。另一方面，当韩信以前阵为屏障掩护刘邦军回撤退避的同时，孔熙、陈贺所率的左右两军也自楚军左右两侧进行着迂回机动，威胁楚军侧翼。韩信见时机成熟，率军发起反击，楚军大败，退入壁垒，为汉军所围。

汉军成功围困项羽后，韩信接受张良的建议，命汉军士卒夜唱楚歌，积极展开心理攻势。项羽惊闻楚歌，以为楚地皆被汉军所夺；楚军士卒亦思乡厌战，军心瓦解。项羽只得率八百人突围，韩信遣骑将灌婴追至东城，项羽见大势已去，遂自刭而死。至此，以汉军的全胜为楚汉之争画上了句号。